● 土木工程施工与管理前沿丛书

房地产项目投资决策与运营管理

郑生钦　著

中国建筑工业出版社

图书在版编目（CIP）数据

房地产项目投资决策与运营管理/郑生钦著. —北京：中国建筑工业出版社，2015.10
（土木工程施工与管理前沿丛书）
ISBN 978-7-112-18551-1

Ⅰ. ①房… Ⅱ. ①郑… Ⅲ. ①房地产投资 Ⅳ. ①F293.33

中国版本图书馆 CIP 数据核字（2015）第 238890 号

本书从房地产开发项目目标、房地产开发企业战略、组织与管控、市场调查研究与预测、项目选择与开发方案、投资估算、销售收入估算、融资方案、财务评价以及不确定性分析与风险分析等方面对房地产开发项目过程的重要决策内容进行了系统的论述。本书是作者在长期学习和研究房地产投资开发基本理论的基础上，根据我国房地产开发项目的特点，结合作者的房地产开发与咨询服务经验写成的。可以用作研究生、本科生的教材，更可以作为一线房地产开发投资决策者的参考书。

* * *

责任编辑：吕　娜　毕凤鸣
责任设计：李志立
责任校对：李美娜　党　蕾

土木工程施工与管理前沿丛书

房地产项目投资决策与运营管理

郑生钦　著

*

中国建筑工业出版社出版、发行（北京西郊百万庄）
各地新华书店、建筑书店经销
北京红光制版公司制版
北京建筑工业印刷厂印刷

*

开本：787×1092 毫米　1/16　印张：16½　字数：341 千字
2015 年 10 月第一版　　2015 年 10 月第一次印刷
定价：**40.00** 元

ISBN 978-7-112-18551-1
（27805）

前　言

近年来，随着我国国民经济的发展和城市化进程的加快，房地产业特别是房地产开发投资业得到了迅猛发展，成为国家经济发展的主要力量，伴随着开发投资实践的深入，房地产开发投资有关的理论研究也得到逐步深化。随着我国经济发展进入新常态，房地产发展过程中出现了一些新的问题，也有必要对出现新问题进行探讨。

山东建筑大学为房地产经营与管理、城市规划、工程管理、工程造价、土木工程等专业开设房地产开发与经营、房地产开发、房地产开发与实务等课程已经有十几年了。我校从1995年开办房地产经营与管理本科专业（后因专业目录调整，1999年停止招生），2010年恢复房地产经营与管理专业招生，2013年开始又改以房地产开发与管理为专业名称进行招生，是开设房地产专业最早的学校之一。在研究生中也开设了房地产开发与管理方向，并为研究生设置《房地产投资理论与实务》、《房地产投资决策与运营管理》等课程。

本书反映作者多年来对房地产开发、投资决策与运营管理方面教学、研究和实践方面的成果。在编写过程中参考了很多有价值的专著、教材、学术论文和资料，列出的参考文献也会有遗漏。在此谨向本书写作过程中参考的所有文献的作者表示衷心的感谢！

本书可作为房地产开发与管理、房地产经营管理、工程管理、工程造价、土地资源管理、物业管理、城市规划、土木工程等专业本科生和相关专业研究生的教材使用，也可作为房地产开发与投资方面专业人士的学习用书。

房地产开发投资领域的知识是综合的、动态变化的，要理解和把握它，还有很长的路要走。由于作者水平有限，本书还存在一定的局限性，错误和不当之处在所难免，敬请各位不吝批评指正。

二〇一五年九月于济南

目　录

第一章 绪 论

第一节 房地产项目的目标

当通过房地产开发项目来达到组织的目的时，根据组织的目的和目标，基于房地产开发项目本身的特点，房地产开发商选择项目和确定项目的目标应考虑如下内容：投资的区域、投资的产品与档次、投资的规模、项目的开发周期、项目的盈利能力、项目的获取途径等方面，当然在考虑这些因素的过程中，不能忽视开发商自身能力这个约束条件[1]。

（1）投资区域

选择投资区域时，要考虑拟投资区域的社会和经济发展状况、城市的规模和发展方向、房地产业的发展状况和发展前景、城市的产业发展政策、房地产开发的制度政策。基于上述分析，决定投资的城市是一线城市还是二线城市，是北、上、深、广这样的一线城市，或是省会城市、计划单列市，还是一般的地级城市或是县级城市。在确定了拟投资城市后，进而初步确定项目的拟选区域。

确定项目的投资区域，还取决于企业的发展战略、企业自身的资源和能力这个约束条件。

（2）投资的产品及档次

开发哪类产品、开发什么档次的产品，要考虑所在城市房地产开发供应结构、需求结构、开发成本、价格状况，同样要考虑企业的自身能力（技术能力、管理能力、融资能力、资金能力）、开发经验等因素。

（3）投资的规模

房地产项目的投资规模包括产品规模（实物衡量）和投资规模（价值衡量）。产品规模主要指用地规模（项目用地面积）、建筑面积（地上和地下建筑面积）等指标。建筑面积通常由规划建设用地面积和开发强度（建筑密度、容积率）等决定的，规划建设用地规模越大、开发强度越高，产品规模就越大。投资规模主要由土地投资额以及产品规模和产品档次来决定。一般情况下，期望的利润规模越大，需要的投资额越大。因此确定拟投资项目投资规模由土地规模、土地价格、产品档次、产品规模、工程造价水平等因素决定。投资规模是由可投入项目的自有资金和开发商可为项目融资的资金规模决定的。

（4）开发周期

开发周期要依赖于目标市场的吸纳能力、开发商的资金能力、管理能力等因素。

项目构思阶段对拟投资项目的属性定义是初步的，甚至是模糊的。项目构思的结果是几个可选的处于概念状态的项目方案，是落实项目的路线图，为项目的实施指明方向和道路，而构思是否有效，要看能否落到实处，是否经得起实践的检验。

（5）盈利能力

根据房地产项目的平均利润率指标（成本利润率、销售利润率、投资利润率、利润表等）估算项目的利润额，对项目的盈利能力做出初步判断。

项目构思的过程就是描述拟创建项目应具有的属性的过程。

第二节　房地产项目可行性研究的目的

可行性研究是在投资决策前，运营科学的方法对建设项目进行全面的技术经济分析、政策法规分析、可持续发展分析与论证的过程。可行性研究的成果是项目可行性研究报告，它是投资决策的重要依据。具体的讲，可行性研究就是在建设项目投资决策前，对与项目有关的社会、经济和技术等方面的情况进行深入细致的研究；对拟定的各种可能建设方案或技术方案进行认真的技术经济分析、比较和论证；对项目的经济、社会、环境效益进行科学的预测和评价。在此基础上，综合研究建设项目的技术先进性和适用性、经济合理性以及建设的可能性和可行性，由此确定该项目是否应该投资和如何投资等结论性意见，为决策部门最终决策提供可靠、科学的依据，并作为开展下一步工作的基础。

可行性研究的根本目的是实现项目决策的科学化、民主化，减少或避免投资决策的失误、提高开发建设项目的经济、社会和环境效益、落实科学发展观。

房地产开发是一项综合性的经济活动，投资额大、建设周期长、涉及面广。要想使开发项目达到预期的经济效果，首先必须做好可行性研究工作，才能使房地产开发项目的许多重大经济技术原则和基础资料得到切实的解决和落实。依据可行性研究的结论进行投资决策，有助于使开发商决策建立在科学的而不是经验或感觉的基础上。

第三节　房地产项目可行性研究的类型

房地产项目的可行性研究报告主要有四种形式，分别是：可行性研究报告、项目申请报告、节能评估报告和环境评估报告。后两者可看成是从可行性研究报告中分离出来的专题研究报告。

一、可行性研究报告

可行性研究报告主要内容要求以全面、系统的分析为主要方法，经济效益为核心，围绕影响项目的各种因素，运用大量的数据资料论证拟建项目是否可行。可行性研究报告是在制定某一建设项目或科研项目之前，对该项目实施的可能性、有效性、技术方案及技术政策进行具体、深入、细致的技术论证和经济评价，以求确定一个在技术上合理、经济上合算的最优方案和最佳时机而写的书面报告。

（一）可行性研究报告基础内容

根据不同行业类别，可行性研究内容的侧重点差异较大，但一般应包括以下内容，如图 1-1 所示。

（1）政策可行性：主要根据有关的产业政策，论证项目投资建设的必要性；

（2）市场可行性：主要根据市场调查及预测的结果，确定项目的市场定位和拟建规模；

（3）技术可行性：主要从项目实施的技术角度，合理设计技术方案，并进行比选和评价；

（4）经济可行性：主要从项目及投资者的角度，设计合理财务方案，从企业理财的角度进行资本预算，评价项目的财务盈利能力，进行投资决策，并从融资主体（企业）的角度评价股东投资收益、现金流量计划及债务清偿能力。

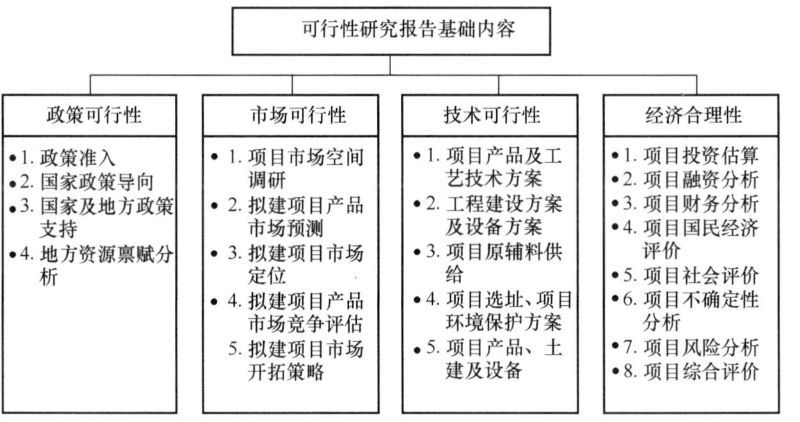

图 1-1 可行性研究报告基础内容示意图

（二）可行性研究的依据

一个拟建项目的可行性研究，必须在国家有关的规划、政策、法规的指导下完成，同时，还必须要有相应的各种技术资料。进行可行性研究工作的主要依据主要包括：

（1）经过批准的项目建议书和在项目建议书批准后签订的意向性协议等；

（2）国家经济和社会发展的长期规划，部门与地区规划，经济建设的指导方针、任务、产业政策、投资政策和技术经济政策以及国家和地方法规等；

（3）城市总体规划及专项规划；

（4）当地有关人口、经济和社会发展的有关统计数据；

（5）当地的拟建项目的自然、经济、社会等基础资料；

（6）有关国家、地区和行业的工程技术、经济方面的法令、法规、标准定额资料等；

（7）由国家颁布的建设项目可行性研究及经济评价参数的有关规定；

（8）包含各种市场信息的市场调研信息及公众要求等。

（三）可行性研究报告内容及格式

（1）项目摘要。项目内容的摘要性说明，包括项目名称、建设单位、建设地点、建设年限、建设规模与产品方案、投资估算、运行费用与效益分析等。

（2）项目建设的必要性和可行性。

（3）市场（产品或服务）供求分析及预测（量化分析）。主要包括本项目、本行业（或主导产品）发展现状与前景分析、现有生产（业务）能力调查与分析、市场需求调查与预测等。

（4）项目承担单位的基本情况（原则上应是具有相应承担能力和条件的事业单位）。包括人员状况，固定资产状况，现有建筑设施与配套仪器设备状况，专业技术水平和管理体制等。

（5）项目地点选择分析。项目建设地点选址要直观准确，要落实具体地块位置并对与项目建设内容相关的基础状况、建设条件加以描述，不可以项目所在区域代替项目建设地点。具体内容包括项目具体地址位置（要有平面图）、项目占地范围、项目资源、交通、通信、运输以及水文地质、供水、供电、供热、供气等条件，其他公用设施情况，地点比较选择等。

（6）生产（操作、检测）等工艺技术方案分析。主要包括项目技术来源及技术水平、主要技术工艺流程与技术工艺参数、技术工艺和主要设备选型方案比较等。

（7）项目建设目标（包括项目建成后要达到的生产能力目标或业务能力目标，项目建设的工程技术、工艺技术、质量水平、功能结构等目标）、任务、总体布局及总体规模。

（8）项目建设内容。项目建设内容主要包括土建工程、田间工程、配套仪器设备等。要逐项详细列明各项建设内容及相应规模（分类量化）。

土建工程：详细说明土建工程名称、规模及数量、单位、建筑结构及造价。建设内容、规模及建设标准应与项目建设属性与功能相匹配，属于分期建设及有特殊原因的，应加以说明。水、暖、电等公用工程和场区工程要有工程量和造价说明。

田间工程：建设地点相关工程现状应加以详细描述，在此基础上，说明新（续）建工程名称、规模及数量、单位、工程做法、造价估算。

配套仪器设备：说明规格型号、数量及单位、价格、来源。对于单台（套）估价高于5万元的仪器设备，应说明购置原因及理由及用途。对于技术含量较高的仪器设备，需说明是否具备使用能力和条件。

（9）投资估算和资金筹措。依据建设内容及有关建设标准或规范，分类详细估算项目固定资产投资并汇总，明确投资筹措方案。

（10）建设期限和实施的进度安排。根据确定的建设工期和勘察设计、仪器设备采购（或研制）、工程施工、安装、试运行所需时间与进度要求，选择整个工程项目最佳实施计划方案和进度。

（11）环境保护。对项目污染物进行无害化处理，提出处理方案和工程措施及造价。

（12）项目组织管理与运行。主要包括项目建设期组织管理机构与职能，项目建成后组织管理机构与职能、运行管理模式与运行机制、人员配置等；同时要对运行费用进行分析，估算项目建成后维持项目正常运行的成本费用，并提出解决所需费用的合理方式方法。

（13）效益分析与风险评价。对项目建成后的经济与社会效益测算与分析（量化分析）。特别是对项目建成后的新增固定资产和开发、生产能力，以及经济效益、社会效益等进行量化分析。

（14）有关证明材料（承担单位法人证明、有关配套条件或技术成果证明等）。

项目可行性研究报告是项目立项阶段最重要的核心文件，可行性研究报告具有相当大的信息量和工作量，是项目决策的主要依据。因此，在编制项目可行性研究报告时，应符合以下四个编制要求：

1. 设计方案

可行性研究报告的主要任务是对预先设计的方案进行论证，所以必须设计研究方案，才能明确研究对象。

2. 内容真实

可行性研究报告涉及的内容以及反映情况的数据，必须绝对真实可靠，不允许弄虚作假。其中所运用的资料、数据，都要经过反复核实，以确保内容的真实性。

3. 预测准确

可行性研究报告是投资决策前的活动。它是在事件没有发生之前的研究，是对事务未来发展的情况、可能遇到的问题和结果的估计，具有预测性。因此，必须进行深入的调查研究，充分的占有资料，运用适当的预测方法，科学的预测未来前景。

4. 论证严密

论证性是可行性研究报告的一个显著特点。要使其有论证性，项目可行性研究报告必须做到运用系统的分析方法，围绕影响项目的各种因素进行全面、系统的分析，既要做宏观的分析，又要做微观的分析。根据可行性研究报告的项目投资规模以及审核方的要求，要求立项方必须在最终成文的可行性研究报告当中体现某种等级的咨询资质。

二、项目申请报告

项目立项申请报告，是企业投资建设应报政府核准的项目时，为获得项目核准机关对拟建项目的行政许可，按核准要求报送的项目论证报告。可以看成是一种简化的可行性研究报告，其目的是申请政府有关部门核准企业的投资项目。

《国务院关于投资体制改革的决定》规定对于企业不使用政府投资建设的项目，一律不再实行审批制，区别不同情况实行核准制和备案制。其中，政府仅对重大项目和限制类项目从维护社会公共利益角度进行核准，其他项目无论规模大小，均改为备案制。一般地，核准制与审批制的区别主要表现在以下三个方面：

（1）适用范围不同。审批制只适用于政府投资项目和适用政府性资金的企业投资项目；核准制则适用于企业不使用政府性资金投资建设重大项目或者限制类项目。

（2）审核的内容不同。过去审批制情况下，政府既要从社会管理者角度又要从投资者角度审核企业的投资项目；在核准制情况下，政府只是从公共管理的角度审核企业的投资项目，审核内容只要是“维护经济安全、合理开发利用资源、保护生态环境、优化重大布局、保障公共利益、防止出现垄断”等方面，而不在代替投资者对项目的市场前景、经济效益、资金来源和产品技术方案进行审核。

（3）审核的程序不同。过去的审批制情况下，政府对企业投资项目，一般要经过批准“项目建议书”、“可行性研究报告”和“开工报告”等审批环节，而在核准制情况下，政府仅审核企业投资“项目申请报告”一个环节。

（一）项目申请报告基础内容

按照投资体制改革的要求，政府不再审批企业投资项目的可行性研究报告，项目的市场前景、经济效益、资金来源、产品技术方案等都由企业自主决策。项目申请报告，是企业投资建设应报政府核准的项目时，为获得项目核准机关对拟建项目的行政许可，按核准要求报送的项目论证报告。

项目申请报告应重点阐述项目的外部性、公共性等事项，包括维护经济安全、合理开发利用资源、保护生态环境、优化重大布局、保障公众利益、防止出现垄断等内容。编写项目立项申请报告时，应根据政府公共管理的要求，对拟建项目从规划布局、资源利用、征地移民、生态环境、经济和社会影响等方面进行综合论证，为有关部门对企业投资项目进行核准提供依据。至于项目的市场前景、经济效益、资金来源、产品技术方案等内容，不必在项目申请报告中进行详细分析和论证。

（二）项目申请报告基本框架

国家发展改革委员会对核准类项目的申请报告编写提出了具体要求，通用文本编制要求共分八个章节，如图 1-2 所示。

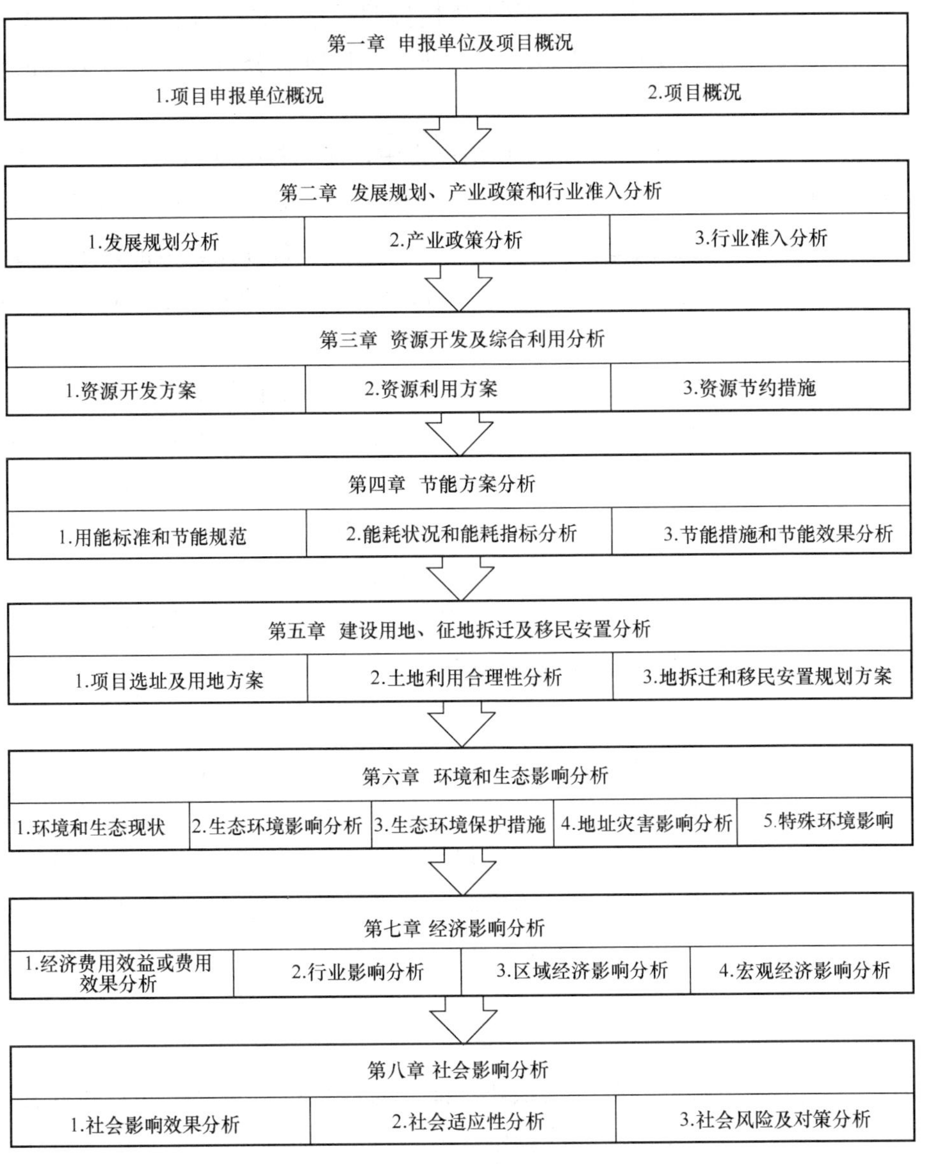

图 1-2 项目立项申请报告基本框架

三、节能评估报告

节能评估，是指根据节能法规、标准，对固定资产投资项目的能源利用是否科学合理进行分析评估，并编制节能评估报告书、节能评估报告表或填写节能登记表的行为。

（一）节能评估工作的开展应遵循以下原则

（1）真实性原则。节能评估机构应当对所依据资料、文件和数据的真实性做出分析和判断，本着认真负责的态度对项目用能情况进行分析评估，确保评估结果的真实性。

（2）科学性原则。节能评估机构应当严格按照评估目的、评估程序，从项目实际出发，对项目相关数据、文件、资料等进行研究、计算和分析，得出科学、正确和公正的评估结论。

（3）可行性原则。节能评估机构在评估过程中，应当根据项目特点，依据适宜的法规、政策、标准、规范，采取合理可行的评估方法，以保证项目节能评估能够顺利完成。

（4）独立性原则。节能评估机构应当立足自身评估技术知识和水平，客观、公正进行独立评估。

（二）节能评估的主要方法

节能评估方法众多，以下是常用的几种主要的方法，如图 1-3 所示。

节能评估的主要方法
- 1. 政策导向判断法
- 2. 标准规范对照法
- 3. 专家经验判断法
- 4. 产品单耗对比法
- 5. 单位面积指标法
- 6. 能量平衡分析法
- 7. 坚持节能评估和审查的前置性
- 8. 把握全面、突出重点

图 1-3　节能评估的主要方法

1. 政策导向判断法

根据国家及本地区的能源发展政策及相关规划，结合项目所在地的自然条件及能源利用条件对项目的用能方案进行分析评价。

2. 标准规范对照法

对照项目应执行的节能标准和规范进行分析与评价，特别是强制性标准、规范及条款应严格执行。适用于项目的用能方案、建筑热工设计方案、设备选型、节能措施等评价。项目的用能方案应满足相关标准规范的规定；项目的建筑设计、围护结构的热工指标、采暖及空调室内设计温度等应满足相关标准的规定；设备的选择应满足相关标准规范对性能系数及能效比的规定；是否按照相关标准规范的规定采取了适用的节能措施。

3. 专家经验判断法

利用专家在专业方面的经验、知识和技能，通过直观经验分析的判断方法。适用于项目用能方案、技术方案、能耗计算中经验数据的取值、节能措施的评价。根据项目所涉及的相关专业，组织相应的专家，对项目采取的用能方案是否合理可行、是否有利于提高能源利用效率进行分析评价；对能耗计算中经验数据的取值是否合理可靠进行分析判断；对项目拟选用节能措施是否适用及可行进行分析评价。

4. 产品单耗对比法

根据项目能耗情况，通过项目单位产品的能耗指标与规定的项目能耗准入标准、国际国内同行业先进水平进行对比分析。适用于工业项目工艺方案的选择、节能措施的效果及能耗计算评价。如不能满足规定的能耗准入标准，应全面分析产品生产的用能过程，找出存在的主要问题并提出改进建议。

5. 单位面积指标法

民用建筑项目可以根据不同使用功能分别计算单位面积的能耗指标，与类似项目的能耗指标进行对比。如差异较大，则说明拟建项目的方案设计或用能系统等存在问题，然后可根据分品种的单位面积能耗指标进行详细分析，找出用能系统存在的问题并提出改进建议。

6. 能量平衡分析法

能量平衡是以拟建项目为对象的能量平衡，包括各种能量的收入与支出的平衡，消耗与有效利用及损失之间的数量平衡。能量平衡分析就是根据项目能量平衡的结果，对项目用能情况进行全面、系统地分析，以便明确项目能量利用效率，能量损失的大小、分布与损失发生的原因，以利于确定节能目标，寻找切实可行的节能措施。以上评估方法为节能评估通用的主要方法，可根据项目特点选择使用。在具体的用能方案评估、能耗数据确定、节能措施评价方面还可以根据需要选择使用其他评估方法。

7. 坚持节能评估和审查的前置性

对未按规定取得节能审查批准意见和未按规定提交节能登记表的固定资产投资项目，发展改革部门不予审批、核准。

8. 把握全面、突出重点。

（三）编制节能评估报告书的条件

按照国家发展改革委颁布的《固定资产投资项目节能评估和审查办法》（第6号令）中规定，项目年综合能源消费量3000吨标准煤以上（含3000吨标准煤，电力折算系数按当量值，下同），或年电力消费量500万千瓦时以上，或年石油消费量1000吨以上，或年天然气消费量100万立方米以上的固定资产投资项目，应单独编制节能评估报告书。

（四）节能评估报告书主要内容概述

固定资产投资项目节能评估报告应包括下列内容：

（1）评估依据；

（2）项目概况；

（3）能源供应情况评估，包括项目所在地能源资源条件以及项目对所在地能源消费的影响评估；

（4）项目建设方案节能评估，包括项目选址、总平面布置、生产工艺、用能工艺和用能设备等方面的节能评估；

（5）项目能源消耗和能效水平评估，包括能源消费量、能源消费结构、能源利用效率等方面的分析评估；

（6）节能措施评估，包括技术措施和管理措施评估；

（7）存在问题及建议；

（8）结论。

（五）节能评估的内容要求

（1）节能评估文件和节能登记表应全面真实地反映节能评估的全部工作，文字应简洁、准确，论点明确，便于阅读和审查。

（2）节能评估报告书应满足《固定资产投资项目节能评估和审查暂行办法》附件1中的具体要求。原始数据、主要计算过程等可编入正文或附录；所参考的主要文献按时间次序列出目录；节能评估报告书应尽量采用图表和照片等多种方式进行表述。

（3）节能评估报告表和节能登记表应满足《固定资产投资项目节能评估和审查暂行办法》相关要求，如实、完整填写相关信息。

四、环境评估报告

环境影响评价简称环评，是项目评价体系的重要组成部分，内容包括项目建设方案所需要的环境条件研究，影响项目建设环境因素的识别和分析，需要采取的保护对策和措施，以及相关的环境损失和环境效益经济分析。

环境评估报告，是指以全面、系统的分析为主要方法，对拟建项目有关的自然、社会、经济、技术等进行调研、分析比较以及预测建成后的环境影响评价。在此基础上，综合论证项目建设的必要性，财务的盈利性，经济上的合理性，技术上的先进性和适应性以及建设条件的可能性和可行性。对整个项目环境影响提出综合分析评价，指出环保措施方案优缺点和建议，从而为投资决策提供科学依据。

（一）环境价值评价的主要方法

环境价值就是对环境质量进行货币量化的价值，一般采用直接市场法、替代市场法和意愿调查评估法对环境价值进行量化。

1. 直接市场法

直接市场法就是直接运用货币价格（市场价格或影子价格），对项目建设可能影响的环境质量变动进行观察和度量的方法。主要包括：市场价值或生产率法、人力资本法或收入损失法、防护费用法、恢复费用法或重置成本法、影子项目法。

2. 替代市场法

在现实生活中，存在着这样一些商品和劳务，它们是可以观察和度量的，也是可以用货币价格加以测算的，但是它们的价格只是部分地、间接地反映了人们对环境价值变动的评价。用这类商品与劳务的价格来衡量环境价值变动的方法，就是替代市场法，又称间接市场法。

替代市场法主要包括：后果阻止法、资产价值法、工资差额法、旅行费用法。

3. 意愿调查评价法

如果找不到环境质量变动导致的可以观察和度量的结果（不论这种结果能够直接定价，还是需要间接定价），或者评估者希望了解被评估者对环境质量变动的支付意愿或受偿意愿，在这种情况下，可通过对被评估者的直接调查，来评估他们的支付意愿或受偿意愿。这就是意愿调查评价法，主要包括：直接询问调查对象的支付意愿或受偿意愿（叫价博弈法、权衡博弈法）、询问调查对象对某些商品或劳务的需求量，从中推断出调查对象的支付意愿法或受偿意愿法（无费用选择法、优先评价法、德尔菲法）。

意愿调查评价法直接评价调查对象的支付意愿或受偿意愿，从理论上讲，所得结果应该最接近环境质量的货币价值。但是必须承认，在确定支付意愿或受偿意愿的过程中，调查者和被调查者所掌握的信息是非对称的，被调查者比调查者更清楚自己的意愿。加上意愿调查评价法所评估的是调查对象本人宣称的意愿，而非调查对象根据自己的意愿所采取的实际行动，因而调查结果存在着产生各种偏倚的可能性。

由此可见，如果不进行细致的准备，这种方法得出的结论很可能出现重大偏差。所以在估算环境质量的货币价值时，应该尽可能地采用直接市场法；如果采用直接市场法的条件不具备，则采用替代市场法。只有在上述两类方法都无法应用时，才不得不采用意愿调查评价法。

（二）环境评估报告书所需资料

如图 1-4 所示。

1. 有关建设项目的主要文件

（1）填妥、盖章的环评委托书；

（2）立项批文；

（3）项目建议书；

（4）可行性研究报告或项目概况材料；

（5）项目厂址地理位置图；

（6）厂区平面布置图。

说明：上述文件若包括下列某些内容，不必重复提供。

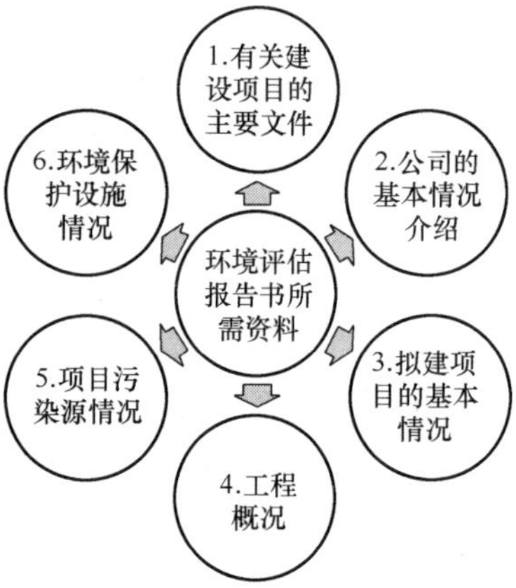

环境评估报告书所需资料
1.有关建设项目的主要文件
2.公司的基本情况介绍
3.拟建项目的基本情况
4.工程概况
5.项目污染源情况
6.环境保护设施情况

图 1-4　环境评估报告书所需资料

2. 公司的基本情况介绍

3. 拟建项目的基本情况

（1）项目名称、建设规模；

（2）项目总投资、分期投资情况；

（3）各类产品产量、用途；

（4）人员编制、开工班次、日工作时数和年工作日数；

（5）厂内生活设施建设内容。

4. 工程概况

（1）生产工艺流程介绍

1）各生产线生产工艺流程图；

2）文字介绍各生产线的生产过程，重点是各工序的原理、反应控制条件、流入和流出物料、运行的连续性和周期性；

3）工艺的先进性和特点。

（2）主要原辅材料消耗情况

1）名称（包括化学名称）、结构、物理和化学性质、危险特性、毒性；

2）日消耗量、年消耗量，或单位产品消耗量；

3）物料平衡情况。

（3）水、电、气、油、煤等资源消耗情况

1）小时最大消耗量、年消耗量，或单位产品消耗量；

2）水量平衡情况。

（4）主要生产设备及辅助设施

名称、类型、数量、用途。

（5）物料储运情况

各类物料（包括原辅材料、中间产品、最终产品、废弃物）的运输、装卸、储存方式及其污染预防和应急措施。

5. 项目污染源情况

（1）详细说明废水（含废液、生活污水）、废气、废渣、噪声等污染源情况，废水和废气的产生量、排放量给出小时最大量和年总量。

（2）废水：各类废水来源、产生量、其中主要污染物产生浓度，治理措施，排放量、其中主要污染物排放浓度、排放去向、排放规律（连续或间断等）。

（3）废气：各类废气来源、产生量（标准态）、气体状态（温度、压力）、其中主要污染物产生浓度（标准态），治理措施，排放量（标准态）、其中主要污染物排放浓度（标准态）、排气筒高度、排放规律（连续或间断等）。

（4）废渣：各类废渣来源、产生量、其中主要污染物含量，治理或处置措施，排放量、排放去向、排放规律（连续或间断等）。

（5）噪声：主要噪声设备名称、噪声值、空间位置（在平面图上标出）、每天运行时间、采取的噪声控制措施。

（6）同类企业或生产线的排污情况。

6. 环境保护设施情况

各类环境保护设施（废水、废气、废渣、噪声控制设施）的名称、类型、数量、作业流程、治理效果、建设投资、运行费用。

第四节 房地产项目决策的过程

房地产项目的投资决策是指房地产投资者为了实现其预期的投资目标，在调查、分析相关资料的基础上，运用一定的科学理论、方法和手段，通过一定的程序，对若干个可行的投资方案进行分析论证，从中找出最合理可行的投资方案，在此基础上根据目标要求和现实环境变化进行系统反馈，对方案进行修改、调整用以调整投资行为的一种创造性活动[2]。

房地产投资决策中，方案的制定是一个收集信息、分析信息、设计方案的过程。在这一过程中信息的收集具有重要的作用，他是整个方案设计和制定过程中最基础最重要的工作，因此信息的收集一定要全面和客观。方案的制定所需要的信息即包括项目本身直接相关的数据和资料，也包括工作组织战略、政府政策动向、消费者偏好等，这些信息都可能对整个方案的设计制定和调整产生重要影响。投资方案的设计和制定所需要的信息不仅要全面，更要准确。这就要求认真分析和筛选所获得的信息，为方案的设计和制定提供坚实、准确的基础。在信息的收集和分析基础之上才能进行方案的设计和制定，为保证获得全面的方案，可以考虑设定甲、乙两个小组，各自独立设计制定方案。各自对自己方案的科学性负责。各组内部各成员在对自己负责的主要流程运行质量负主要责任的同时要对本组整个流程的运行质量负有配合责任。各成员有责任保证流程的运行是可控的、可追溯的。决策所依据的信息质量、所做的任何推断与假设都应具备充足理由并由具体的人承担责任。在方案选择过程中，各组分别展示自己方案的依据和理由并对对方方案提出质询，并回答对方的提问。决策团队经过协商、比较最终做出选择。在方案实施过程中可能会出现各种意外或情况变化，流程中必然要有对整个方案实施的信息反馈和控制系统，根据方案实施过程中所反馈的问题和新的信息对方案进行及时的修正。

房地产投资决策所需要的流程模块可分为：房地产市场分析与预测、地块选择与形象定位、项目功能分析与选择、资金结构和融资方式选择、开发方式、时机选择、经营方式分析选择、开发过程分析与预测、项目投资风险分析、项目评价和方案比选、规划方案确定。如图 1-5 所示。

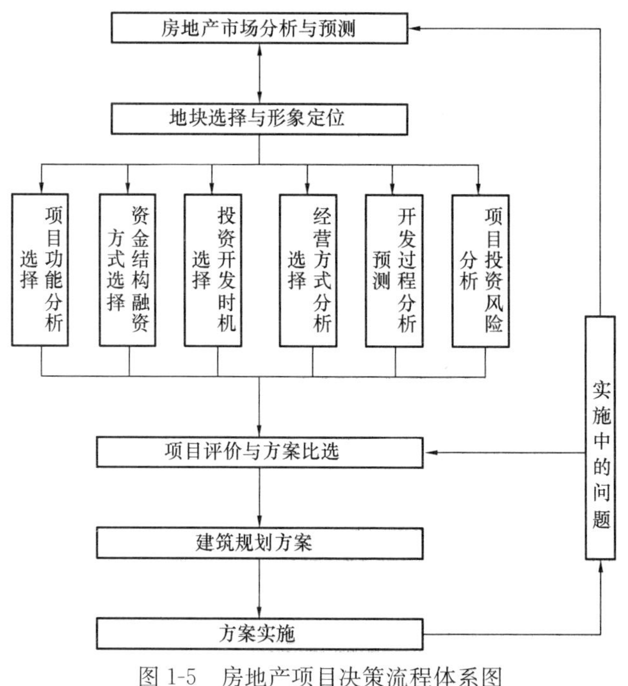

图 1-5　房地产项目决策流程体系图

第五节　房地产新常态对房地产开发决策的影响

一、经济新常态及未来经济发展趋势

（一）经济新常态的内涵

习近平经济新常态可以从三个方面来理解：

（1）增长速度的新常态，从高速增长向中高速增长换挡，保持年均7%的增长速度即可；

（2）结构调整的新常态，从结构失衡到优化再平衡；

（3）宏观政策的新常态，保持政策定力，为调整结构、转变生产方式提供良好、持续的政策环境。

可见，经济发展的新常态就是一种不同于以往的状态，以往的状态往往是大起大落，而新常态是处于一种相对平衡的状态[3]。

（二）经济新常态下未来产业发展的趋势

（1）内需将成为经济增长的主要动力。通过调结构，改变过去依靠投资驱动的、粗放的经济发展模式。

（2）房地产将进入稳定阶段。扩大需求方面，已经取消限购、取消限贷，税费优惠。房地产供给方面，允许房地产企业上市、允许上市房地产公司再融资，允许商业银行正常发放开发贷款等，虽然还没有放开，但会陆续放开。多年以来房地产企业依靠不正常的途径融资，造成成本畸高状况，会逐步改变。

（3）未来的房地产业，健康产业将引领发展。老年人相关的消费、养老、健康等产业具有较大的成长空间。

（4）高雅艺术和休闲产业的需求将随着社会经济与文明的发展越来越多。

（5）与财富管理相关的金融服务业将持续发展。包括物业资产在内的社会财富越来越多，财富管理有着越来越多的需求，必然引起与财富管理相关的金融服务业的进一步发展。

二、中国房地产的新常态

（一）房地产新常态的含义

基于经济新常态，我们可以更好地理解房地产的新常态。

房地产的新常态是指告别过去房地产政策时而过松、时而过紧的“过山车”时代，政府减少对房地产的调控，房地产市场逐步走向一种各方面数据相对平稳，稳定发展的状态。

（二）房地产新常态下的特点

1. 不会有暴涨的年代

在新的常态下，不会再有2003年～2012年高速发展的10年，那样的价格暴涨、开发商暴利的时代（业界称为的黄金10年）不会出现。原因是，一方面，经济新常态下，国家不会采取大规模的投资刺激政策；另一方面，房地产的需求环境已经发生了变化。

2. 不会有暴跌年代

房地产价格也不会暴跌，而是将持续发展下去。我国的城镇化发展还有很大的空间，我国53%的城镇化率比发达国家约80%以上的城镇化率还有很大的距离，按照年1%的增长率来看，还需约30年的城镇化发展，从而对房地产产生持续的需求（业内称之为白银时代）。另一方面，我国购房者首付款一直比较高，近几年居民收入有了较大的增长，加之交易环节的成本较高，不会因市场行情下跌引起抛售现象，对房地产市场产生较强的支撑。

3. 产业面临升级转型

（1）美国与日本的开发商在其发展过程中采取的转型经验是纵向一体化

1）美国采用产融一体化的模式获取资金

房地产商发展抵押贷款公司（通过并购或设立）为客户提供更直接的抵押贷款服务，发放抵押贷款后，通过抵押贷款证券化等模式，在与其他投资者分享利润的同时，实现资金回流。

2）美国开发商通过房地产信托基金的方式获取资金

1960年，美国国会制订REIT法案，规定REIT将90%以上的利润派息给股东，投资者免缴所得税。这项法案的目的是支持中小投资者投资商业地产，这项法案也给房地产开发商纵向一体化提供了机会，如沃尔玛不动产在全国盖超市，完成后将资产注入沃尔玛REITs，沃尔玛零售再租售这些物业，租金回到沃尔玛REITs，借助于免税法案，又通过股东派息的方式回到沃尔玛不动产，进尔回到沃尔玛零售，大大提高沃尔玛零售的竞争力，促进沃尔玛的发展。我国物业的保有量已经非常巨大，同样具备了发展REITs的条件。1986年美国颁布《税收改革法》，允许REITs内部资产配置管理，并提供物业管理及维修、租赁等服务，大大促进了REITs的发展。为了使房地产经营者将资产转入REIT并避免缴纳巨额税款而出现了UPREIT，即“伞形伙伴REIT”，其特点是投资者有权将间接拥有的物业资产股份转换为REIT股份，并同此前的REIT股份持有人享有相同的权利。这些方式，都大大提高了房地产商的融资能力，但由于开发商大大提高融资能力的同时，也与其他证券投资者分享了利益，因此房地产商的盈利不是暴利，是一种正常的盈利能力。

3）日本开发商采取与工程建设承包商融合的一体化

日本开发商的转型采取介入建筑行业，通过提高持有物业的比重等途径，进行扩张和发展。

（2）我国的房地产产业转型

1）我国房地产业呈现的趋势

绿地向国外资本输出、在国外投资房地产，万科投资机器人产业，万达投资旅游文化产业、并投资英国100亿资金，等等。“春江水暖鸭先知”，房地产新常态正处于构建过程中，体现于房地产开发商的投资行为中。

2）我国的房地产产业可能的转型道路

笔者认为，我国房地产将进入开发与持有资产并举的时代，大型房地产开发商将与金融业深度融合，据此可以避免房地产市场的“过山车”，中国的REIT发行将逐步成为常态。此外，随着大规模开发时代的过去，开发与建筑融合的精工细作型小规模的开发商拥有很强的生命力。

三、新常态对房地产开发决策的影响

（一）新常态下，更加注重投资成本的节约和产品质量的提高

随着“黄金时代”的过去，开发商要向管理要效益，更加注重投资控制，实现投资成本的节约。万科云基于“跨界聚集”、“产业重构”理念，提供“不动产＋服务”产品，对房地产开发各个环节成本进行控制的同时，获得最优秀的服务。2015年9月19日，“设计公社”登台亮相，为建筑师提供物理空间的同时，提供Uber化的平台与服务，建筑设计的需求借助互联网，通过“设计公社”这个平台全面开放，从而能够获得最合适的设计者，同时，由于系统的开放性，设计需求者（万科是之一）在获得最合适设计者，提供设计质量的同时，也能够大大降低成本。“设计公社”是万科云产品中的一个，还将有前期咨询、工程建设、工程技术、设备采购、物业管理等产品推出，万科不但是平台的提供者，同时又是平台的重要需求者，这是万科云能够成功的重要根据。万科在满足自身房地产开发需求的同时，也向社会提供了新的产品“不动产＋服务”，进一步丰富了自己的产业生态链。

（二）新常态下，需要完善企业的生态链

房地产的新常态导致企业盈利模式的改变，在暴利的“黄金时代”，整个房地产价格处于上升状态，有利的市场形势，消化了开发商的一些决策风险。房地产新常态下，可以用以下方式完善开发企业产业链。

（1）纵向一体化策略

为了降低不确定性，开发商可以采用纵向一体化策略，增加产业链的把控力，提高生态链的稳定性。万科的万科云产品，可以看成是一种准纵向一体化。

（2）横向一体化

对于一体化的另一种形式——横向多元化，由于大多数房地产企业的互补性较差，而且横向多元化还存在组织障碍，近几年一般不会出现。但是，随着房地产信托基金REITs走向投资市场，并逐步常态化，大型房地产商之间横向融合有较大的可

能性。

（3）多元化等其他策略

可以投资其他产业，如文化产业、旅游产业、制造业等。开发商可以将过剩的产能输出国外，开拓国外房地产开发市场。

（三）新常态下，更加注重营销模式的变革

与房地产新常态相伴随的，是互联网营销大发展的时代。除了继续继承传统中有效的营销模式外，必须高度重视基于互联网的营销模式。

“OTO”是“Online To Offline”的简写，即“线上到线下”，OTO 商业模式的核心很简单，就是把线上的消费者带到现实的商店中去，通过在线支付购买线下的商品和服务，再到线下去获取产品和接受服务。

对于房地产开发商来说，房地产 OTO 就是把线上的消费者带到现实的售楼处，与传统的营销模式相比，开发商开始将销售的阵地逐步转到线上，通过线上各类营销行为引导互联网时代消费者在线下做出最终的消费决策。由于读音和习惯等方面的原因，人们将 OTO 称为 O2O（以下也将 OTO 称为 O2O）。下面分析新兴的 O2O 模式的优势。

1. 带来信息、预约、优惠三个方面的价值

（1）信息方面

O2O 商业模式能够为商家起到很好的宣传作用，从消费这方面将可以很方便很容易从网上获得本地化生活服务和商品的信息，降低了商家商业活动的成本，也降低了顾客消费活动的成本。

（2）预约方面

预约能够提高整个消费环节的计划性，能够降低交易过程的成本，从商家方面来说，预约可以使商家更好更合理的安排各种资源，减少成本，为顾客提供更好的商品和服务。从消费者而言，预约能够为购买者节约时间，增加整个过程的计划性，从而使购买者获得更好更优的商品和服务体验。

（3）优惠方面

网上信息的传播具有快速性和低廉性，商家进行优惠促销活动的效果会更加的好，影响范围也比传统的宣传模式大，消费者获得优惠消息更加方便，能够有更多的选择。消费者注意到优惠消息产生购买的欲望，进行购买活动，从而实现 O2O 的预约和信息价值。长期以来，房地产商销售价格采取低开高走的模式，早签约有优惠对购房者来说是可信的。

2. 减弱地段对商业活动的影响

互联网将营销时的空间差异取消了。互联网改变传统的商业伦理和商业的地域界面，使一切商家在互联网的大时代中都处于同一起跑线上，真正实现了“酒好不怕巷子深”。

3. O2O 让商家和顾客更好地沟通

O2O 让顾客更清晰的认识实体和价值，节省交易费用，平台的数据统计挖掘的作用能够加快信息流的流动，使顾客的需求能够及时反馈给商家，反过来顾客也能通过 O2O 平台快速地获得商家的产品和服务信息。

4. 数据分析可以获得更多的信息

基于 App，购房人可以随时随地与经纪人等取得联系，反馈自己的看法观点，大大提高购房人的主动性。同时，购房人与购房人可以利用移动平台进行深度交流，特别是区域找房的购房人可以形成相应的社区，并最终“选择兴趣相投的邻居”。这种社区化、社群化的互动可以拉动购房人的购房意愿，提高对购房人的吸引力。

5. 更加关注和满足客户的需求

在新常态下，不再是长期的供不应求的局面，需要更加关注客户的需求。不同的阶层、不同职业、不同喜好的人对房屋的需求不同，同一个人在人生的不同阶段对房屋的需求也不相同，如何满足这些人的需求，是房地产业持续发展并不断壮大的必要途径。为此，在市场调查、客户沟通、客户需求表达、客户需求实现研究、客户需求满足程度反馈等方面的客户跟踪研究成为开发商的重要工作内容。

第二章　房地产开发企业的战略、组织与管控

第一节　房地产开发企业战略及其规划

一、战略层次结构

企业的战略决策不仅仅是由企业领导者来制定，不同区域、不同职能以及不同级别的管理人员都应该参与到战略的制定过程中来[4]。企业战略可以划分为三个层次：(1) 公司战略；(2) 业务单位战略；(3) 职能战略。

公司战略覆盖于整个企业；业务单位战略是为公司每个业务部门制定的战略；职能战略则是针对企业内部的每项职能制定的战略，职能战略必须符合企业整体战略。

（一）公司战略

公司战略处于最广泛的层面，又被称为企业整体战略，一般由公司最高管理层制定。公司战略是针对企业整体，用于明确企业目标以及实现目标的计划和行动。公司战略规定了企业使命和目标、企业宗旨以及发展计划、整体的产品或市场决策[5]。例如，一是否需要开发新产品、扩张生产线、进入新市场、实施兼并收购，或如何获取足够的资金以最低的成本来满足业务需要。除此之外，它还包含设计组织结构、搭建信息技术基础设施、促进业务发展、处理与外部利益相关者（例如股东、政府和其他监管机构）之间的关系等重大决策。

公司战略由企业最高管理层制定。高层管理人员包括首席执行官、董事会成员、公司总经理、其他高级管理人员和相关专业人员。公司董事会是公司战略的设计者，承担公司战略的终极责任。

（二）业务单位战略

业务单位战略关注的是在特定市场、行业或产品中的竞争力。在大型和分散化经营的企业中，所属业务部门数量庞大，首席执行官很难适当地控制所有部门。因此，企业通常会设立战略业务单位，赋予战略业务部门在公司总体战略的指导下作出相应战略决策的权力，包括对特定产品、市场、客户或地理区域作出战略决策。

战略业务单位是公司整体中的一个业务单位，由于其服务于特定的外部市场而与其他业务单位相区别。这是因为战略业务单位的管理层会根据外部市场的状况对产品和市场进行战略规划。例如，一家房地产企业既建设住宅又开发商业，住宅和商业的

业务单位面向不同的市场，这就要求不同的战略单位拥有不同的市场战略。战略业务单位是实行自我计划和管理的单位，可以拥有自身具体的经营战略。

战略业务单位的优势是能够在不同的类似业务中找到适合自己的战略，使其更加理性、易于实现。如果企业只是经营某一特定产品，在某一特定市场中开展业务，面对特定客户，在特定区域内经营，那么其公司战略和业务单位战略就属于同一层面，没有必要对其加以区别。

在组织的公司层面上，高级管理人员制定公司战略，以平衡公司的业务组合。公司战略涵盖了公司的整体范围，关注在每个战略业务单位中创造竞争优势。制定一个具有可持续竞争优势的业务单位战略，需要明确在什么样的市场中能够取得竞争优势，什么样的产品或服务能够区别于竞争对手以及竞争对手可能采取的行动。竞争战略是在战略业务单位这个层次制定的，包括如何实现竞争优势，以便最大限度地提高企业盈利能力和扩大市场份额，确定相关产品的范围、价格、促销手段和市场营销渠道等。

（三）职能战略

职能战略在更细节的层面上运行，它侧重于企业内部特定职能部门的运营效率。例如，研究与开发、生产、采购、人力资源管理、财务、市场营销及销售等。各部门领导必须制定目标和规划，协调各自的职能战略，以使这些战略能够协同起来，实现公司和业务单位的战略目标。

职能战略在促进公司战略成功方面具有关键性作用。这种作用表现在如下两个方面：一方面是职能管理要开发或者调整企业的资源和能力，以适应不断变化的公司战略和业务单位战略，这是战略成功的基础；另一方面，各项职能在其各自的领域中开发独特的资源或核心能力，为企业制定战略提供条件。

由于各部门可能只关注自己的目标和行为，因此，可能会导致各部门之间产生利益冲突，从而降低公司业绩。例如，市场部门偏好于产品创新和差异化并以此来开拓细分市场，而生产和运营部门则更希望产品生产线能够长期稳定运行。公司战略的作用是确保各部门或职能之间协调运转、减少冲突，以整合各部门的工作，使它们能为公司战略作出最大贡献。

二、房地产开发企业的战略规划的过程

企业战略规划是指为一个企业的未来发展方向所制定的决策和实施这些决策的过程，它是一个理性的逻辑过程，该过程要考虑到企业使命、战略目标、企业环境、企业文化等内外部因素。细化到房地产开发企业领域，房地产开发企业的战略规划过程一般也要遵循要遵循以下五个步骤。

（一）明确企业使命和确定战略目标

企业使命和战略目标是两个逐级具体化的层次，它们都着眼于描述企业宏观性的

构想。企业使命为企业确立了一个经营的基本指导思想、原则、方向、经营哲学等，它不是企业具体的战略目标，而是抽象地存在；不一定表述为文字，但影响经营者的决策和思维。战略目标规定了实现企业使命时的预期成果。因此，在制定企业战略规划过程中，首先要明确企业的使命，依据使命确定企业的战略目标。例如，我国房地产企业中的佼佼者——万科，它的企业使命是“建筑无限生活”，目标——成为中国房地产行业的持续领跑者。

（二）客观分析企业环境

任何企业的发展都会受到内外部环境因素的影响，企业战略制定过程中要结合所处的内外部环境来制定出恰当的发展战略。企业只有通过分析面临的内外部环境，找出关键性的战略要素，即内部优势与劣势和外部机会与威胁，才能拟定出供选择的战略方案。

1. 外部环境分析

外部环境分析的重点是识别和评价超出企业控制能力的外部发展趋势与事件，揭示企业所面对的主要机会与威胁，从而可以让管理者使用适当的战略来利用机会、回避威胁或减轻威胁所带来的影响。根据与企业战略关联的基本关系及一定的逻辑顺序，可将外部环境因素划分为宏观环境因素和行业环境因素两类。宏观环境因素包括政治、经济、社会、环境和技术五类因素。行业环境分析包括进入壁垒、购买者能力、供应商努力、替代品的替代能力、竞争对手五类因素，通常运用波特的五力模型和行业界定分析。

一系列的外部因素影响企业对战略方向和战略行动的选择，最终也会影响组织结构和内部运作程序，这些因素构成了外部环境，即一个企业在竞争环境中面临的机会和威胁的基础。图 2-1 说明了企业与宏观环境、行业环境之间的关系。

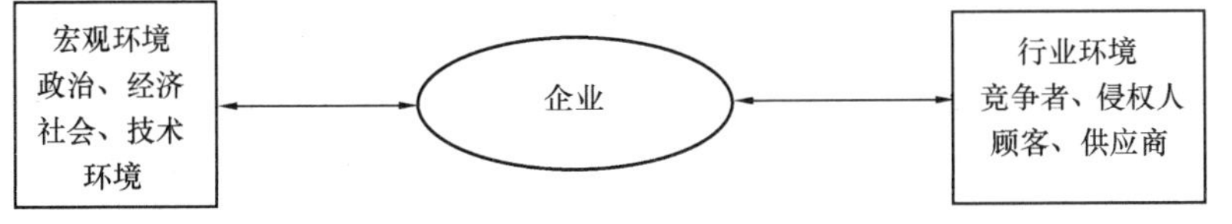

图 2-1　企业与宏观环境、行业环境之间的关系

2. 内部环境分析

内部环境分析可以通过评估企业过去的成果和失败来分析成功和失败的原因，从而为未来奠定经验基础。内部环境分析可以帮助企业了解企业目前所处的真正位置，分析企业自己到底拥有什么，哪些是自身的优势，哪些是劣势，然后有效的利用优势弥补劣势。

找出企业的优势和劣势能够为制定企业战略提供信息，而要找出企业的优势和劣势，则需要来自整个企业的管理者和员工代表参与，通过收集和整理有关企业的企业文化、内部管理、市场营销、财务会计、生产运作、研究与开发、管理信息系统等方面的信息，着重研究关键性因素，确定影响企业未来最为重要的优势和弱点。内部优势和弱点加上外部机会与威胁及明确的任务陈述，共同构成建立企业目标与战略的基础。因此，建立目标和战略的出发点便是要利用内部优势和克服内部弱点。

（三）战略分析与选择

现实中存在很多可供企业选择的战略备选方案，但并不是每个可选的战略方案都能使企业受益，因此，企业有必要确定一些易于管理、具有吸引力的战略备选方案，同时给出这些战略各自的优点、缺点、成本和收益。在拟定和评价备选战略方案过程中，之前所有参加过使命陈述、内部分析、外部分析的人员都应参与其中。参与者所提出的全部备选战略方案，应以书面形式记录下来，经过一次或一系列的会议讨论后，根据吸引力的强弱，对这些备选战略方案排序。通过这一过程，将会得到一个可以代表小组集体智慧的、按优先选择顺序的最佳战略方案排序。

进行战略选择的前提是确定可行的战略备选方案。企业当前采取的战略、目标和使命，再加上内外环境分析的信息，共同成为制定和评价可行战略方案的基础。可行战略方案不是凭空想象的，而是建立在企业的使命、目标、外部分析和内部分析的基础之上，能够较好反映企业的现状，而且往往与以前企业中一度行之有效的战略保持一致，或者与以往已经取得的成功战略为基础。战略分析与选择工作就是选出一个能实现企业经营方向的最切实可行的满意方案，并为战略方案有效实施制订出具有指导性的政策和计划。

企业战略选择的依据主要有以下几点：

1. 以核心竞争力为根本，完成企业战略选择与调整

核心竞争力是企业的生命，是决定企业能否实现可持续发展的关键。首先，它能很好地实现顾客所看重的价值，比如，能显著地降低成本，提高产品质量，提高服务效率，增加顾客的效用，从而给企业带来竞争优势。在国内房地产界，“北有万达，南有万科”充分表明了万科在房地产界的地位，而这一地位则来源于万科的核心竞争力。面对政策的调整和复杂多变的市场环境，房地产企业必须对自身的资源能力进行客观的分析，强化核心竞争力，增强企业的竞争优势，增大企业战略转换能力。在房地产企业战略选择过程中应该注重：一是在本质内涵上，重在服务，向广大业主提供优质产品和服务；二是在关键能力上，重在建立房地产企业畅通、有效的营销渠道和良好的商业资信；三是在构成要素上，重点培育房地产公司营销体制、市场网络等相关环节的能力，以及用人制度、分配机制等的优劣。

2. 企业战略选择以提高运营效率为目的，调整企业组织结构

从组织的角度来看，房地产企业必须善于寻找和管理联盟伙伴，改变“小而全、大而全”的传统模式，建筑设计公司、地产营销机构、建筑施工单位都有可能成为重要的伙伴，共同结成战略联盟，提高运营效率和抵御市场风险。万科通过内部部门的精简，从一个五脏俱全的开发型企业转变为一个资源整合型的企业。万科的调整将自

身成为一个资源整合中心，在产业链的上游打开融资渠道，下游将业务分包，同时增加客户服务的队伍，扩大品牌的影响力，提高运营效率。这种资源整合类型的开发来源于欧美模式，代表一种高度细分的专业化分工，从资金到开发、规划、设计、建设以及销售，各个环节均由高度专业化的公司分别完成。目前国内的开发企业大多引用的生产模式是香港模式，是房地产开发的全部流程，从买地、建造、卖房、管理都由一家开发商独立完成，是一种全程开发模式。两者最重要的区别在于，香港模式中的开发企业更多地依赖银行提供的资金，而美国模式中的房地产资金，更多地来源于社会大众的资金。因此，企业战略选择过程中要考虑战略对调整企业组织结构，提高运营效率的作用。

3. 企业战略选择以建设适合的企业文化为基础，营造良好的企业发展氛围

房地产企业文化建设必须以企业的经营活动为中心，为企业的经营活动服务，不能割裂企业经营与文化建设之间的关系。房地产公司要从精神层次上培育核心价值观；从制度和行为层次上建立完善科学的管理制度、完善员工的行为规范；从物质层次上形成企业形象的视觉识别系统，摒弃严重影响企业发展的不良思想。房地产企业应以战略调整和业务重组为突破口，通过核心价值观的有效培植，形成具有时代特点、品牌意识、创新精神和强大内部凝聚力的企业文化。具有强大内部凝聚力的企业文化是实现发展战略目标的重要保障，是企业核心竞争力的重要内容，是房地产企业持久发展的基础。

4. 企业战略选择以品牌产品为载体，拓展企业的市场空间

房地产企业战略选择过程中，必须注意如何加强自身创造附加值的能力和专业化能力，包括各个细分功能的能力，比如产品设计、工程进度、质量控制、成本控制和营销策划等诸多方面。与其他产业链相比，房地产行业的产业链前端有较多的环节，而在行业利润分配上，几乎是越靠近前端，越有强大的市场权力。为了实现房地产市场的扩张，提高品牌价值和企业影响，房地产公司需要实施积极的产品战略与服务战略，即以品牌产品为载体，拓展企业的市场空间，在产品的定位上，可以类似于竞争对手，但在产品的功能和价格上，强调“超越”竞争对手。

（四）战略实施

战略实施是指把战略方案转化为企业行动和结果的过程，它包括建立必要的实现战略的组织结构、采取适当的执行系统确保实现战略所必要的活动能有效进行、塑造企业文化。

战略实施工作是企业成功的关键。实施工作意味着一个有章可循的过程，或者一整套合理的、相互联系的活动，从而使得企业接受这项战略，并且使这个战略发挥作用。没有一系列经过仔细斟酌的、有计划的实施方法，战略目标就无法实现。战略实施的顺利进行，除了战略本身的适宜性与可行性之外，还需要有效的资源配置和组织管理的匹配。此外，战略实施的关键因素主要有两个：创建一种支持战略的企业文化

和发挥驱使实施工作向前开展所需的内部领导作用。

（五）战略控制与评价

所谓战略控制，是指将预定的战略目标与实际效果进行比较，检测偏差程度，评价其是否符合预期目标要求，发现问题并及时采取措施借以实现企业战略目标的动态调节过程。战略控制的目的主要是控制战略失效，确保战略目标的有效实现。具体体现在以下两个方面：一是保证战略方案的正确实施；二是检验、修订、优化原定战略方案。

一个有效的控制通常要具备整体性、客观性、正确性、适时性和灵活性五个基本特征。

战略控制是贯穿在许多管理工作中的一组活动。构建有效的战略管理系统，其实质是对企业的管理进行改进，特别是对企业领导层的管理方式进行改进，把控制过程的各个环节从繁杂的事物性工作中凸显出来，明确每个环节的内容和他们可能引起的后果以及相应的权责关系。

当企业的内外部环境发生变化时，战略的实施可能偏离了预定的方向和轨道，或者企业的战略可能不再利用企业的发展。因此，对战略的实施进行系统化的检查、评价就成为企业战略控制的一项重要任务。

在战略控制方面一个很重要的理念就是，只有可以测量的才是可以管理的。战略评价包括两个方面的内容：一是对战略本身的评价；二是对战略实施过程的评价。通过战略评价可以使企业发现战略的不足之处，发现潜在问题防患于未然，评价战略的原则一般包括：适用性、可行性和可接受性。

三、经营战略选择与职能战略制定

（一）企业经营战略的选择

企业的经营战略应该依据企业当前所处生命周期中的特点进行选择。企业的生命周期可以划分为：创业期、成长期、成熟期和衰退期四个阶段。

1. 创业期的经营战略：专业化

创业期的企业刚刚诞生，规模较小，企业的组织结构简单，而且企业的员工数量少，年营业额低，资产数量和营业利润也很少，内部管理体系等各个方面都不成熟。此时的企业不易分散资源和能力来发展别的业务，而应该培育有价值的、不易模仿的、不可替代的核心能力，并充分利用企业内部有限的资源和企业外部市场的良好机遇，迅速发展主要业务。因此，不管从企业的内外部环境还是企业自身的能力来看，这一时期的企业应该实施专业化战略。

2. 成长期的经营战略：专业化为主，多元化开始起步

当企业处于成长期，核心技术初步形成，销售量和利润增加，发展速度加快。这时，市场扩大，市场需求迅速增加，需求大于供给，新的竞争者不断进入，企业之间

开始争夺人才和资源，使竞争更加激烈。此时，企业的首要任务是把主业“做大”，围绕着企业做大、做专、做强，而不是分散精力去“做多”。

当企业处于成长期与成熟期的过渡阶段时，若企业在保持和扩大自己熟悉的主营业务的同时，出现了相对过剩的资源，并且企业在主营业务所属行业已具备管理、品牌、技术等优势，并已经建立起企业的核心竞争力之后，为了避免浪费企业的剩余资源，企业可以考虑由专业化向多元化发展。

因此，处于成长期的企业应以专业化经营为战略重点，把企业的资源用于发展企业的主营业务，使得企业在某一领域形成真正的竞争优势、核心能力和规模经济。当企业发展到一定程度，出现相对过剩的资源，并且企业具有一定的能力时可以尝试开始向多元化战略发展。

3. 成熟期的经营战略：多元化

企业步入成熟期后，企业独立性强、技术精良、资金雄厚，核心竞争力进一步加强，在同行业中一般起着骨干作用；发展速度减慢，但效益提高；产品市场占有率高，形成名牌产品，成熟期虽然市场巨大，但是已经基本饱和，任何企业想要扩大市场份额，都会遇到对手的顽强抵抗，并引发价格竞争。既然扩大市场份额已经变得困难，那么，在该时期实施多元化战略是规避风险，突破企业成长极限的最佳时期。

4. 衰退期的经营战略：多元化到专业化的回归

企业步入衰退期后，产品供过于求，替代性强，企业投资减少，只能利用现有设施取得最后利润。这就意味着企业需要重新整合、分配衰退行业的资源。在衰退期，企业为了保障战略目标的实现，发挥企业资源的优化配置，应该采取剥离衰退行业业务、紧缩经营行业数量，侧重于主业发展的战略思路，即实行专业化经营。

（二）企业职能战略的制定

企业的职能战略是为贯彻实施和支持企业总体战略而在企业特定的职能管理领域制定的战略。可以说，企业的总体战略要真正发挥作用，创造价值，必须制定和实施与总体战略目标相一致的各项职能战略，企业应制定以如下几方面为重点的职能战略来保证总体战略的实现。

1. 市场营销战略的制定

市场营销战略是企业最为重要的职能战略。马克思说过，从商品到资本是惊人的一跃。企业要想赢得生存的机会，要想实现自身的价值，就需要做好市场营销，把自己的产品和服务销售出去，从而实现企业追求的利润。有许多企业，正是在商品到资本的惊人一跃中表现出色，从而实现了企业的辉煌发展，而也有许多企业，在商品到资本的一跃中，表现一般，结果失去了企业赖以生存的顾客，在激烈的竞争中败下阵来。从这个意义上说，市场营销战略无疑对企业求得自身的发展和繁荣有着至关重要的意义。

（1）从 STP 入手，制定市场营销宏观战略所谓STP，指的是Segmentation（细分）Targeting（选择）Position（定位）三个英文单词的首字母缩写，它指的是市场营销宏观战略包括的三个方面：市场细分战略，目标市场战略和市场定位战略等。

沿着STP三个战略的基本思路，结合正确的战略分析，就可以制定出科学的市场营销宏观战略。对三种战略的制定，分述如下：

① Market Segmentation（市场细分战略）

在竞争越来越激烈的市场中，人们的需求也越来越呈现出极大的差异。因此，要想面对所有的顾客开展市场营销工作，既不现实，也不具可操作性。因此，要从众多可能的消费人群中找到最好的市场机会，发挥企业的最大优势，从而在激烈的市场竞争中赢得最大的成功，就需要进行市场细分。

具体地说，制定市场细分战略，需要做好五项工作：首先进行市场调查。要广泛收集市场相关的信息资料，建立对市场的整体性认识，在对市场整体认识的基础上，形成对市场的初步判断。其次做出预测分析。即针对调查的结果，进行科学的统计，通过统计分析，对市场做出初步预测，形成整体市场的初步划分。第三、描绘细分市场。根据对整体市场的初步划分，进一步进行调查，收集相关信息，对划分的细分市场进行描绘。一般来说，可以依据不同的变量，按照地理细分、人口细分、心理细分和行为细分等方法来细分市场。第四、选择细分市场。即从众多细分市场中，找出最适合企业开发的市场作为企业开发的重点。最后，制定细分市场战略。在企业准备进入的细分市场中，再进行仔细的调查和分析，从而制定出企业的市场细分战略。

② Market Targeting（目标市场战略）

市场细分的最终目的是为了有效地选择并进入一个企业能够游刃有余的目标市场。所谓目标市场战略，就是要在市场细分的基础上，再进一步选出企业所要面对的特定的消费群体，针对性地开展市场营销。

③ Market Position（市场定位战略）

企业制定市场定位战略的目的是为产品树立一定的市场形象，确立产品在众多竞争产品中的特色，从而能够在消费者心目中产生一定的影响，最终使产品在竞争中脱颖而出。

制定市场定位战略，需要着重考虑竞争产品的状况，力争产品能够具有鲜明的特色，能够让产品迥异于竞争产品，从而赢得消费者的喜爱。目标市场战略的制定，要充分结合企业的资源状况、竞争对手的状况、产品的状况和顾客群体的需求来做出决策。

总之，STP战略并不是彼此孤立、没有联系的。企业在制定市场营销宏观战略时，需要从三个方面依次入手，先进行市场细分，然后在细分的市场中确定企业致力开发的目标市场，最后再通过与其他竞争产品的角逐，确立企业产品的鲜明特色，这样，企业才能制定出完整而合理的市场营销的宏观战略。

（2）从 4P 入手，制定市场营销组合战略

所谓 4P，指的是 Product（产品）Price（价格）Place（渠道）Promotion（促销）四个英文单词，它指的是企业通过自身产品、价格、渠道和促销活动等战略的优化组合和综合应用，来达到企业根本战略目标的一种战略思路和安排。因此，这种所谓的市场营销组合战略，其目的是以顾客为中心，通过制定相应的产品、价格、渠道和促销战略，建立起一套营销战略系统，形成一套市场营销组合战略，协同企业力量，更好地实现企业的战略目标。

下面，我们对市场营销组合战略中所包含的 4P 战略做一概括简述：

① Product（产品战略）

企业通过产品销售，来满足顾客的需求，实现企业的利益。从这个意义上说，产品战略是 4P 战略的根本。没有好的产品，企业就难以生存和发展。因此，制定市场营销组合战略，就需要首先考虑企业的产品战略安排。要考虑如何通过产品的适当组合、新产品的开发、产品生命周期等内容的具体实施，来更好地满足顾客的需求。

② Price（价格战略）

适当的定价，通常会实现刺激消费、增加利润、有利竞争等目标。企业的价格战略，就是要通过执行不同的定价策略，实现不同的战略目标，如通过快速渗透市场的定价策略或攫取最大利润的定价策略来快速占领市场或获取最大利润。

制定价格战略时，要综合考虑市场需求状况、竞争状况、企业成本及规模经济等因素。

③ Place（渠道战略）

产品要通过一定的渠道才能到达顾客手中。渠道的长短和多少都会制约着产品的销售。制定渠道战略，需要综合考虑产品的特性、市场容量的大小、顾客的多少、企业自身的经营能力等因素。

④ Promotion（促销战略）

制定促销战略的目的是为了使企业向目标顾客沟通市场信息，促使顾客对企业及产品形成良好认识，激发顾客做出购买。促销常常采用人员促销、广告促销、营业推广和公共关系推广等方法。

要制定市场营销组合战略，就必须综合考虑上述四个战略的特点，结合企业自身优势，分析顾客不同需求和竞争对手的具体措施，做出针对性的市场营销组合战略，不能顾此失彼，致使制定的营销组合战略无法收到最佳组合的效果。也就是说，市场营销组合战略制定得好，就可以在市场营销中收到“组合拳”的良好效果，形成企业市场营销的综合优势，奠定自己的市场竞争优势。

2. 研发战略的制定

企业研发战略的制定，可以遵循如下思路：通过技术模仿，积聚竞争实力；制定紧跟战略，紧追一流企业；制定技术领先战略，赢得超凡竞争优势。分述如下：

① 制定技术模仿战略，积聚竞争实力

技术模仿战略对那些技术力量不足、资金有限的企业来说，是极为重要的。由于企业规模和实力的限制，使企业不可能很好地实现技术创新或具备技术优势，此时，企业的最佳选择是模仿市场上现有的先进技术，从而在市场上赢得一席之地，取得一定的利润。

② 制定技术紧跟战略，紧追一流企业

技术紧跟战略，是企业在具有了一定的研发能力、有了一定的资金实力后，对市场上推出的新技术进行仿造或加以改进，从而能够紧跟市场上的主流技术，跟上市场上的技术进步，赢得更大的利润。

要制定这一战略，首先要能够对市场上的先进技术有深刻的认识和了解，能够收集到先进企业的研究动向和研究成果，从而能够结合企业自身的实力，做出分析，判断能否具备技术紧跟需要的技术、资金实力；其次，要注重提升企业自身的消化、吸收能力，力争能够在紧跟先进企业和先进技术的同时做到技术创新，为企业的技术领先战略打下基础。

③ 制定技术领先战略，赢得超凡竞争优势

制定技术领先战略，就是要全力以赴追求产品技术水平的领先性和最终用途的新颖性，取得突破性的技术进步，奠定企业强大的技术优势，从而能够从根本上奠定企业雄厚的技术基础，获得企业先进技术带来的超额利润。

3. 技术创新战略的制定

以市场为导向，强化工艺创新、设备创新、材料创新。在今后的工艺设计运行中，本着对生产负责的态度，要在现行成熟的工艺技术基础上，抛开已有经验的局限，大胆调整生产工艺，敢于使用新设备、新材料，以达到提高生产能力、节能降耗的目的。

（1）引进技术，消化吸收。通过与一些技术优势强的研究院所、高科技公司或一些高校合作，引进技术，消化吸收，并有针对性地进行技术储备与创新。

（2）采用先进的办公条件、生产工艺、生产设备和工艺安全方面的仪表、设备和自动化控制程序。通过这些程序工具，可大大提高技术和生产人员的工作效率和创新能力，为实现高效生产运行提供重要的工具和技术保障，也为技术创新提供了重要依据。

4. 人力资源战略的制定

人力资源战略是根据企业总体战略的要求，对企业的人力资源进行开发，提高员工队伍的整体素质，从中发现和培养大批优秀人才所进行的长远性的谋划和方略。

根据企业的战略目标，适应企业总体战略的要求，企业应制定以下人力资源战略：

（1）实施成本导向式的人才招聘管理，制定吸引精英人才的特殊政策措施。

（2）建立目标导向式的绩效考评和管理体系。

（3）科学管理人才、有效配置人才和合理使用人才，以充分发挥人才的极大潜力和作用。

（4）建立覆盖企业所有经营活动、管理行为和作业行为及个人业绩行为的激励系统。即建立一个属于全体组织成员的制度共享平台，这是公司长久发展的源动力。

（5）建立一种平等、互助、民主的上下级关系和同级关系，完善信息交流与沟通渠道，倡导和谐的人际关系、工作关系。

（6）职位任职资格导向式的教育培训制度。

（7）创建学习型组织，通过学习交流，培养创新思维，拓宽发展视野，养成经常思考的良好习惯。

5. 企业文化战略的制定

企业文化是一种在实际经济活动中形成的组织文化。它是在一定的社会历史条件下，企业生产经营和管理活动中所创造的具有本企业特色的精神财富和物质形态，是企业员工共同遵守的价值观念、思维方式、道德规范和行为准则的总和。与有形的物质资源不同，其生生不息，永远不会枯竭，是支持企业成长的支柱。

在市场竞争中，有了积极向上的文化底蕴的支持，企业往往能闯过难关。为了使企业能稳定健康持续发展，利用企业文化所具有的导向、凝聚、约束、激励等功能，统一员工观念和行为，这样才能确保公司的高效快速发展，实现本企业的长盛不衰。根据企业的现状与未来发展的具体要求，确定以企业持续发展为目标，以人为本，培养团队精神，塑造企业良好形象，与时代发展和行业特点相适应的企业文化。

第二节　房地产开发企业的组织结构

一、房地产企业组织结构目前存在的主要问题

许多房地产企业，尤其是中小型房地产企业，在组织结构上存在组织结构层次单一、部门设置不合理，以职能为主导而不是以流程为主导，对企业发展战略和快速变化的竞争环境没有形成有力的支持；其次职能定义不清、职责职权不明晰、不对等，集、分权不合理，横向结构交叉重合，效率低下；第三工作分配不符合流程，组织流程繁杂或破碎，缺乏有效的沟通渠道和沟通机制等。具体来说，主要表现在以下几个方面。

（一）组织结构不合理

1. 结构层次过于单一

房地产项目的开发是专业性很强的工作，除了涉及规划、设计、施工等工程类专业领域外，还涉及经济、社会、战略、投资、融资、市场、营销、管理、心理等众多专业领域，因此房地产企业往往设置较多的部门。

当前很多房地产开发企业从最初公司设立到发展壮大后始终采用最简单的直线型

部门制组织结构或直线职能型部门制组织结构。这些部门制组织结构，尽管优点明显，但是企业领导直接管理多个部门的具体业务，要求企业领导（总经理或副总经理）博晓多种业务和专业技能（不仅仅具有管理能力），成为“全能”式人物，因此不利于企业的发展壮大。

一般而言，随着企业规模的扩大，企业业务的专业性和复杂性也会增加。若企业仍采用上述部门制组织结构，将存在结构层次过于单一的问题。组织结构层次过于单一会导致管理幅度过大，从而引起管理不到位，导致尽管领导工作量大于具体专业事务，仍无法保证有效管理，导致公司专业发展不足。因此，为了改变这些不足，一些已经认识到这些问题的大中型企业在领导层和部门之间增设“中心”层，设置中心总监一职，从而形成层次相对较多的总监制组织结构，降低管理的幅度，提高管理效率。

2. 决策层结构庞大

有的房地产企业决策层组织结构庞大，但是，客观说来，有些决策是不需要由决策层完成的，是能够由执行层或者决策层和执行层共同完成的。假设所有的决策仅仅由决策层来完成，那么，决策层机构就要非常庞大，这样将导致官僚层层节制，而不具有灵活性，也很容易项目部的管理人员形成大锅饭的心理，从而没有强烈的动机去创新，为了追求平稳而丧失激情和斗志。

3. 部门设置不合理

很多房地产企业在成立的时候，往往是人员配置不全，为了提高管理效率，将很多不同职能的安排在一个部门，这在成立之初是有效的。然而随着企业的成长壮大、业务量的增加，原有的部门职能设置方式就大大制约了企业进一步发展的需要。比如，有的房地产企业把行政和人力资源放在一起，有的房地产企业把采购和工程建设放在一起，有的房地产企业把企划和项目市场研发放在一起；有的房地产企业把产品研发和营销部放在一起。但是随着企业的成长壮大、业务量的增加，企业面临更全面深入的竞争，企业需要更加专业的决策、更有质量的决策、更注重细节的决策；而且随着企业人员的增加，各部门和岗位需要更明确的职责划分，需要各司其职，以简化部门工作内容，提高工作效率和质量，提高工作的标准化和规范化。

（二）组织流程不合理

1. 组织流程繁杂

很多刚刚成立的房地产开发企业，《公司章程》是套用的，董事会成员与经理层成员两套班子重叠，董事会议题与经理办公会议题容易经常混淆，总经理与副总经理的职权界定不清，部门以“拉郎配”形式组建，业务流程繁乱、重叠，没有头绪。基本流程不明晰，很难做出有效、快速的决策，不利于企业发展。

2. 工作分配不符合流程

企业的工作分配应该要符合统一流程的原则，在实际的情况中，很多房地产企业却违背了这个原则，在一个体系之下设置了两个流程差异很大的工作，这样就很容易出现职责不清、管理混乱的局面，引起各个部门的推诿扯皮现象的出现。

一些中小房地产企业没有恰当的考虑业务流程的实际运行，设计的工作流程不连续、不完整。流程设计的缺陷使得流程之间脱节，本来应该完整的针对顾客的流程被人为的分割成很多部分，难以发挥其原有的高效作用。被严重割裂的流程不仅很难体现其自身的价值，而且使团队缺乏紧密合作的凝聚力，容易忽略企业发展目标。

3. 流程缺乏评审程序

这是很多房地产企业存在的普遍现象，合同缺乏既定的评审，没有设计过程的控制措施，发生设计变更时，没有做进度和造价评审。公司缺乏有针对具体项目的进度、质量、资金控制措施，缺乏中高层官员人员“跳槽”的管理制度和补救措施等等。

二、房地产企业组织结构设计理念

（1）以流程为中心。在房地产企业的组织结构设计中应提倡建立以流程为中心、以顾客为导向的理念。在进行组织结构设计之前，首先编制企业的主导业务流程，在对主导业务流程进行分析的基础上来考虑组织结构设计方案[6]。同时在组织结构设计中，要以顾客为导向，时刻考虑顾客的需要，让顾客在和企业进行各项业务的交往过程中，感到方便快捷。在编制主导业务流程时，须充分考虑如何将企业的市场、生产、资金、人力等资源有机地融合起来，做好计划、协调、监督和控制等一切工作，使它们形成相互关联的整体，同时具有处理资金流、物流和信息流的一个良好的循环。一般而言，组织设计包括组织目标分析、流程分析、职能分析、组织结构设计、岗位设计、管理规范设计、运行制度、设计等主要环节。

（2）组织结构的动态管理。企业的组织结构不是一成不变的，它应该随时根据房地产市场和客户的需要而实施动态的组织变革，使企业组永远充满活力。因此房地产企业的组织结构必须实施动态管理才能使企业在激烈的市场竞争中永远立于不败之地。

（3）组织结构设计没有最好，只有最合适。很多企业都在追求最好的组织结构设计，实际上组织结构设计没有最好，只有最合适。所谓的最合适是指组织结构要最适合市场与客户的需要，保持顺畅的操作和最高的运行效率。

（4）恰当地处理集权与分权的关系。在房地产企业的组织结构设计中，要恰当地处理好“集权”和“分权”的关系。过度的“集权”与过度的“分权”都会给房地产企业经营发展带来极为不利的影响。“适度分权”，即企业的决策权力相对集中后，对下属单位或个人采取“适度分权”（或称为“有限度分权”）的方法。

三、房地产企业组织结构的选择与建议

目前在我国的房地产企业中，组织结构形式呈现出多样化的趋势，但归结起来大致可以分为直线型、直线职能型和矩阵型三种形式。

（1）直线型组织结构。直线型的组织结构是最原始的一种组织结构形式。即由企业的负责人直接对企业的员工实施直线领导。目前这种组织结构形式只适合于手工作坊式的小型企业。而房地产企业的管理较为复杂，且市场竞争与变化因素较大，因此房地产企业采用直线型组织结构是不合适的。

（2）直线职能型组织结构。直线职能型的组织结构是目前众多房地产企业所应用的一种组织结构形式。企业总经理通过各职能业务部门对各下属单位进行领导，各职能业务部门辅助总经理对各下属单位的工作进行领导，同时进行本部门分管业务领域的专业性指导。

（3）矩阵型组织结构。矩阵式管理是指按职能划分的部门与按项目划分的小组（项目部）结合成矩阵型的一种组织形式。在一房地产企业有多个项目时，应该采用矩阵式管理。目前这种管理形式已越来越多地为广大房地产企业所接受。

实施矩阵式管理时，如果以企业各业务部门的职能管理为主、以项目部的管理为辅时，称为“弱矩阵式管理”。如果以项目部的管理为主、以企业各业务部门的职能管理为辅时，称为“强矩阵式”。一个房地产企业是实行弱矩阵式管理，还是实行强矩阵式管理，要视每个企业的具体情况而定。凡是企业运作正规，规章制度健全，项目部的管理人员实力较强，则可以实施强矩阵式管理。反之，还是实施弱矩阵式较好。在实施矩阵管理时要加强项目部的组织管理和组织建设。

第三节　房地产开发企业的管控

一、概述

随着近年来房地产行业的快速发展，大量的专业房地产开发企业进行了大规模跨区域扩张，母公司的管理幅度迅速加大，这时母公司不能身兼项目操作者和管理者双重角色，企业从“母公司—项目公司/项目部”的架构向“总部—区域公司”的集团模式转型成为必然。未来房地产开发企业的发展至少有八大趋势，即规模化、集团化、民营化、差别化、品牌化，战略化、上市化以及网络化。随着我国房地产业竞争加剧，房地产开发企业向规模化、集团化方向发展的趋势已然显现，逐渐出现了一批执市场之牛耳的“房地产航母”、“房地产大鳄”，房地产企业的数量却越来越少，优胜劣汰越来越快。因此，房地产企业的管控模式选择显得尤为重要。

二、房地产开发企业管控模式类型

当房地产企业发展到集团规模的时候，需要集团总部对下属子公司实施有效的管控。经过长期的研究和实践，人们发现，集团管控模式基本上可以分为以下三种类型：操作管理型、战略管理型和财务管理型。

财务管理型是指集团对下属子公司的管理控制主要通过财务手段来实现，集团对下属子公司的具体经营运作管理基本不加干涉，也不会对下属公司的战略发展方向进行限定，集团主要关注财务目标的实现，并根据业务发展状况增持股份或适时退出。对于众多的房地产企业集团而言，在非主业领域采用这种管控模式比较多，比如万通集团和万通东方策略公司，华润集团和华润房地产经纪有限公司，绿地集团和绿地建材有限公司都是这种情况。

战略管理型是指集团的核心功能为资产管理和战略协调功能。集团与下属子公司的关系主要通过战略协调、控制和服务而建立，但是集团总部很少干预子公司的具体日常经营活动。集团根据外部环境和现有资源，制定集团整体发展战略，通过控制子公司的核心经营层，使子公司的业务活动服从于集团整体战略活动。一般地，这种情况比较适用于相关产业企业集团的发展。首创集团和首创金丰易居，北京万通股份和万通鼎安物业管理公司，中国建筑设计研究院和联安国际设计公司之间就是典型的战略管理型关系。

第三类管控类型是操作管理型，大部分房地产开发公司都是属于这种情况，比如房地产公司和下属项目子公司的管控就是这样，大型房地产集团公司，比如万科的区域中心和下属项目公司之间也属于这种情况。通过母公司的业务管理部门对控股子公司的日常经营运作进行直接管理，特别强调公司经营行为的统一、公司整体协调成长和对行业成功因素的集中控制与管理。

三、万科的管控模式

万科公司目前采用的是一种集权和分权相结合的管控模式，总部可以用图 2-2 表示：

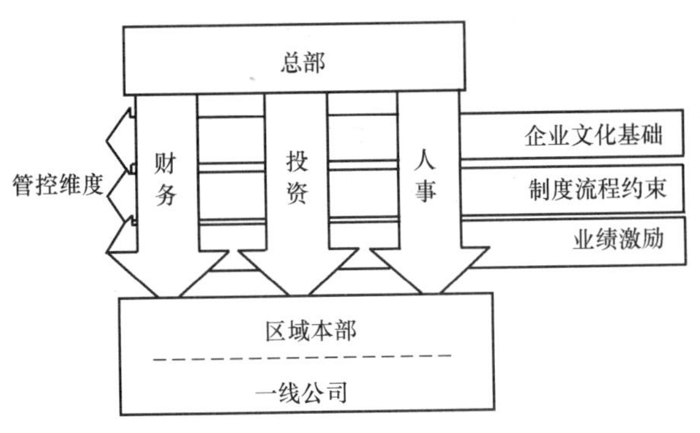

图 2-2　万科总部管控示意图

目前万科的员工一共约有两万人，分成两个大的系统，一个是地产系统，另一个是物业系统，其中地产员工约 4000 人，物业员工约 16000 人。在地产系统中分成二级三层管控体系：第一级是总部，第二级是按照城市设置的公司（万科内部叫做一线公司），其中总部又分为集团总部和总部派出的 4 个区域本部，形成总部战略、区域指导、一线执行的三层架构。

从管控的维度看，万科的管控体系非常简单。除了在战略、品牌、融资、研发和流程上对一线公司的支持外，万科集团总部主要从三个方面进行管控。

第一，投资，总部一管到底，决策权一直由总部掌握，也就是说一线公司要买任何一个项目，要买任何一块地，都必须通过总部最后的同意。

第二，财务，每个公司现金流的管理和财务运营管理，都受总部财务部的直接管理。

第三，人事，一线公司的员工从总经理到普通员工大致分为5级，其中上面3级都是由集团总部直接任命，虽然各部门和各一线公司可以推荐人选，但是最终审批权在集团总部，同时，所有新员工都由集团总部进行招聘和培训。

除此之外，考虑到地产公司的行业特点，一线公司在运营上拥有非常大的自主权。而区域总部的作用，是代表集团总部为这个区域里面的所有的一线公司作一些指导和管理的作用。

万科这种管控体系能够真正运作起来，依靠的是自身20多年来企业文化和管理探索的深厚积淀。具体来说，主要依靠三个方面来保证：

首先是以企业文化为基础。万科对文化、道德底线，价值观的管控是非常到位的，深入到从总经理到一线员工的每一个万科人。就是通过对员工进行企业文化的灌输，保证了整个队伍的价值认同和战略共识。万科一克拉文化所体现的以人为本的管理思想逐步渗透到日常的管理工作中，万科一贯主张“健康丰盛的人生”，重视工作与生活的平衡，为员工提供可持续发展的空间和机会，倡导简单人际关系，致力于营造能充分发挥员工才干的工作氛围。通过不断的探索和努力，万科建立了一支富有激情、忠于职守、精于专业、勤于工作的职业经理团队，形成了追求创新、不断进取、蓬勃向上的公司氛围以及有自我特色的用人之道。实践证明，万科的一克拉文化所展现的用人原则是万科多年来稳步发展的动因。

第二是以制度和流程约束为平台。万科发展20多年，建立起一套严密的管理制度和流程，能够从质量、资金和人事等方方面面进行管理。关键的环节，有严格的制度流程，通过IT手段来控制审批。标准化降低了总部统一管理的难度、上下沟通的成本。另一方面，也使得员工凭借工作能力而不是人际关系的能力进行竞争。郁亮认为：“万科之所以被称为中国地产行业的‘黄埔军校’，很大程度上也是规范的结晶”。

第三是以有效的业绩激励为推手。企业文化的融合，制度流程的约束，保证了集团总部和一线公司上下一致，减少实施管控后的摩擦，但是企业的发展最终需要各个部门和一线公司去市场上打拼，因此通过业绩激励，也是保证管控效果的必要保障。

第四节　房地产开发过程的划分与实践

一、房地产开发过程的划分

房地产开发过程复杂、涉及知识面广，从而使得单一开发商难以应对项目开发中的所有工作，因此这就需要许多专业人士和机构协同工作，共同应对项目开发中所遇到的困难。但是不论开发商多么精明能干或开发队伍多么庞大，都必须遵守房地产项目开发的基本过程。

由于划分方法不同，因此对房地产开发过程的划分也不尽相同。为了便于房地产开发项目的管理，本书对房地产项目开发过程按时间顺序将其划分为如下五个阶段：项目选择与决策阶段、开发准备阶段、工程建设阶段、租售阶段和收尾阶段。五个阶段包含八个过程。如图 2-3 所示。

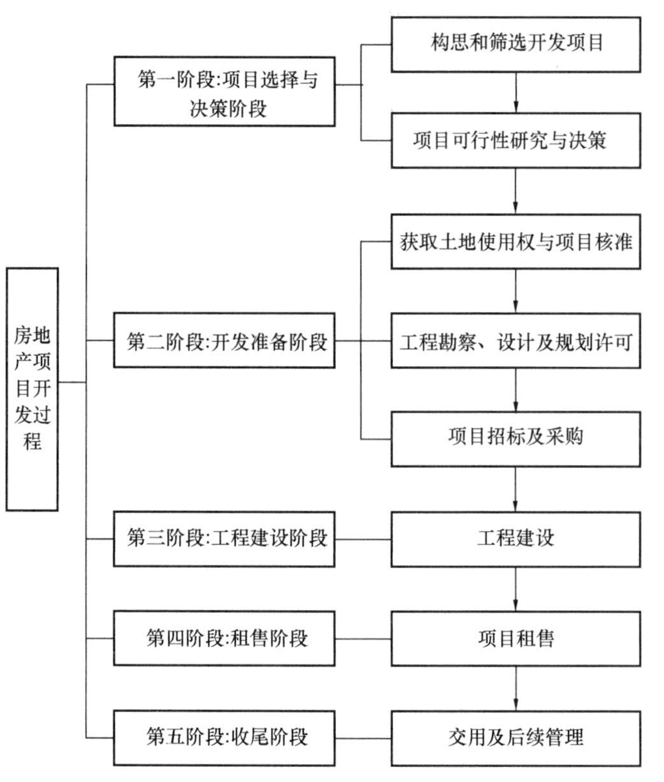

图 2-3　房地产项目开发过程

第一阶段：项目选择与决策阶段

（1）构思和筛选开发项目

项目构思是指对未来项目的目标、功能、范围以及项目涉及的各要素轮廓的设想与初步界定。房地产项目构思是房地产前期策划的主要内容之一。

一般地，在进行项目构思时首先要符合公司的战略目标，基于对市场的调查分析，在准确把握市场需求大势的前提下，再结合企业自身情况加以考虑，争取做到所做项目与自身能力相匹配，最后再综合考虑以上各种因素对方案进行筛选。

（2）项目可行性研究与决策

项目可行性研究与决策过程包括：

1）项目可行性研究。对项目进行技术、市场、政策法规、建设方案、投资估算、融资方案、资源利用、社会影响、财务与国民经济评价等方面的可行性研究，所选择的项目应通过可行性研究。

2）项目可行性研究报告评估。对可行性研究的客观性进行论证评价，提出修改意见和结论。

3）决策。根据可行性研究报告及评估的结论，做出是否实施、何时实施的决策。首先是投资者的决策，进而是政府有关部门的决策。投资者决策的结果就是是否投资，政府相关部门决策的结果就是项目是否批准、核准和备案，即是否允许诞生投资者的投资项目。

第二阶段：开发准备阶段

（1）获取土地使用权与项目核准

土地规划立足现在，着眼未来。城市规划主管部门对土地管理只是土地使用方式的管理，土地的使用权属管理则由土地主管部门负责。开发商购置土地应向土地主管部门提出申请。我国法律规定，城镇土地属于国家所有，房地产开发项目必须在国有土地上进行，开发商购置的仅仅是土地使用权。

房地产开发项目用地的土地使用权出让或划拨前，政府相关部门将针对项目的性质、规模、开发期限、规划设计、基础设施和公共设施的建设、基础设施建成后的产权界定、拆迁补偿安置等提出要求，并出具书面意见，内容作为土地使用权出让或划拨的依据。

获取土地使用权的方式有划拨方式、招标出让、拍卖出让和挂牌出让等方式。开发商开发土地主要通过出让方式获得。出让方式不同，出让程序、对价格的影响也有较大差别。开发商需要研究获取土地使用权的策略。

获取土地使用权后办理开发项目核准手续。

（2）工程勘察、设计与规划许可

在获取土地使用权之后，就该考虑对项目进行准确定位和规划设计了。房地产项目必须通过规划设计成果反映出来，合理的规划设计不仅反映投资者的意图，而且决定了投资项目的价值，最大程度影响投资项目未来的增值。

（3）项目招标及采购

当开发商完成规划设计并获得规划许可后，他便会获取建设工程规划许可证，这时开发商便可以制定项目实施计划，接着进行工程的招投标，选定合适的施工承包商及材料、设备供应商等，然后开发商就可以申请办理开工许可手续，获得《建筑工程施工许可证》，随后项目进入工程建设阶段。

第三阶段：工程建设阶段

工程建设阶段是将开发过程中所涉及的原材料聚集在一定的空间和时间上，进行开发项目的施工建设。一般会经历以下几个步骤：

（1）项目管理及控制

施工阶段是设备、材料投入最集中，矛盾发生最突出的阶段。开发商的主要任务是如何加强合同管理，如何使工程成本支出不突破预算，如何使工程进度如期进行，如何使工程质量符合设计要求，确保工程建设按预期进度计划实施。

建设阶段存在成本增加和工期拖延的可能性，因此，开发商必须密切注意项目建设的进展加强现场巡视，严格变更程序，定期与驻地工程师会谈，控制整个建设过程的全局。

（2）项目竣工验收

项目完成后，要对项目进行验收。项目验收分为预验收和综合验收。

预验收是指在综合验收前，开发商与监理公司对工程质量进行全面检查，包括隐蔽工程验收资料、关键部位施工记录、按图施工情况等，并根据检查结果，明确需要返工的工程及其修理期限。综合验收是在预验收的基础上，经开发商组织申请，由建筑质量监督部门等参加的竣工验收。对于某些规模较大的开发项目，其中的单项工程竣工后，可分别进行竣工验收，开具竣工验收书，作为整个项目综合验收时的附件。工程项目经过竣工验收后，方可交付使用。

第四阶段：租售阶段

包括租售过程。按计划完成租售是项目实现开发目标的前提，租售阶段在房地产开发过程中具有重要地位。由于房地产开发需要大量资金，通常会在工程建设达到预售条件的情况下，通过将预售获得的销售收入投入到项目中去，减少筹资压力和项目的财务费用。

因此，由于预售的存在，租售阶段和建设阶段会有重叠。

第五阶段：收尾阶段

包括项目交用及交用后的管理。将房屋交付购房者、进行前期物业管理、工程保修、项目后评价等一系列工作。

需要指出的是，上述开发过程的每一阶段都对其后续过程产生重要影响。开发商在整个开发过程中对每一阶段或过程的决策，要有系统思维，系统全面地看待房地产开发的全过程，使各个阶段或过程相互协同，避免顾此失彼，这是项目成功的关键所在。

二、划分实践

（一）几大房地产开发商职能部门与子过程任务的匹配关系

万科集团、恒大集团、中海地产和华润置地四家企业均有良好的业绩，在 2014 年中国房地产开发企业中的综合实力排名分别为 1，2，6 和 14 。这些企业的部门设置与本文提到的八个子过程工作任务以及需要设置的匹配关系见表 2-1。

房地产开发过程与房地产开发企业部门对应关系　　表 2-1

开发过程划分阶段	各阶段子过程	万科	恒大①	中海	华润置地②
项目选择与决策阶段	构思与筛选开发项目	项目发展部	开发部	投资部	开发部
	项目可行性研究与决策	项目发展部	开发部	投资部	开发部
开发准备阶段	获取土地使用权与项目核准	项目发展部	开发部	发展管理部	开发部
	工程勘查、设计及规划许可	设计管理部	建筑设计公司	设计管理部	设计管理部
	项目招标及采购	成本管理部 采购管理部	招投标部 采购部 合同管理部	合约管理部 物资部	工程管理部
工程建设阶段	工程建设	工程管理部	工程部	项目事务部	工程管理部
租售阶段	项目租售	营销策划部	营销部	营销策划部	营销管理部
收尾阶段	交用及后续管理	客户关系中心 物业公司	金碧物业	客户服务部 物业公司	客户服务部 物业公司

注：由于任何一项工作，可能好几个部门参与，这里说的部门是主要责任部门。

① 恒大旗下有自己的建筑设计公司，因此企业未设置设计管理部门。

② 华润置地城市公司设置的工程管理部中设有成本合约组，负责采购管理、成本管理和合同管理。

（二）划分方法评价的调研

1. 调研过程

本研究还就企业对五阶段八个子过程划分方法的评价进行调查，调查采用问卷形式，问卷共设置 4 个问题，调查问卷中问题设置及选项见表 2-2，此外，问卷中对五阶段八个子过程划分方法及各过程主要任务做了简要介绍。此次调查的对象为开发企业负责人以及部门经理以上管理人员，被调查者所在单性位质及问卷发放情况见表 2-3。调查问卷通过邮件的形式发送给企业负责人以及部门经理以上管理人员，调查对象通过省市房地产协会、同行、朋友进行转发确定。

调查问卷问题的设置　　表 2-2

序号	问题	选项				
1	您认为该划分方法是否合理?	1. 非常不合理	2. 不合理	3. 一般	4. 合理	5. 非常合理
2	您认为该划分方法是否有利于企业部门任务清晰与责任明确?	1. 非常不利于	2. 不利于	3. 一般	4. 有利于	5. 非常有利于
3	您认为该划分方法是否有利于开发企业的标准化管理?	1. 非常不利于	2. 不利于	3. 一般	4. 有利于	5. 非常有利于

续表

序号	问题	选项				
4	您认为该划分方法是否有利于项目计划的制订?	1. 非常不利于	2. 不利于	3. 一般	4. 有利于	5. 非常有利于

被调查者所在企业的资质及问卷发放情况　　表 2-3

企业资质	企业数	企业比例	发放问卷数	问卷比例
一级资质	10	31.25%	26	25.24%
二级资质	16	50.00%	59	57.28%
三级及以下资质	6	18.75%	18	17.48%
总和	32	100%	103	100%

2. 调研结果

本次调查问卷共发放 103 份，调查结果中共 78 份有效问卷。问卷调查结果见图 2-4～图 2-7。若调查对象选择选项 1 或选项 2 则认为调查者对该问题的回答是否定的、反对的，若选择 4 或 5 则认为调查者对该问题的回答是肯定的、赞成或支持的，若选择 3 则是持中立态度。此次调查结果见表 2-4。针对五阶段八个子过程划分方法合理性的调查，肯定的占 71.8%，否定的只占 12.8%，中立的占 15.4%，大多数调查者肯定划分方法的合理性；针对划分方法与目前开发企业组织结构设置是否有利于开发企业各部门任务清晰、责任明确的调查，肯定的占 70.5%，否定的只占 15.4%，中立的占 14.1%，大多数调查者肯定划分方法有利于职能部门职责安排。同样，调查结果认为，这种划分方法有利于开发企业对项目的标准化管理和项目计划的制订。调查结果支持本文提出的划分方法。

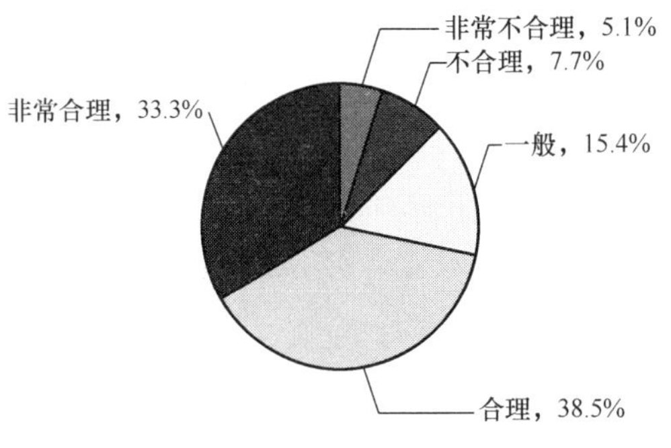

图 2-4　五阶段八个子过程划分方法是否合理的调查结果

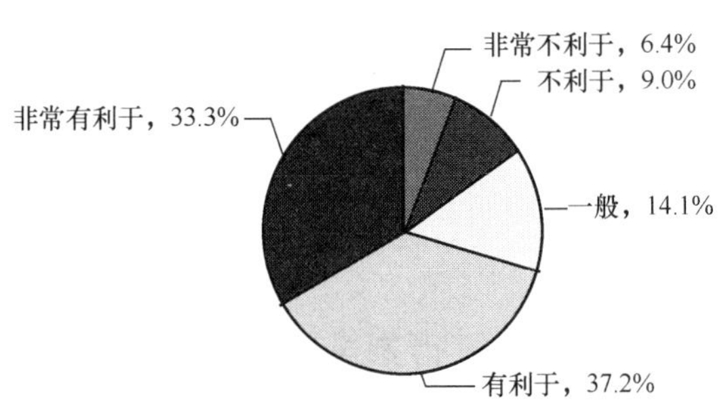

图 2-5　是否使职能部门任务清晰、责任明确的调研结果

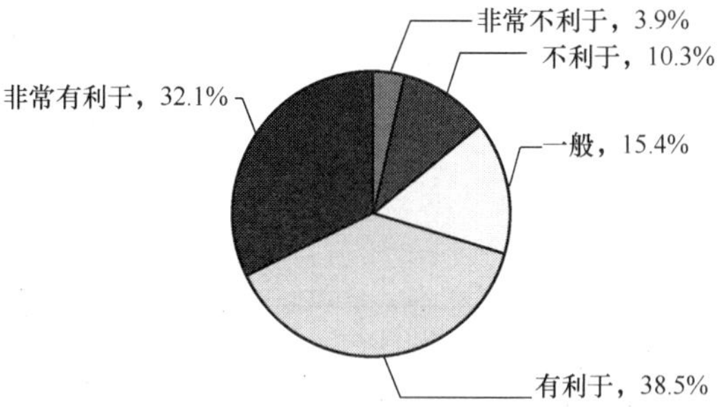

图 2-6　是否有利于开发企业对项目标准化管理的调研结果

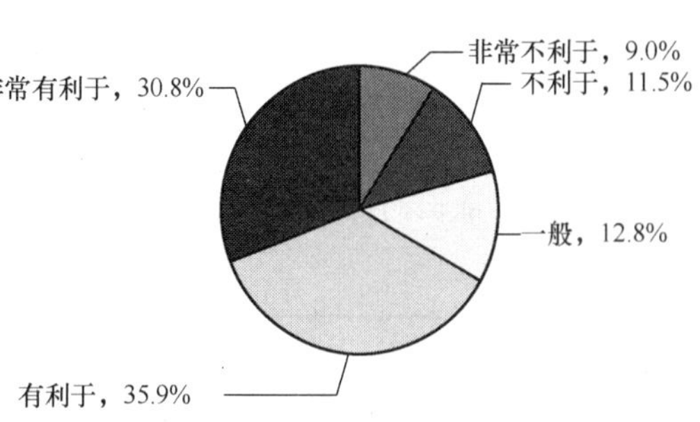

图 2-7　是否有利于项目计划的制定的调研结果

调查结果　　**表 2-4**

	否定	中立	肯定
1. 您认为该划分方法是否合理？	12.8%	15.4%	71.8%
2. 您认为该划分方法是否有利于企业部门任务清晰与责任明确？	15.4%	14.1%	70.5%
3. 您认为该划分方法是否有利于开发企业的标准化管理？	14.2%	15.4%	70.4%
4. 您认为该划分方法是否有利于项目计划的制订？	20.5%	12.8%	66.7%

3. 结论

将我国房地产开发过程分为 8 个子过程：构思和筛选开发项目、项目可行性研究与决策、获取土地使用权与项目核准、工程勘察、设计及规划许可、项目招标及采购、工程建设、项目租售、交用及后续管理，并对各子过程的主要工作进行了说明。这种划分方法，每个子过程的主要工作与开发企业组织结构中的一个部门有清晰的对应关系。通过问卷对开发企业负责人以及部门经理以上管理人员进行调查，多数被调查者认为五阶段八个子过程划分方法可以使职能部门任务清晰、责任明确，有利于开发企业对项目的标准化管理，有利于项目计划的制定，是一种更合理的划分方法。

第五节　房地产开发投资关键影响因素

一、房地产开发投资关键影响因素

众所周知，房地产开发投资是一项投资大、回收期长的开发活动，同时也是一项风险极大的活动，究竟在开发过程中有哪些因素会对开发投资项目产生重大影响，我们有必要在这介绍一下，以让更多人知道在今后从事此项活动时，我们应多关注哪些方面的问题，从而提早做好应对措施，尽量减少投资者的成本，提高其收益，使其利润能够最大化。我们经过总结，将房地产开发投资的关键影响因素分为以下两个层面（宏观层面和微观层面，或者环境层面与企业自身方面），如图 2-8 所示。

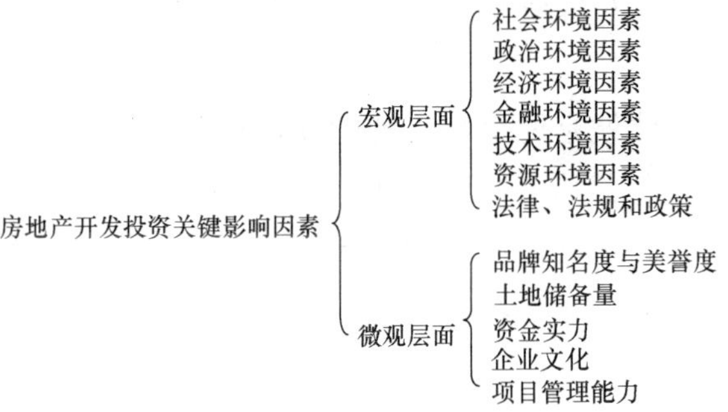

图 2-8　房地产开发投资关键影响因素

（一）宏观层面

（1）社会环境因素。社会环境因素指一定时期和一定范围内人口的数量及其文化、家庭的数量及其结构、各地的风俗习惯和民族特征等因素对房地产开发投资的影响。

（2）政治环境因素。政治环境因素指政治体制、政局稳定性、政策连续性以及政府和公众对待外资的态度等，它涉及资本的安全性，是投资者最敏感的因素。

（3）经济环境因素。经济环境因素指城市或区域总体经济发展水平、支付能力、产业与结构布局、基础设施状况、利率和通货膨胀等经济因素对开发投资的影响。

（4）金融环境因素。金融环境因素指金融机构所能提供的金融服务、金融支持的力度和现状等，这些金融机构对房地产业的支持与否，直接关系到项目的融资问题，因此也是影响房地产开发投资的一个关键因素。

（5）技术环境因素。技术环境因素指技术水平、技术政策、新产品开发能力以及技术发展动向等因素对开发投资的影响。

（6）资源环境因素。资源环境因素指影响房地产市场发展的土地、能源、生态等自然资源条件对房地产开发投资的影响。

（7）法律、法规和政策。不论是从事房地产开发还是从事其他行业，首先都必须合乎法律规范；其次从宏观方面来讲，政府制定的相关政策代表了这一时期政府对某一地区的整体规划，对房地产行业具有一个引导性的作用，房地产开发商在开发过程中，认真考虑政府的政策导向，结合项目实际情况妥善处理，则不论对于企业还是社会，都是有益的。

（二）微观层面

1. 品牌知名度与美誉度

品牌代表的是一个企业的形象，代表了公众对其的印象及评价，因此一个企业，若其品牌知名度很高，公众对其的口碑很好，则这样的企业就会渐渐培养起顾客的忠诚度。

设想有两套在户型、环境条件及价格等方面相同的房屋，一家品牌知名度及顾客美誉度都很高，而另一家则品牌知名度很低，甚至很少有人听说过，假若你是买家，你会选择去购买哪套房屋？毋庸置疑，多数人都会去选择购买那套品牌知名度较高的房屋。因为他们已经在潜意识中对其产生了一种品牌忠诚度，他们相信若购买高知名度和美誉度品牌的商品，其质量是可以保证的，在购买之后不会出现较大的故障缺陷，而且其售后服务也可靠，因此顾客会更加倾向于拥有更高品牌知名度的企业的产品。从而可以看出开发商的品牌知名度及美誉度对房地产开发投资活动产生重要影响。

2. 土地储备量

从事房地产开发活动最重要的一个条件就是要获取土地的使用权，从而才能在其上进行房地产开发活动。土地储备量就决定了其可进行房地产开发活动的规模和能否持续经营，地块的好坏也直接影响着建造在这一地块上的房屋的价值及其销量，因此土地储备量也是影响房地产开发投资的一个重要因素。

3. 资金实力

房地产开发涉及环节较多，开发周期长，是一项投资比较大的活动，需要有强大的资金支持。譬如，在房地产开发前期，需要获取土地使用权，这就得花费很大一笔资金。

在现实生活中，许多大的房地产开发企业凭借其雄厚的资金基础，可以很低的价格购置规模更大、区位更好的地块，体现出明显的规模经济，他们的土地储备量非常的乐观，可以加快开发进程，提高市场占有率；相反，许多小企业，由于资金的缺乏，从而导致他们的土地储备量不足而且获得成本高昂，开发断断续续，市场占有率越来越低，开发量越来越萎缩。房地产开发业的市场结构很可能演变为：由少数几家大企业主导的寡头垄断竞争者和处于填补市场空缺地位的补缺者（少数小企业）构成。

4. 企业文化

每一个企业都会有属于他们自己的企业文化，房地产开发企业同样也不例外，企业文化在一定程度上影响着该企业的战略目标，影响着企业的战略定位，它对企业今后要开发什么类型，档次的产品都有着重要的影响，因此可以说有什么样的开发商，就会有什么样的开发产品。可见企业文化是进行房地产开发投资的一个重要影响因素。

5. 项目管理能力

社会在进步，房地产市场也在不断地发展，房地产开发活动已经变得越来越复杂，从而对开发商的能力要求也越来越高。它不仅需要开发商企业家能力（战略的眼光、市场的把握、投资决策），更需要开发商具备较强的项目管理能力，能够有效协调项目的各参与方，合理安排现有资源，充分发挥其作为一个整体的作用和效力，从而使得项目能够以更低的投资，更短的开发周期，更好的质量，稳定持续地将最终产品呈现给客户，从而使企业获得更多的投资收益。

二、房地产投资决策的原则

要使房地产投资决策科学化，必须要按科学原则办事。其基本原则主要包括：

1. 客观性原则

房地产投资决策者必须以科学的资料为依据，排除人的主观偏见和臆测。在社会化大生产相当发达的现代社会经济生活中，房地产投资项目规模越来越大，建设内容越来越繁多，技术越来越复杂、精细和严格，建设周期往往较长，内外协作关系面广而且错综复杂。因此，仅凭借个人的经验拍脑袋来选择项目，进行决策是不够的，必须依靠科学的分析方法来进行，保证其决策的客观性。

2. 民主化原则

房地产投资决策的制定，应充分发扬民主，广泛倾听各方面专家、学者等群众意见，集思广益。对不同的意见更要认真研究，从中吸取营养，采纳合理部分，防患于未然。

3. 程序化原则

房地产投资必须按科学的程序进行。决策者按照逻辑和严密的方式进行，可以在定量和定性方面的分析尽可能地达到精确。它可以改进决策后对于他自己的决策所抱的态度，尤其是当这些决策具有通常的直觉性质的时候更是如此。按照一定的程序办事，通过实践，反复检验，发现问题，再进行决策方法和程序的改进，有益于企业或项目决策质量的持续提高。

4. 经济效益原则

房地产投资项目建设实施的目的在于创造经济效益、环境效益和社会效益，其中经济效益是开发商投资的中心问题。提高经济效益是房地产投资决策的基本原则。

5. 责任制原则

房地产投资决策的合理与否，直接决定着房地产开发与经营效果，其成败往往在一念之间。必须建立明确的全方位的决策责任制，使参与项目决策与开发的机构和当事人，从各自不同的岗位和层次，不同的方面和角度承担与自己职权相称的风险和责任，避免作出盲目、轻率的投资决策。

第六节　房地产开发的运营模式

随着 1998 年住房制度改革开始，房地产开发企业经过十多年的发展探索，已经形成了比较清晰又卓有成效的开发盈利模式。从总体上说，绝大多数房地产开发企业仍然沿用“购地——开发——建设——销售”的香港模式来运作，开发商参与房地产二级市场开发的几乎全部过程，是名副其实的“系统集成商”。

在 2010 年“房地产调控最严厉之年”以前，受国内巨大的住房刚性需求影响，大量的房地产开发企业选择住宅物业的开发销售。这一时期开发商们并不担心产品销售不出去的问题，反而各地广泛存在“捂盘”惜售行为。开发商只要有土地储备，有产品就不愁赢利。这种传统的开发模式主要依赖销售利润所得、土地溢价、收取物业管理费等方式实现盈利。另外一方面，大量的住宅产品开发企业在推行标准化的措施，力图通过产品的标准化、流程的标准化降低产品的设计、采购、建造、运营成本，减少项目开发风险，提高盈利水平。万科就是一家瞄准广大中产阶级消费者的专业住宅产品开发商，其创始人王石提出“像造汽车一样造房子”的住宅产业化理念推动企业快速发展，在其项目开发中实行的快速周转模式能够迅速抢占市场，部分“短平快”项目可以很好地维持企业现金流的稳定。华侨城集团开创的“旅游＋地产”的独特经营模式被许多企业借鉴和引用，通过旅游产业带靓环境、环境带旺地产开发、地产业又促进旅游业发展的相互反哺思路，既保证了整个产业链条的相互支撑，又能为持续建设提供良好的资金支持，并能带来丰厚的利润回报。但众所周知，这样的发展路径并不会长久。

近几年随着商品房楼市调控的加大，特别是“限购”政策的出台，迫使不少房地产开发企业开始向商业地产开发领域转移，探寻适合的商业地产开发盈利模式。但这个转型过程对开发商来说是极其艰难的。因为传统的“开发——建设——销售”模式是以规模论英雄，重在资金的循环投入；而商业地产开发模式追求物业的长期持有经营，看中长期稳定的物业租金收益，这种模式需要期初有巨额资金投入到土地、物业建设之中，这就给企业现金流带来了极大挑战，还有商业地产项目的定位、招商、物管服务等环节与住宅地产开发也有很大的差异，并且难度更大。

作为我国商业地产开发的开拓者——万达集团无疑是商业地产开发的“大佬”，它以“订单式”开发模式和“现金流滚资产”的盈利模式而著称，“万达广场”遍布于全国几十个城市，运营情况良好。商业地产的大规模开发也标志着房地产企业的盈利模式由主要依靠土地升值向主要依靠产品质量及附加值转变、由物业开发销售型向物业经营管理增值型转变的开始。但这种转型将不得不面对严峻的考验，并要经历一个漫长的阵痛过程。现如今，如同万达集团一样，所有商业地产开发商几乎都在维持着“以房养商”、“以售养租”的策略，即用商品房销售所得弥补商业物业开发的资金需求，以商业物业的部分销售平抑租金收益的短缺。而另一家中国房地产开发企业——万通地产正探索着另一种转型模式。自 2006 年实质登陆资本市场以来，万通地产一直在进行着“孤独的”商用地产转型之路，它以美国铁狮门（TISHMAN SPEYER）为标杆，建立起自己的基金管理公司，在保证财务安全的前提下，坚持“中期持有，能力导向，收入多元，资本收益”的四大原则，向着理想的“美国模式”——“专业化房地产投资公司”快速转型。从房地产市场发展来看，或许这一模式代表了我国房地产开发企业未来的发展方向。

第七节　房地产开发企业流程管理

一、房地产企业流程分析

房地产开发企业的运营和服务的管理就是典型由流程来驱动的。其中，质量管理和财务管理跨越企业的管理工作和业务工作的范围，例如财务管理流程中的工资管理、固定资产管理等属于管理工作内容，而应收账管理、应付账管理属于业务工作内容。

二、流程管理在房地产企业管理过程中的价值体现

好的流程管理可以克服资源不足所带来的劣势，从而取得良好业绩。在政府的几轮宏观调控之下，越来越多的房地产企业相信将来的竞争不是短跑，而是长跑。事实上，流程概念在房地产企业管理中并不鲜见，但大多数房企高管的感觉是：不缺流程，缺乏落实，让流程落地才是企业所需。

据了解，企业运营成本很大一部分就消耗在不同部门岗位之间的协调运作上。专家指出，繁杂的运作方式导致整体运行效率低下，是大多企业管理流程中的主要缺陷。要让跨部门跨岗位的人协同起来“做正确的事”，就必须将企业的流程管理精细化[7]。“精细化的流程可以使企业内部形成顺畅的管理秩序、公平的评价体制、有效的执行准则，对外还将获得更高的顾客满意度”。

在企业管理过程中，“按流程管理”提供了几个关键的提高效率和性能的优势：

（1）流程提供了行动指南，避免了每次动作前都要重新考虑步骤所浪费的精力；

（2）流程允许集中时间和资源在目标和结果上，而不是为了实现目标而进行的每一个操作步骤上；

（3）流程提供给员工一种参考，允许方便地使临时员工迅速融入项目和操作流程中；

（4）流程通过提高生产率和锁定目标来降低生产成本。

三、房地产企业流程管理现状

通过对国内几家较具代表性的房地产开发企业的调研了解到，目前国内房地产开发企业的流程管理现状是：

（1）大多数房地产开发企业未形成系统的业务流程体系；

各项活动的职责权限不清晰，接口不畅；

（2）流程繁琐，流转周期长，流转效率低；

（3）已有流程的监控体系有待完善；

（4）没有引入量化的关键业绩指标控制。

根据以上现状，现阶段国内大部分房地产开发企业是需要进行流程优化与设计的。

四、房地产企业实现流程管理的有效途径

通过以上的分析，我们已经清楚，实现流程管理是摆在房地产企业面前一个刻不容缓要解决的问题，也是房地产企业彻底改善以前传统管理模式，使管理步上一个新

台阶的必经之路[8]。但是，房地产企业要实现流程化管理，其出口和途径又在哪里？

（1）要做好信息收集工作。企业在识别原有流程时，首先要收集大量的关于原有流程的信息。只有收集到准确和详细的信息，流程优化和设计的实施者才能够充分认识企业原有流程，了解原有流程的现状，发现原有流程中存在的问题，从而为今后工作的展开奠定良好的基础。

（2）要识别与描述企业流程。大多数实施流程改进与设计的企业，在改进实施前，都是以职能的形式进行管理，企业在进行流程改进与设计前首先要识别企业中现有的流程，并且以一定的方式描述出来，以利于发现流程中存在的问题，进而设计新的流程或改进原有流程，以达到大幅度提高企业效率的目的。

（3）选择关键流程。通常情况下，一个企业内的流程有成百上千，这些流程大致可分为两种类型：一类是围绕职能线形组织运转的子流程，从单个部门内进行投入，并在这个部门形成产出；一类是跨职能流程，这类流程横跨多个职能部门，没有一个人对整个流程负全责。我们所要选择的关键流程应当是第二类跨职能流程。

（4）选择需要改进的关键流程。每家企业都有很多关键流程，但并不是所有关键流程都存在问题，况且企业的资源有限，企业应当优先选择存在重大问题的关键流程进行改进。

（5）确定需要改进的关键点。在确定了需要改进的关键流程后，就需要对这些流程进行诊断，每个流程都是由一系列活动组成的，但并不是每一个活动都需要改进。因此，需要找出这些流程中导致绩效低下的关键点，然后分析造成问题的原因，从而开始流程的再设计。

第三章　市场调查研究与预测的方法

第一节　概　　述

一、市场调查产生的原因

如今，房地产市场是买方市场，市场竞争十分激烈，房地产企业要想把自己的产品顺利的销售出去，就必须对房地产市场进行调查与研究，以及预测。原因有三：首先，在买方市场，产品供大于求，要想产品不滞销就必须了解消费者的心理及购买行为，即必须进行市场调查；其次，在市场竞争日趋激烈的环境下，作为消费者，在日益庞大、种类繁多的商品群面前必然会有所选择，在这种条件下，获得消费者青睐是王道，企业只有全方位了解市场状况，才能在竞争中不被淘汰；最后，消费者的需求是多元化的，不同消费者会有不同的需求，同一消费者在不同时间不同地点消费需求也会有所不同，企业只有深入了解市场需求状况，才能得以持续发展。

房地产市场是动态的，它无时无刻不在发生变化。在房地产运营管理过程当中，我们不仅要对当前的市场环境了如指掌，我们还要能对该市场未来的发展趋势做出比较合乎情理的预测。

二、市场调查的含义

从广义上说，市场调查是调查者为了理解市场产品的需求与供给情况，正确判断和把握市场现状及未来发展趋势，同时为制定科学决策提供可靠依据的一项市场调查活动。

从狭义上讲，市场调查是开发商为了项目开发的需要而进行的市场调查活动[9]。

在竞争如此激烈的市场环境下，企业为了提高自身的营销效益，会对市场信息进行收集、整理、分析，然后对当前市场环境做出一系列总结并对未来市场的发展趋势做出合理预测，为企业把握市场趋势、制定科学决策提供可靠依据，我们把这种行为称为市场调查。

三、市场调查的重要性

（一）房地产项目前期定位的需要

房地产项目前期定位成功与否对后期销售是否顺利至关重要，房地产项目在进行前期定位之前往往需要进行大量的市场调查，了解市场需求，寻求自己的目标市场及目标客户。当前市场竞争如此激烈，要想立于不败之地就必须具备敏锐的洞察力，抓住市场环境中的主要目标客户群，然后根据目标客户群的需求喜好对项目进行定位，设计出符合消费者需求的产品。而对目标客户群的锁定以及对产品的准确定位，都需要收集大量的市场数据并对其进行分析，在此市场调查显得尤为重要。

（二）制定正确营销策略的需要

无论一个房地产企业刚进驻某一市场或者已经待在某一市场数年，当它制定每一个营销策略时都必须对市场进行调查。只有了解了市场的情况，房地产企业才能制定正确的营销策略，比如价格策略、渠道策略、促销策略、活动策略。首先来说价格策略，房地产开发商在制定价格时一般遵循 3 个导向：成本导向、需求导向、竞争导向。房地产开发商在制定价格时，除了要对自己的产品进行全面分析外，还要对同一市场环境下的竞品项目进行全面调查。基于成本导向和需求导向对自己的产品进行全面分析，需求导向一般适用于创新型产品；基于竞争导向对同一市场环境下的竞品项目进行全面调查。其次来说渠道策略，现如今很多房地产企业在营销时会采用各种各样的渠道策略，但效果不佳，甚至出现滞销情况。为什么会出现这种情况，其实原因很简单，就是渠道策略滥用，正所谓项目销售不顺利不是竞争太大而是传播出了问题。在互联网时代，如何能把信息传播到消费者，关键在于渠道策略的选择。然后来说促销策略，销售行业包括房地产在内的销售行业为了完成销售任务都是需要采取促销手段的。在制定促销手段时，我们一定要抓住客户的心理，让客户觉得买的特别值，正所谓“花最少的钱买最好的产品”。最后来说活动策略，房地产项目每月每周都会举办一些暖场活动，这对每个项目来说是很常规的事情。每个项目都有自己的目标客户群，也有自己的意向客户群，每个项目都必须根据自己的客户群以及销售目的制定不同的活动策略，只有这样才能收到意想不到的效果。以上所说四种策略都必须对市场进行调查后才能实施执行，从而制定出正确的营销策略。

（三）房地产项目提高竞争力和应变能力的需要

房地产市场环境，比如国家的政治、经济、社会文化、法规和政策环境处在动态变化之中，要想在激烈的竞争中占据有利的地位就必须通过调整自己以适应环境的变化。而要想了解市场环境的变化就必须对市场进行调查，只有这样才能采取有针对性的措施以提高自身的竞争力。

（四）企业挖掘新的市场机遇的需要

对市场进行调查有助于调查者掌握动态的市场环境信息，了解市场可能的变化趋势以及消费者潜在的购买动机和需求，从而识别有利的市场机会，为企业发展提供新的机遇。

四、市场调查的内容

市场调查的内容十分广泛，涉及营销全过程的各个方面，在不同的营销阶段市场调查的内容不尽相同。从宏观方面来讲，房地产市场调查的内容如下。

（一）市场宏观环境状况

市场环境总是在不断变化之中，会产生机遇也会产生危机，房地产必须敏锐地看待这些变化，化危机为机遇，摸清企业当前所处的环境，为科学决策提供宏观依据[10]。

1. 政治、法规和政策环境

与房地产市场有关的政策主要包括财政税收政策、金融政策、产业政策、土地政策、住房政策、户籍政策等。一个国家、城市和地区的政治、法规和环境政策直接影响房地产企业经营活动的生存和发展。

2. 经济环境

经济环境主要包括国民经济发展、国民收入发展状况以及产业结构；能源和资源状况；社会固定资产投资状况；城市发展总体规划、城市基础设施建设、城市人口分布、区域划分状况；居民消费结构；居民储蓄和信贷状况等。经济环境对市场活动有着直接的影响。根据经济环境包含的内容可以从以下几个方面对经济环境进行调查：（1）经济发展水平信息；（2）经济收入信息；（3）消费水平信息；（4）储蓄与信贷信息等。

3. 社会文化环境

不同的地域文化和传统习惯造就了不同的社会文化环境，包括居民受教育程度、文化水平、职业构成、民族分布、宗教信仰、风俗习惯、审美观念、家庭观念等。社会文化往往对整个社会有深刻影响，尽管文化有相对稳定性，但不是固定不变的，特别是生活习惯、审美观念往往随着社会生产力的发展而产生一定程度的变化。

4. 其他环境因素

宏观环境还包括技术环境等。在房地产市场调研中，同一个城市的类似项目，技术发展水平、技术需求、技术供给在一个时间段内通常保持相对稳定，可以参考类似项目的调查。市场调查的重点是变动因素，即变量的变化。

（二）城市房地产市场概况

市场概况是项目所在城市的房地产市场状况，包括以下方面：

（1）市场整体情况。包括城市房地产开发投资量、房地产新开工面积、竣工面积、商品房供销量、销售额、商品房价等。

（2）土地市场情况。包括城市土地供应数量及规划用途、土地供应方式、土地供应类型及其比重、土地成交量、土地价格、土地出让金收缴情况等。

（3）商品房市场概况。包括商品房施工面积、竣工面积、销售面积、销售金额、空置面积及结构、市场区域分布、不同住宅供应比例、商品住宅平均价格等。

（4）项目所在城市房地产价格走势，不同区域和物业类型的价格变化情况。

（5）项目所在城市主要发展商开发销售情况，包括开发量、竣工量、销售面积及销售金额。

（6）二手房市场交易情况。

此外，分析过程中注意将当地房地产业相关政策法规与房地产市场概况相联系，对城市宏观环境下的行业发展和竞争情况的了解和分析，有助于企业判断未来的市场发展前景。

（三）项目所在区域环境状况调研

区域环境调研是对项目所在区域的城市规划、景观、交通、人口构成、就业中心、商圈、公建配套与生活服务设施等区位条件进行分析，对项目地块所具有的区位价值进行判断。具体包括：

（1）结合项目所在城市的总体规划，分析项目的区域规划、功能定位、开发现状及未来定位。

（2）进行区域的交通条件研究。

（3）对影响区域发展的其他因素和条件进行研究，如历史因素、文化因素、发展水平等。

（4）对区域内楼盘的总体价格水平与供求关系进行分析。

（5）竞争对手调研。包括竞争对手的经营管理水平、资源状况、市场竞争地位、产品地理位置、种类、开发规模、产品品质、成本、价格、营销模式、销售状况、物业管理水平、创新能力与发展新产品的动向。

（四）项目基本情况调研

项目的基本情况即项目所处的微观环境，项目的微观环境调研又称为项目开发条件分析。其目的是分析项目自身的开发条件及发展状况，对项目自身价值提升的可能性与途径进行分析，同时为以后的市场定位做准备。具体包括：

（1）对项目的用地现状及开发条件进行分析。宗地基本状况资料包括宗地界址、面积、土地附着物分布、权属、地形、地貌、水文地质条件、项目历史与现状资料、项目合作开发条件、土地获得成本、用地规划条件、与项目有关的投资及开发经营税费政策。

（2）对项目所在地的周边环境进行分析。主要指地块周围的物质和非物质的生活配套情况，包括：水、电、气等市政配套，公园、学校、医院、邮局、银行、超市、体育场馆、集贸市场等生活配套情况，以及空气、卫生、景观等生态环境，还包括由人口数量和素质所折射出来的人文环境等。

通过对以上数据和信息的收集，对当前整体市场状况进行描述，对未来行业趋势进行定性或定量预测，对具体项目影响进行分析评估，对开发决策的指定提供信息支持。

（五）消费者行为与市场需求容量调研

1. 消费者行为调研

消费者包括房地产商品的现实购买者与潜在购买者。房地产产品的销售要满足目标消费者的需要和欲望。具体来说，对消费者行为的调研，包括以下几个方面：

（1）消费者的购买力水平。消费者的购买力水平是影响住房消费最重要的因素，它直接决定了消费者的购买承受能力。消费者购买力水平主要的衡量指标是具有稳定性的家庭收入水平。

（2）消费者的购买倾向。消费者的购买倾向主要包括房地产类别、品牌、户型、面积、位置、预期价格、物业管理、环境景观、入住人群等。

（3）消费者的共同特征。主要包括消费者的年龄、文化程度、家庭结构、职业、原居住地等。这些消费者的个性特征是划分客户群的常用指标。

2. 市场需求容量调研

需求容量，是指有支付能力的市场需求容量。只有有支付能力的需求，才是现实的市场容量。商品住宅市场需求容量调研，主要包括以下几方面：

（1）城市人口、家庭数量及变化趋势。

（2）购买力，包括居民收入水平、储蓄余额、财产状况。

（3）居民居住现状及改善目标，包括自有住房成套率、居住房型、人均居住面积等。

（4）居民日常消费支出水平与消费结构。

（5）不同社会阶层和收入水平的居民数量及其对不同类型房地产商品的数量、品质、功能、价格的需求特点。

通过对消费者行为和市场容量的调查研究，有利于进行市场细分和选择目标市场，同时描述目标市场特征和规模，可以为项目市场定位、产品设计、营销策略提高全面准确的决策信息，是规划和建筑设计及营销策略赖以成功的基础。

五、市场调查的原则

（一）真实性原则

真实、准确是调查研究的生命。科学的决策建立在准确的预测基础之上，而准确预测又依据真实的市场调研资料。只有在真实的市场调研资料基础上进行科学的分析，才能得出正确的结论。数据的真实性取决于市场调研人员的技术水平、市场调研人员的敬业态度、资料提供者的客观态度等。市场调研的客观性还强调了职业道德的重要性。应当采用科学的方法去设计方案、定义问题、采集数据和分析数据，并从中提取有效的信息资料。

（二）时效性原则

一方面，调研资料应是最新的反映市场现实状况的信息，这样才可以成为企业制定市场经营策略的客观依据。在市场调研工作开始后，要充分利用有限的时间，尽可能在较短时间里收集更多的所需资料和信息，避免调研工作的拖延。

另一方面，不能拿过往的与现在状况不符的信息，作为决策的依据。

（三）全面性原则

这一原则是根据调研目的，全面系统的收集有关市场经济信息资料。市场环境影响因素很多，各因素之间的变动互为因果，如果单纯就事论事调查，而不考虑周围环境等因素的影响，就难以抓住关键因素得出正确结论。这一点在房地产市场调研中显得尤为突出。房地产开发项目是生存于一个城市的政治、经济、社会文化系统中的一个子系统，一个全面的房地产市场调研应包括房地产的宏观环境、区域环境和微观环境等内容。

（四）计划性原则

在调研前要做出调研计划，要清晰定义要解决的问题，明确调研的目标，建立调研的组织和资源供应，对如下事项做出详细的进度计划安排：

（1）总体方案的论证、设计；

（2）抽样方案的设计，调研实施的各种具体细节的制定；

（3）问卷的设计、测试、问卷的修改和最后的定稿；

（4）问卷的印刷，调查员的挑选和培训；

（5）调研实施；

（6）调研数据的计算机录入和统计分析；

（7）调研报告的撰写。

计划的进度安排要留有一定的余地，确保项目按时完成。

第二节　市场调查的类型与常用方法

房地产市场调查可以采用多种方法，房地产企业必须依据自身的实际情况，正确地选择市场调查的类型和方法。调查方法是科学研究中最常用的方法之一。它是有目的、有计划、系统地搜集有关研究对象现实状况或历史状况材料的方法。

一、市场调查的类型

按照调查样本和范围大小，可以将市场调查分为全面调查、重点调查、典型调查和抽样调查。

（一）全面调查

全面调查法是指对调查对象总体所包含的全部单位无一例外地逐个进行调查。对市场进行全面普查，可获得全面的数据，正确反映客观实际，效果明显。普查工作量很大，要耗费大量人力、物力、财力，调查周期较长，一般只在较小范围内采用。另外，有些资料可借用国家权威部门的普查结果。

（二）重点调查

重点调查法是在进行市场调研时所采用的传统方法之一。它是在调查对象中选择一部分对全局具有决定性作用的重点单位所进行的调查。重点调查常用于产品需求调查，有时还用于对竞争楼盘、竞争对手等方面问题的调查。

（三）典型调查

典型调查是在调查对象中选择一些具有典型意义或具有代表性的市场区域或产品进行专门调查。典型调查的调查企业较少或范围较小，人力和费用开支较省，运用比较灵活。

搞好典型调查的关键在于把握调查对象的代表性，它直接关系到调查效果。典型调查对象代表性的具体标准应根据每次市场调查的目的和调查对象的特点来确定。

（四）抽样调查

抽样调查简称抽查，它是指从调查对象全体（总体）中选择若干个具有代表性的个体组成样本，对样本进行调查，然后根据调查结果推断出总体情况的一种调查方法。在市场调查的实践中，更多地采用抽查而不采用普查。

二、市场调查的常用方法

市场调查的目的就是为搜集相关市场资料，以便为决策提供相关信息支持。因此市场调查的过程其实也就是市场资料的收集过程，市场调查所用的方法主要也是指资料收集的方法。市场资料收集是房地产市场调查研究的主要工作，包括原始资料的收集和二手资料的收集[11]。研究人员进行原始资料收集前，应先评估是否有现成的二手资料可利用，以节省资源。

（一）原始资料的收集方法

原始资料的收集方法是依据特定目的，遵循完整的研究设计和调研设计，并通过调研执行、资料处理与分析，获得所需资料的方法。原始资料的收集方法包括访问法、观察法、实验法和定性调查法。

（1）访问法

访问法是通过直接询问被调查者的方式了解市场情况和客户需求的一种方法。采用访问法进行调查时，通常要将需要了解的信息做成问题的形式列在表中，按照表格的顺序和要求询问被调查者，所以通常又被称为调查表法。根据调查人员与被调查者的接触方式，访问法又可以分为人员访问、电话访问、邮寄访问和网上访问四种类型。

1）人员访问

人员访问是指房地产调查人员直接与被调查者面对面交谈以收集资料的一种调查

方法，又称面谈调查，是市场调查中较为灵活和通用的一种调查方法。

这种方法也可分为两种方式：一种是入户面谈，调查人员按照抽样方案的要求，到抽中的家庭或单位中按事先规定的方法选取适当的被访者，在依照事先拟定好的问卷或调查提纲顺序，对被调查者进行面对面的直接访问；另一种是拦截式面谈调查，指调查人员根据调查方案，在指定的地点如商场、展览会上，按照规定的调查程序在路人中选取访问对象，进行较为简短的调查。另外也可以在事先选定的场所如教室或展厅内，根据组织被选中的调查者按照一定的程序和要求集中进行问卷测试调查。

人员访问由于采用与客户面对面交谈的方式进行调查，所以需要调查者具有一定的技巧，使被调查者能够较为真实地表达他对调查问题的看法。这就需要房地产市场调查人员在进行面谈调查之前统一培训，悉心研究客户心理，妥善处理调查时出现的各种情况。

2）电话访问

电话访问是通过电话中介与选定的被调查用户交谈以获得市场信息的一种方法，它是一种间接调查方法。

电话访问前，需要对调查人员进行培训，使其口齿清楚、语气亲切、语调平和，可在不长的时间（15 分钟左右）内完成调查。调查人员需要根据被调查者的情况进行安排，还需要在电话调查前设计好问卷调查表，由于受到通话时间和记忆规律的限制，大多采用是非选择法向被调查者询问，以保证调查的顺利进行。电话访谈只适合于某些目的较为明确简单并且急需得到结果的房地产市场调查，如房地产公司调查购房者对房屋的满意度，居民购买房屋的价格信息等。

3）邮寄访问

邮寄访问是房地产市场调查中一个比较特殊的收集资料的方法。它是将调查者事先准备好的调查问卷邮寄给被调查者，再由被调查者根据要求填写好后寄回的一种调查方法。

邮寄调查法的特点是调查范围广、成本低，在能够通邮的地方都可以实施，它给了被调查者充分的考虑时间，避免受到时间限制，也不受调查人员的倾向影响，它可以节省调查人员的数量，不需要对调查人员进行专门的培训。但缺点是征询问卷回收率一般偏低，反馈信息时效性较差，可靠度较低。另外它要求被调查者有一定的文字理解能力和表达能力，对文化程度较低者不宜使用。

房地产市场调查人员如果需要用邮寄访问的方式时，需要采取一些附加的措施提高问卷调查的回收率和时效性。可以采用电话跟踪提示或者抽奖刺激等方式，使被调查者在短时间内给予回答。同时还需要注意许多细节问题，如附上回信的信封和邮票等。

4）网上访问

网上访问是随着因特网兴起而出现的一种新型的访问形式。它有很多种形式，调查人员可以发邮件给被调查者或者将问题答卷放在网上供被调查者填写。

网上调查成本低，信息的真实性和准确性也不能够保证，虽然它是以后调查的趋势，但目前调查结论还只能用于参考。

（2）观察法

观察法是指调查者凭借自己的眼睛或摄像、录音等器材，在调查现成进行实地考察，记录正在发生的市场行为或状况，以获取各种原始资料的一种非介入式调查方法。这种方法是指调查人员不与被调查者正面接触，而是在旁边观察。这样做被调查者无压力，表现得自然，因此调查效果也较为理想。观察法有四种形式：

1）直接观察法

直接观察法就是调查人员去现场直接察看市场情况。例如，派调查人员去房地产展销会或到各大楼盘的售楼部，观察顾客对哪些房地产产品最喜欢，对哪些房地产产品不感兴趣；又如，要了解一个楼盘的实际入住情况，可以在白天观察该小区楼宇的空调安装数量，或者在晚上观察该小区住户的亮灯数量；又比如，要判断一个顾客的收入水平与购买能力，可观察其在看楼时采用的交通工具等等。

2）亲身经历法

亲身经历法就是调查人员亲自参与某项活动来收集有关资料。如调查人员要了解某代理商服务态度的好坏和服务水平的高低，可以佯装顾客，到该代理商处去咨询、买楼等。通过亲身经历法收集的资料，通常信息都是真实的。

3）痕迹观察法

调查人员不是直接观察被调查对象的行为，而是观察被调查对象留下的一些实际痕迹。例如，想了解一个商场的销售情况，调查人员不需要在每个柜台上调查具体的销售情况，可以观察从商场门口出来的客户手中是否有商场提供的纸袋或塑料袋即可。

4）行为记录法

有些情况下，为了降低调查者的记录负担，可以通过录音机、摄像机、照相机及其他一些监听、监视设备记录客户的行为。如在房地产市场调查中，用录音机和摄像机将客户问的问题和参观楼盘时的行为记录下来，分析客户购房的心态，有针对性地进行楼盘营销的策划。在使用这种方法时，应尽量保证观察的隐蔽性，提高资料的可信度。同时，应该注意不要侵犯个人隐私权，避免法律风险。

观察法也有它的缺点，由于它不与客户进行交流，无法深入探究客户的态度和动机，只能获得表面性的资料；调查人员也需要进行培训，具有较高的业务水平和敏锐的观察力；同时，观察法还需要一些观察器具和较长的观察时间，因而花费较大。所以，观察法最好是和其他的调查方法一起使用。

（3）实验法

实验法是指通过实验对比来取得市场情况第一手资料的一种市场调查方法。调查实验法是把物理、化学自然科学中用实验求证理论、结论成立的研究方法移植到市场调查实验中来，在给定的条件下，对市场经济活动加以验证，从而获得市场调查资料。市场实验法比较客观、可信程度高，但只适用对当前市场的实验，而对历史或未来的市场实验则不可能。

1）事前事后对比实验

事前事后对比实验是在同一市场内，先对正常经营情况下进行测量，然后改变实验参数后再进行市场测量，最后将前后两期收集到的资料进行对比观察，得出实验变数效果的一种实验方法。

2）控制组与实验组对比实验

控制组与实验组对比实验是指以非实验单位作为控制组与以实验单位作为实验组，两组同时（同起始、同终止）进行测量、对比的一种实验方法。此法因控制组与实验组在同一时间内进行实验对比，可以排除由于前后两期对比因时间不同而产生的实验误差，从而提高实验结果的准确性。另外，要注意控制组与实验组之间的可比性，即两组的主客观条件要基本相同或相似，两组在规模、类型、经营产品的种类、品质、购销环境等方面要大体一致，以增强实验效果的可信度。

3）有控制组的事前事后对比实验

有控制组的事前事后对比实验是指分别对控制组事前事后实验结果与实验组事前事后实验结果分别进行测量，然后再进行对比的一种实验调查方法。这种方法既不同于在同一个市场上进行的事前事后对比实验，也不同于在同一段时间内进行的控制组与实验组的对比实验。而是在同一段时间内，在两个不同（组）市场上分别进行事前事后测量的基础上，再进行对比，以得到实验变数效果。这种方法由于实验的变数多，有利于消除外来因素变动的影响，从而大大提高实验变数效果的准确性。

实验法在研究因果关系时能提供询问法和观察法所无法得到的材料，它具有独特的使用价值和应用范围。试销是一种重要的实验方法，这包括一项新产品或服务在推向扩大的市场之前，先在局部水平推广或测试。在投入大笔资金之前，局部水平的推广将有助于消除可能出现的问题。

需要注意的是，每一项实验完成后都要检测其有效性，这里包括检测实验的内部有效性和外部有效性。客观地说，内部有效性和外部有效性很难达到绝对一致，这需要权衡二者之间的关系，同时检测其有效程度，从而决定是否值得推广。

（4）定性调查法

定性调查法是对研究对象质的规定性进行科学抽象和理论分析的方法，这种方法一般选定较小的样本对象进行深度、非正规性的访谈，发掘问题的内涵，为随后的正规调查做准备。目前国内常用的定性研究法有：焦点小组座谈会、深度访谈法和投影技法。

1）焦点小组座谈会

焦点小组座谈会就是以会议的形式，就某个或几个特定的主题进行集体讨论，集思广益的一种资料收集方法。一般由主持人引导对某个主题进行深入的讨论。它在国外已经得到广泛的应用，目前在国内也逐渐开始采用这种调查研究的方法。

焦点小组座谈会的特点在于它所访问的不是独立的被调查者，而是同时访问若干个被调查者，通过与若干个被调查者的集体座谈来了解市场信息。因此，小组座谈过程是主持人与多个被调查者相互影响、相互作用的过程，要想取得预期效果，还需要主持人做好座谈会的各种准备工作，熟练掌握主持技巧，并且要求有驾驭会议的能力。

2）深度访谈法

深度访谈法是一种无结构的、直接的一对一的访问，在访问过程中，由掌握高级访谈技巧的调查员对调查对象进行深入的访谈，用以揭示被访问者对某一问题的潜在动机、态度和情感等。此方法最适于做探测性调查。深度访谈包括自由式访谈和半控制性访谈两类，前者对交谈内容没有控制，而后者则需要对每个问题的讨论时间和内容加以控制。

自由式访谈一般适用于平级关系或工作时间弹性较大（机动时间较多）的被调查对象。半控制性访谈一般适用于工作很忙的被调查对象，由于半控制性调查的特殊性，它一般用来了解基本市场情报、经济法规和竞争行为等。

3）投影技法

投影技法是一种无结构的非直接的询问形式，可以鼓励被调查者将他们对所关心问题的潜在动机、信仰、态度或情感投射出来，适合于对动机、原因及敏感性问题的调查。投影技法的目的是探究隐藏在表面反应下的真实心理，以获知真实的情感、意图和动机。在投影技法中，调查对象被要求解释别人的行为而不是描述自己的行为，在解释别人的行为时，调查对象就间接地反映了在此情景下他们自己的动机、信仰、态度或感受。这样，通过分析调查对象对于有意非结构化的、模糊的、不明确的情节的回答来揭示他们的态度。

通过上述三种基本的定性调查研究方法的介绍，我们可以看出定性研究方法样本小，而且结果较为依赖调查者和被调查者的主观感受。在实际调查中定性调查研究方法需要与定量调查研究方法结合使用。定量结果对于决策的支持更大，但没有定性研究的定量研究结果是毫无意义的，所以在具体的项目调查中，对两种方法要有针对性地加以选择和综合。

（二）二手资料的收集方法

二手资料是公司内部或外部现成的资料。二手资料的来源包括：

（1）内部来源。本人资料库、企业档案（会计记录、销售报告、其他数据资料）、企业内部专家。

（2）外部来源。组织机构，包括图书馆、外国使团、国际组织、本国政府机构、商会或贸易促进机构、行业公会、出版社、研究所、银行、消费者组织、其他公司（例如：调研人员可以向市场调研公司购买相关商业资料，以增加市场调研的深度和广度）；文献资料，包括文献目录、工商行名录、贸易统计资料、报纸和期刊、综合性工具书；电脑数据库、互联网；企业外部专家；营销调研公司等。

二手资料的收集程序如下：第一步应确定需要什么资料；第二步是从企业内部搜寻二手资料；第三步是从企业外部进行搜寻；第四步是对拟收集或已收集的二手资料进行评估，即评估资料的可用程度；第五步是确定需要收集的原始资料。只有二手资料不能满足要求时才需要收集一手资料。

第三节　预测的常用方法

预测是指对未来不确定事件的一种预计和推测。它是人们对客观世界各种各样事物未来发展变化的趋势以及对人类实践活动的后果事先所做的分析和评估，以便更好地指导当前的行动。预测的研究范围非常广泛，几乎可以涉及人们生产和生活的各个领域；而每个领域对预测进行分类的标准以及预测的方法是不尽相同的。

市场预测是指企业在通过市场调查获得一定资料的基础上，针对企业的实际需要以及相关的现实环境因素，运用已有的知识、经验和科学方法，对企业和市场未来发展变化的趋势做出适当的分析与判断，为企业营销活动等提供可靠依据的一种活动，为经营决策提供可靠的一依据。在房地产领域，市场预测的常用方法有：经验判断预测法、时间序列预测法、因果分析法等[12]。下面将对每一种预测方法进行详细介绍。

一、经验判断预测法

常见的判断预测法有很多，比如专家会议法、德尔菲法、联测法、转导法和类比法。其中，联测法是以某一个企业的普查资料或某一地区的抽样调查资料为基础，进行分析、判断、预测、联测，进而确定某一行业以致整个市场的预测值。转导法，是根据政府公布的或调查所得的经济预测指标，以某种经济指标为基础，转导推算出市场预测值的方法。类比法，在市场预测中，一般是通过对预测产品与类似产品的对比分析，来判断、预测产品的市场预测值。这种方法一般用于新产品销售预测。下面主要介绍专家会议法和德尔菲法。

1. 专家会议法

专家会议法，就是邀请有关方面的专家，通过会议的形式，对某些预测事件及其发展前景做出评价，并在专家分析、判断的基础上，综合各种意见，借以对调查分析事件做出质和量的结论。根据会议议程的不同和专家交换意见的要求，可将其分为三种：

（1）交锋式会议

交锋式会议是指每个与会专家围绕调查事件各抒己见、引发争论，经过会议讨论达成共识，做出较为一致的预测结论。

（2）非交锋式会议

非交锋式会议是指每个与会专家都可以独立地、任意地发表意见，但不相互争论，不批评他人意见，也不带发言稿，以便充分发挥灵感，鼓励创造性思维。这种非交锋式会议法也称头脑风暴法。

（3）混合式会议

混合式会议的方法，又称质疑式头脑风暴法，是非交锋式会议和交锋式会议的混合使用。具体讲，在第一阶段实施头脑风暴法，在第二阶段对前阶段的各种设想进行质疑，在质疑中可争论、批评，也可提出新的设想，不断交换意见，互相启发，最后取得一致的结论。

2. 德尔菲法

德尔菲法（Delphi method）系以一系列问卷向各类专家征询意见，依据所有专家对原问卷的答复，再拟订下一份问卷，再次向各类专家征询意见，直到大多数专家的意见看法趋于一致并得出结论。此法预测通常较适合做长期预测，其主要步骤如下：

（1）成立一个团体委员会确定问题及设计研究问卷。

（2）选择专家匿名质问预测。

（3）把质问的问题回答收回做成结果。

（4）反复再预测，把问题重新修整再做预测，如此反复预测至少两次以上。

德尔菲法本质上是一种反馈匿名函询法。其做法是，在对所要预测的问题征得专家的意见之后，进行整理、归纳、统计，再匿名反馈给专家，再次征求意见，再集中，再反馈，直至得到稳定的意见。其过程如下：匿名征求专家意见——归纳、统计——匿名反馈——归纳、统计……若干轮后，停止。总之，它是一种利用函询形式的集体匿名思想交流过程。

二、时间序列预测法

时间序列预测是指根据时间序列对现象发展变化过程进行观察和分析，认识现象发展过程中所蕴含的变化趋势和规律，并将其向未来外推或延伸，据以预测现象未来的发展水平。它适用于具有时间序列关系的预测。

时间序列预测法主要包括移动平均、指数平滑、成长曲线分析、季节变动分析等，适用于具有时间序列关系的预测。下面主要介绍移动平均法和指数平滑法。

（一）移动平均法

移动平均法是对时间序列观察值由远及近、按跨越期计算平均值的一种预测方法。随观察值向后推移，平均值也向后移动，形成一个由平均值组成的新的时间序列。对新时间序列中的平均值加以调整，可作为观察期内的估计值。最后一个平均值是预测值计算的依据。

移动平均法能够较好地修匀时间序列，消除不规则变动和季节变动，因而得到了广泛应用。常用的移动平均法有如下两种：

1. 简单移动平均法

简单移动平均可以表述为：

$$F_{t+1} = \frac{1}{n}\sum_{i=t-n+1}^{t} x_i \tag{3-1}$$

其中，F_{t+1} 是 $t+1$ 时的预测数，n 是在计算移动平均值时所使用的历史数据的数目，即移动时段的长度。

为了进行预测，需要对每一个 t 计算出相应的 F_{t+1}，所有计算得出的数据形成一个新的数据序列。经过两到三次同样的处理，数据序列的变化模式将会被揭示出来。这个变化趋势较原始数据变化幅度小，因此，移动平均法从方法论上分类属于平滑技术。

简单移动平均法只适用于短期预测，在大多数情况下只适用于以月或周为单位的近期预测。简单移动平均法的另外一个主要用途是对原始数据进行预处理，以消除数据中的异常因素或出去数据中的周期变动成分。

【例 3-1】 房地产销售面积预测

问题：某房地产公司某年 1～12 月商业地产销售量如表所示，用简单移动平均法预测下一年第一季度同样情况下的销售面积（$n=3$）。

某商业地产销售量移动平均法计算表 **表 3-1**

月份	序号	实际销售面积（m²）	3 个月移动平均预测
1	1	3800	—
2	2	3100	—
3	3	1300	—
4	4	2000	2733
5	5	3300	2133
6	6	3500	2200
7	7	2300	2933
8	8	1900	3033
9	9	4300	2567
10	10	4900	2833
11	11	3000	3700
12	12	2700	4067

解：根据 1～12 月的销售面积，采用 3 个月移动平均法来预测下一年 1 月的销售面积：

$$Q_2 = \frac{x_{10}+x_{11}+x_{12}}{3} = \frac{4900+3000+2700}{3} = 3533\text{m}^2$$

2 月的销售面积：

$$Q_2 = \frac{x_{11} + x_{12} + x_2}{3} = \frac{3000 + 2700 + 3533}{3} = 3078\text{m}^2$$

3 月的销售面积：

$$Q_2 = \frac{x_{12} + Q_2 + Q_2}{3} = \frac{2700 + 3533 + 3078}{3} = 3104\text{m}^2$$

则下一年第一季度该房地产公司销售面积预测为：

$$Q = Q_2 + Q_2 + Q_3 = 3533 + 3078 + 3104 = 9715\text{m}^2$$

2. 加权移动平均法

加权移动平均法是根据跨越期内时间序列数据资料重要性不同，分别给予不同的权重，再按移动平均法原理，求出移动平均值，并以最后一项的加权移动平均值为基础进行预测的方法。其计算公式为：

$$F_{t+1} = \frac{\sum_{i=t-n+1}^{t} w_i x_i}{\sum_{i=t-n+1}^{t} w_i} \tag{3-2}$$

其中，F_{t+1} 是 $t+1$ 时的预测数，x_i 是第 i 期的实际值，w_i 是第 i 期的实际值的权重，n 是在计算移动平均值时所使用的历史数据的数目，即移动时段的长度。

同样以【例 3-1】为例，为了使预测值更符合当前的发展趋势，采用加权移动平均法。

解答：对预测的前 1、2、3 期分别赋予 3、2、1 权重，根据 1～12 月的销售面积来预测下一年 1 月的销售面积：

$$Q_1 = \frac{x_{10} + 2x_{11} + 3x_{12}}{6} = \frac{4900 + 2 \times 3000 + 3 \times 2700}{6} = 3167\text{m}^2$$

2 月的销售面积：

$$Q_2 = \frac{x_{22} + 2x_{12} + 3Q_2}{6} = \frac{3000 + 2 \times 2700 + 3 \times 3167}{6} = 2984\text{m}^2$$

3 月的销售面积：

$$Q_3 = \frac{x_{12} + 2Q_1 + 3Q_2}{6} = \frac{2700 + 2 \times 3167 + 3 \times 2984}{6} = 2998\text{m}^2$$

则下一年第一季度该房地产公司销售面积预测为：

$$Q = Q_1 + Q_2 + Q_3 = 3167 + 2984 + 2988 = 9139\text{m}^2$$

（二）指数平滑法

指数平滑法又称指数加权平均法，实际是加权移动平均法的一种变化，各时期权重数值为递减指数数列的均值方法。指数平滑法解决了移动平均法需要 n 个观测值和不考虑 $t-n+1$ 前时期数据的缺点，通过某种平均方式，消除历史统计序列中的随即波动，找出其中主要的发展趋势。

根据平滑次数的不同，指数平滑有一次指数平滑、二次指数平滑、三次指数平滑和高次指数平滑。对时间序列 $x_1, x_2, x_3 \cdots, x_t$，一次平滑指数公式为：

$$F_t = \alpha x_t + (1-\alpha)F_{t-1} \quad (3\text{-}3)$$

其中，α 是平滑系数，其中，α 是平滑系数，其中，α 是平滑系数，x_1 是历史数据序列 x 在第 t 期的观测值；F_t 和 F_{t-1} 是 t 期和 $t-1$ 的平滑值。一次指数平滑法适用于市场观测呈水平波动，无明显上升或下降趋势情况下的预测。

1. 平滑系数 α 的选择

研究表明，大的 α 值导致较小的平滑效果，而较小的 α 值会产生客观的平滑效果。在指数平滑中，平滑系数 α 的选择尤为重要。

一般情况下，观测值呈较稳定的水平发展，α 值取 0.1～0.3 之间；观测值波动较大时，α 值取 0.3～0.5 之间；观测值波动很大时，α 值取 0.5～0.8 之间。

2. 初始值 F_0 的确定

从指数平滑法的计算公式可以看出，指数平滑法是一个迭代计算过程，用该法进行预测，首先必须确定初始值 F_0，实质上它应该是序列起点 $t=0$ 以前所有历史数据的加权平均值。由于经过多期平滑，特别是观测期较长时，F_0 的影响作用就相当小，故在预测实践中，一般采用这样的方法处理：当时间序列期数在 20 个以上时，初始值对预测结果的影响很小，可用第一期的观测值代替，即 $F_0 = x_1$；当时间序列期数在 20 个以下时，初始值对预测结果有一定影响，可取前 3～5 个观测值的平均值代替，如：$F_0 = (x_1 + x_2 + x_3)/3$。

3. 指数平滑法的程序

指数平滑法的程序如图 3-1 所示。

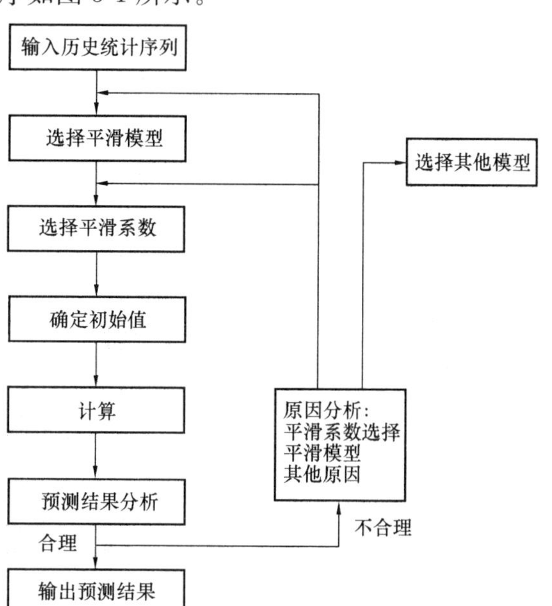

图 3-1　指数平滑法工作流程图

【例 3-2】某地区钢材消耗量预测。

问题：1～12 月，某地区钢材消耗量见表 3-2，请用一次平滑指数法预测明年一月的钢材消耗量（α 值取 0.3）。

某地区钢材消耗表　　**表 3-2**

月份	时序 t	月消耗量 x_t（万吨）
1	1	42.22
2	2	39.66
3	3	46.33
4	4	46.33
5	5	47.01
6	6	47.22
7	7	43.25
8	8	45.56
9	9	47.36
10	10	48.94
11	11	51.37
12	12	58.70

解：首先，计算初始平滑值：

$$F_0 = \frac{x_1 + x_2 + x_3}{3} = \frac{42.22 + 39.66 + 46.33}{3} = 42.74 \text{ 万吨}$$

按照指数平滑法的公式，得出：

$$F_1 = \alpha x_1 + (1-\alpha)F_0 = 0.3 \times 42.22 + (1-0.3) \times 42.74 = 42.58 \text{ 万吨}$$

$$F_2 = \alpha x_2 + (1-\alpha)F_1 = 0.3 \times 39.66 + (1-0.3) \times 42.58 = 41.71 \text{ 万吨}$$

$$F_3 = \alpha x_3 + (1-\alpha)F_2 = 0.3 \times 46.33 + (1-0.3) \times 41.71 = 43.09 \text{ 万吨}$$

……

$$F_{12} = \alpha x_{12} + (1-\alpha)F_{11} = 0.3 \times 58.70 + (1-0.3) \times 48.12 = 51.30 \text{ 万吨}$$

于是，明年 1 月钢材需求量 $x'_{13} = F_{12} = 51.30$ 万吨，见表 3-3。

指数平滑表　　**表 3-3**

月份	时序 t	月消耗量 x_t（万吨）	一次指数平滑值 F_t（万吨）	预测值（万吨）
	0		42.74	
1	1	42.22	42.58	42.74
2	2	39.66	41.71	42.58
3	3	46.33	43.09	41.71
4	4	46.33	44.06	43.09
5	5	47.01	44.95	44.06
6	6	47.22	45.63	44.95

续表

月份	时序 t	月消耗量 x_t（万吨）	一次指数平滑值 F_t（万吨）	预测值（万吨）
7	7	43.25	44.92	45.63
8	8	45.56	45.11	44.92
9	9	47.36	45.78	45.11
10	10	48.94	46.73	45.78
11	11	51.37	48.12	46.73
12	12	58.70	51.30	48.12
明年1月	13			51.30

三、因果分析法

因果分析法包括回归分析法、消费系数法和弹性系数法，主要适用于存在关联关系的数据预测。下面主要介绍回归分析法。

回归分析法是处理变量之间相关关系的一种数理统计分析方法。它是通过预测对象的变量统计资料，找出自变量与因变量的因果关系，并建立变量之间的经验公式，即回归方程式，最后再根据该方程或自变量的数值变化，去推算预测因变量未来发展状态的一种定量预测分析方法[13]。用回归方式建立的模型很多，这里仅介绍一元线性回归方法。

（一）一元线性回归分析

一元线性回归分析法，是在观察两个变量之间相互依存的线性关系形态后，借助回归分析方法推导出该变量之间线性关系方程式，以描述两变量之间的平均变化关系，并运用该回归方程对市场的发展变化趋势进行预测与控制。一元线性回归模型表示为如下形式：

$$y = a + bx + e \tag{3-4}$$

其中，a 和 b 是揭示 x 和 y 之间关系的系数，a 为回归常数，b 为回归系数，e 是误差项或称回归余项。

对于每组可以观察到的变里 x、y 的数值 x_i、y_i 满足下面的关系：

$$y_i = a + bx_i + e_i \tag{3-5}$$

其中，e_i 是残差项，是用 $a+bx_i$ 去估计因变量 y_i 的值而产生的误差。

在实际预测中，e_i 是无法预测的，回归预测是借助 $a+bx_i$ 得到预测对象的估计值 y_i。通过确定 a 和 b，从而揭示变 y 与 x 之间的关系，式（3-3-4）可以表示为：

$$y = a + bx \tag{3-6}$$

式（3-6）是式（3-4）的拟合曲线。可以利用普通最小二乘法原理（OLS）求出回归系数。最小二乘法基本原则是对于确定的方程，使观察值对估算值偏差的平方和最小。由此求得的回归系数为：

$$b=\frac{\sum x_iy_i-\overline{x}\sum y_i}{\sum x_i^2-\overline{x}\sum x_i} \tag{3-7}$$

$$a=\overline{y}-b\overline{x} \tag{3-8}$$

其中，x_i、y_i^2 分别是自变量 x 和因变量 y 的观察值，$\overline{x}$、$\overline{y}$ 分别为 x 和 y 的平均值。

$$\overline{x}=\frac{\sum x_i}{n} \tag{3-9}$$

$$\overline{y}=\frac{\sum y_i}{n} \tag{3-10}$$

其中，n 为样本数。

对于每一个自变量 x 的数值，都有拟合值：

$$y'_{\mathrm{t}}=a+bx_i \tag{3-11}$$

y'_{t} 与实际观察值的差，便是残差项：

$$e_i=y_i-y'_{\mathrm{t}} \tag{3-12}$$

（二）一元线性回归预测流程

一元线性回归的预测程序如图 3-2 所示。

（三）回归检验

在利用回归模型进行预测时，需要对回归系数、回归方程进行检验，以判定预测模型的合理性和适用性。检验方法有方差分析、相关检验、t 检验等。对于一元线性回归，这些检验效果是相同的。在一般情况下，选择其中一项检验即可。

（1）方差分析

通过推导，可以得出：

$$\Sigma(y_i-\overline{y})^2=\Sigma(y'_i-\overline{y})^2+\Sigma(y_i-y'_i)^2 \tag{3-13}$$

其中，$\sum(y_i-\overline{y})^2=TSS$，称为偏差平方和，反映了 n 个 y 值的分散程度，又称总变差；$\sum(y'_i-\overline{y})^2=RSS$，称为回归平方和，反映了 x 对 y 线性影响的大小，又称可解释变差；$\sum(y_i-y'_i)^2=ESS$，称为残差平方和，根据回归模型的假设条件，ESS 是由残差项 e 造成的，它反映了除 x 对 y 的线性影响之外的一切使 y 变化的因素，其中包括 x 对 y 的非线性影响及观察误差。因为它无法用 x 来解释，故又称未解释变差。

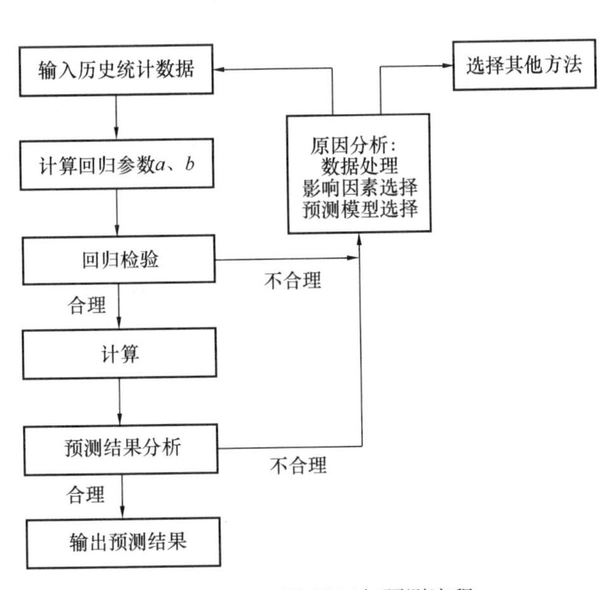

图 3-2　一元线性回归预测流程

所以

$$TSS = RSS + ESS \tag{3-14}$$

其实际意义是总变差等于可解释变差与未解释变差之和。

在进行检验时，通常先进行方差分析，一方面可以检验在计算上有无错误；另一方面，也可以提供其他检验所需要的基本数据。

定义可决系数 R^2：

$$R^2 = RSS/TSS \tag{3-15}$$

R^2 的大小表明了 y 的变化中可以用 x 来解释的百分比，因此，R^2 是评价两个变量之间线性关系强弱的一个指标。可以导出：

$$R^2 = \frac{\Sigma(y_i' - \overline{y})^2}{\Sigma(y_i - \overline{y})^2} = 1 - \frac{\Sigma(y_i - y_i')^2}{\Sigma(y_i - \overline{y})^2} \tag{3-16}$$

（2）相关系数检验

相关系数是描述两个变量之间的线性相关关系的密切程度的指标，用 R 表示。

$$R = \frac{\sum_{i-1}^{n}(x_i - \overline{x})(y_i - \overline{y})}{\sqrt{\sum_{i=1}^{n}(x_i - \overline{x})^2 \sum_{i=1}^{n}(y_i - \overline{y})^2}} \tag{3-17}$$

R 在－1 和 1 之间，当 $R=1$ 时，变量 x 和 y 完全正相关；当 $R=-1$ 时，为完全负相关；当 $0<R<1$ 时，为正相关；当 $-1<R<0$ 时，为负相关；当 $R=0$ 时，变量 x 和 y 没有线性关系。所以 R 的绝对值越接近 1，表明其线性关系越好；反之，R 的绝对值越接近 0，表明其线性关系越不好。只有当 R 的绝对值大到一定程度时，才能采用线性回归模型进行预测。在计算出 R 值后，可以查相关系数检验表。在自由度（$n-2$）和显著性水平 α（一般取 $\alpha=0.05$）下，若 R 大于临界值，则变量 x 和 y 之间的线性关系成立；否则，两个变量不存在线性关系。

（3）t 检验

即回归系数的显著性检验，以判定预测模型变量 x 和 y 之间线性假设是否合理。因为要使用参数 t，故称为 t 检验。回归常数 a 是否为 0 的意义不大，通常只检验参数 b。

$$t_{\mathrm{b}} = \frac{b}{s_{\mathrm{b}}} = b\sqrt{\frac{\Sigma(x_i - \overline{x})^2}{\Sigma(y_i - y_i')^2/(n-2)}} \tag{3-18}$$

其中，s_{b} 是参数 b 的标准差，$s_{\mathrm{b}} = s_{\mathrm{y}}/\sqrt{\Sigma(x_i - \overline{x})^2}$，$n$ 为样本个数。

s_{y} 为回归标准差，

$$s_y^2 = \Sigma(y_i - y_i')^2/(n-2) \tag{3-19}$$

也可以表达为

$$t_{\mathrm{b}} = \frac{b\sqrt{\Sigma(x_i - \overline{x})^2}}{s_y} \tag{3-20}$$

t_{b} 服从 t 分布，可以通过 t 分布表查得显著性水平为 α，自由度为 $n-2$ 的数值 t（$\alpha/2$，$n-2$）。与之比较，若 t_{b} 的绝对值大于 t，表明回归系数显著性不为 0，参数的 t

检验通过，说明变量 x 和 y 之间线性假设合理。若 t_b 的绝对值小于或等于 t，表明回归系数为 0 的可能性较大，参数的 t 检验未通过，回归系数不显著，说明变量 x 和 y 之间线性假设不合理。

（四）点预测与区间预测

点预测是在给定了自变量的未来值 x_0，后，利用回归模型式（3-21）求出因变量的回归估计值 y'_0，也称为点估计。

$$y'_0 = a + bx_0 \tag{3-21}$$

通常点估计的实际意义并不大，由于现实情况的变化和各种环境因素的影响，预测的实际值总会与预测值产生或大或小的偏移，如果仅根据一点的回归就做出预测结论，这几乎是荒谬的。因此预测不仅要得出点预测值，还要得出可能偏离的范围。于是，以一定的概率 $1-a$ 预测的 y 在 y'_0 附近变动的范围，称为区间预测。

数理统计分析表明，对于预测值 y'_0 而言，在小样本统计下（样本数据组 n 小于 30 时），置信水平为 100（$1-a$）%的预测区间为：

$$y'_0 \pm t(a/2, n-2)s_0 \tag{3-22}$$

其中，t（$a/2$，$n-2$）可以查 t 检验表得出。通常取显著性水平 $a=0.05$。

$$s_0 = s_y\sqrt{1+\frac{1}{n}+\frac{(x_0-\bar{x})^2}{\Sigma(x_i-\bar{x})^2}} \tag{3-23}$$

此外，根据概率论中的 $3a$ 原则，可以采取简便的预测区间近似解法，当样本 n 很大时，在置信度为 68.2%，95.4%，99.7%的条件下，预测区间分别为：(y'_0-s_y，y'_0+s_y)，(y'_0-2s_y，y'_0+2s_y)，(y'_0-3s_y，y'_0+3s_y)。

【例 3-3】2017 年某地区钢材需求预测

问题：2012 年某地区房地产行业的钢材消耗量 45.96 万吨，2003—2012 年当地钢材消耗量及同期固定资产投资如表 3-4 所示。据相关机构预测，未来 5 年内，当地固定资产投资增长速度为 10%。请用一元线性回归方法预测 2017 年当地房地产行业的钢材需求量。

2003～2012 某地房地产行业的钢材消耗量与固定资产投资额　　表 3-4

年份（年）	钢材消耗量（万吨）	固定资产投资额（千亿元）
2003	10.35	6.018
2004	10.50	6.714
2005	12.60	7.560
2006	16.20	8.700
2007	21.30	9.162
2008	22.50	10.086
2009	25.50	11.316
2010	33.00	11.586
2011	40.35	13.248
2012	45.96	13.644

解：

（1）建立回归模型。经过分析，发现该地区房地产业钢材消耗量与固定投资额之间存在线性关系，将钢材消费量设为因变量 y，以固定投资额为自变量 x，建立一元回归模型：

$$y = a + bx$$

（2）计算参数。采用最小二乘法，计算出相关参数：

各年固定投资额 x 的平均值 $\bar{x} = \dfrac{\sum_{i=1}^{10} x_i}{n} = 9.803$ 千亿元

各年钢材消费量的平均值 $\bar{y} = \dfrac{\sum_{i=1}^{10} y_i}{n} = 23.83$ 万吨

$$\Sigma x_i y_i = 2623.60$$

$$\Sigma x_i^2 = 1023.76$$

$$b = \frac{\Sigma x_i y_i - \bar{x}\Sigma y_i}{x_i^2 - \bar{x}\Sigma x_i} = 4.591$$

计算各参数 **表 3-5**

年份	固 x_i	钢 y_i	$x_i-\bar{x}$	$y_i-\bar{y}$	$(x_i-\bar{x})(y_i-\bar{y})$	$(x_i-\bar{x})^2$	$(y_i-\bar{y})^2$	x_iy_i	x_i^2	$y'_i=a+bx_i$	$(y_i-y'_i)^2$
2003	6.018	10.35	−3.79	−13.48	51.01	14.33	181.60	62.29	36.22	6.45	15.23
2004	6.714	10.50	−3.09	−13.33	41.17	9.54	177.58	70.50	45.08	9.64	0.74
2005	7.560	12.60	−2.24	−11.23	25.18	5.03	126.02	95.26	57.15	13.53	0.86
2006	8.700	16.20	−1.10	−7.63	8.41	1.22	58.16	140.94	75.69	18.76	6.56
2007	9.162	21.30	−0.64	−2.53	1.62	0.41	6.38	195.15	83.94	20.88	0.18
2008	10.086	22.50	0.28	−1.33	−0.37	0.08	1.76	226.94	101.73	25.12	6.88
2009	11.316	25.50	1.51	1.67	2.53	2.29	2.80	288.56	128.05	30.77	27.78
2010	11.586	33.00	1.78	9.17	16.35	3.18	84.16	382.34	134.24	32.01	0.98
2011	13.248	40.35	3.44	16.52	56.92	11.87	273.04	534.56	175.51	39.64	0.50
2012	13.644	45.96	3.84	22.13	85.01	14.75	489.91	627.08	186.16	41.46	20.27
合计	98.034	238.26			287.84	62.70	1401.42	2623.60	1023.76	238.26	79.96
均值	9.803	23.83									10.00

$$a = \bar{y} - b\bar{x} = -21.181$$

（3）相关检验

$$相关系数 R = \frac{\sum_{i=1}^{10}(x_i-\bar{x})(y_i-\bar{y})}{\sqrt{\sum_{i=1}^{10}(x_i-\bar{x})^2\sum_{i=1}^{10}(y_i-\bar{y})^2}} = 0.971$$

在 $\alpha=0.05$ 时，自由度$=n-2=8$，查相关系数表，得 $R_{0.05}=0.632$

因 $R=0.971>0.632=R_{0.05}$，故在 $\alpha=0.05$ 的显著性检验水平上，检验通过，说明固定资产投资额与房地产业钢材消耗量线性关系合理。详细计算见表 3-5。

(4) t 检验

$$t_b = \frac{b}{s_b} = b\sqrt{\frac{\Sigma(x_i-\bar{x})^2}{\Sigma(y_i-y'_t)^2/(n-2)}} = 11.498$$

在 $\alpha=0.05$ 时，自由度 $=n-2=8$，查 t 检验表，得 $t(\alpha/2, n)=t(0.025, 8)=2.306$ 因 $t_b=11.498>2.306=t(0.025, 8)$，故在 $\alpha=0.05$ 的显著性检验水平上，t 检验通过，说明固定资产投资额与房地产业钢材消耗量线性关系明显。

(5) 需求预测

据相关机构预测，未来 5 年内，当地固定资产投资增长速度为 10%，则 2017 年地区的固定资产投资总额将达到：

$$\chi_{(2017)} = (1+r)^5\chi_{(2012)} = (1+10\%)^5 \times 13.644 = 21.974 \text{ 千亿元}$$

于是，2017 年当地房地产业钢材需求量点预测为：

$$y_{(2017)} = a + b\chi_{(2017)} = -21.181 + 4.591 \times 21.974 = 79.701 \text{ 万吨}$$

区间预测：

$$s_0 = s_y\sqrt{1+\frac{1}{n}+\frac{(x_0-\bar{x})^2}{\Sigma(x_i-\bar{x})^2}} = 5.905$$

于是，在 $\alpha=0.05$ 的显著性水平上，2017 年钢材需求量的置信区间为：

$$y'_0 \pm t(\alpha/2, n-2)s_0 = 79.701 \pm t(0.025, 8)s_0 = 79.701 \pm 2.306 \times 5.905 = 79.701 \pm 13.617$$

即有 95%的可能性在（66.084，93.318）的区间内。由于估计的因变量是 5 年以后的，所以误差比较大。

（五）其他分析方法

其他方法则包括经济计量分析、投入产出分析、马尔科夫方法等，这些预测法主要借助较复杂的数学模型模拟现实经济结构或市场状态，分析经济现象的各种数量关系，从而提高人们认识经济现象的深度、广度和精确度，适用于现实经济生活中的中长期市场预测。由于篇幅所限，这里不再做专门介绍。

第四节　研究分析的常用工具

一、常用统计表

在对收集到的资料进行整理之后，就到了对数据进行分析处理的阶段了。一般在对数据进行分析的过程中，要借助统计表对其进行资料的统计分析。一般常用统计表有如下几种：简单频数表与分组频数表、二维列联表和多维列联表。

（一）简单频数表与分组频数表

频数表是统计描述中经常使用的基本工具之一。在观察值个数较多时，为了解一组同质观察值的分布规律和便于指标的计算，可编制频数分布表，简称频数表。它可以揭示资料分布类型和分布特征，以便选取适当的统计方法；便于进一步计算指标和统计处理；便于发现某些特大或特小的可疑值。最常用的是简单频数分布表，它是由每一分数值在一列数据中出现的次数或总数资料编制成的统计表。如表 3-6 所示。

（二）二维列联表

列联表是观测数据按两个或更多属性（定性变量）分类时所列出的频数表

一般，若总体中的个体可按两个属性 A 与 B 分类，A 有 r 个等级 A1，A2，…，Ar，B 有 c 个等级 B1，B2，…，Bc，从总体中抽取大小为 n 的样本，设其中有 nij 个个体的属性属于等级 Ai 和 Bj，nij 称为频数，将 r×c 个 nij 排列为一个 r 行 c 列的二维列联表，简称 r×c 表。如表 3-7 所示。

简单频数表 **表 3-6**

车位价格		频率	百分比	有效百分比	累积百分比
有效	5 万元以下	21	26.6	26.6	26.6
	5～7 万元	35	44.3	44.3	70.9
	7～10 万元	20	25.3	25.3	96.2
	10 万元以上	3	3.8	3.8	100.0
	合计	79	100.0	100.0	

二维列联表 **表 3-7**

欲购买面积×车位价格交叉制表

计数

		车位价格				合计
		5 万元以下	5～7 万元	7～10 万元	10 万元以上	
欲购买面积	≤85m²	2	1	0	0	3
	86～100m²	2	3	2	0	7
	101～120m²	8	19	7	0	34
	121～135m²	7	8	5	1	21
	≥136m²	2	4	5	2	13
	6	0	0	1	0	1
合计		21	35	20	3	79

（三）多维列联表

若所考虑的属性多于两个，也可按类似的方式作出列联表，称为多维列联表。如表 3-8 所示。由于属性或定性变量的取值是离散的，因此多维列联表分析属于离散多元分析的范畴。

多维列联表 **表 3-8**

职业×月收入×学历交叉制表								
计数								
学历			月收入					合计
			2000元以下	2001～4000元	4001～6000元	6001～8000元	10000元以上	
大专以下	职业	事业单位工作人员	1	2	0		0	3
		外企、私企人员	7	0	0		1	8
		教师、律师、医生	2	3	0		0	5
		其他	7	8	2		3	20
	合计		17	13	2		4	36
大专	职业	政府机关工作人员	1	0	0	0	0	1
		事业单位工作人员	4	4	0	0	0	8
		外企、私企人员	1	1	1	0	0	3
		国企人员	3	0	0	0	0	3
		教师、律师、医生	0	1	0	1	0	2
		其他	3	3	0	0	1	7
	合计		12	9	1	1	1	24
本科	职业	政府机关工作人员	1	0	0		0	1
		事业单位工作人员	0	1	0		0	1
		教师、律师、医生	4	7	0		1	12
		其他	1	2	1		0	4
	合计		6	10	1		1	18
硕士及以上	职业	教师、律师、医生		1				1
	合计			1				1

二、常用统计图

在对收集到的资料进行统计分析时，除了会用到以上所说的一些常用统计表外，一般地，还会用到一些统计图，这些统计图可以更直接、形象的反映出资料中所拥有的信息。一般地，常用统计图有以下几种：直方图、饼形图和态度对比图。其他统计图还有网络图、圆环图、雷达图、三维直方图等等，在此就不一一列举了。下面仅介绍几种最常用的统计图。

（一）直方图

直方图（Histogram）又称柱状图，是一种统计报告图。它是表示资料变化情况的一种主要工具。用直方图可以解析出资料的规则性，比较直观地看出调查对象的分布状态，对于调查对象资料分布状况一目了然，便于判断其总体分布情况。一般用横轴表示数据类型，纵轴表示分布情况。如图 3-3 所示。

（二）饼形图

饼形图也是一种统计报告图。它是通过分析、计算得出每一类所占总体的比重来绘制的。它形象直观，常用于各类的统计调查数据分析中。如图 3-4 所示。

（三）态度对比图

态度对比图也是一种统计报告图。例如，通过对某地居民进行调查，来分析其对所在城市的喜欢程度，分析结果可用态度对比图来形象、直观地反映，如图 3-5 所示。

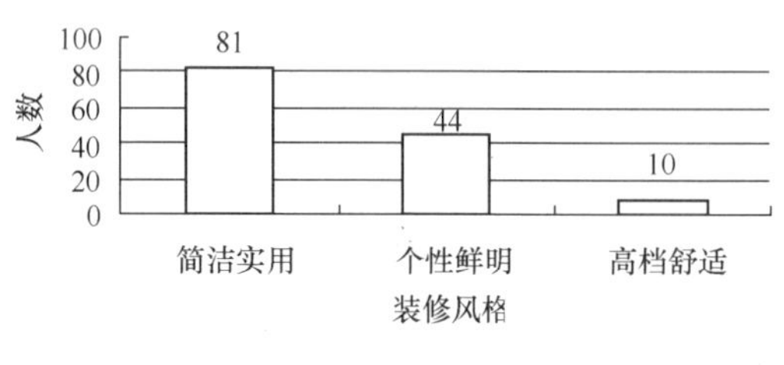

图 3-3　直方图

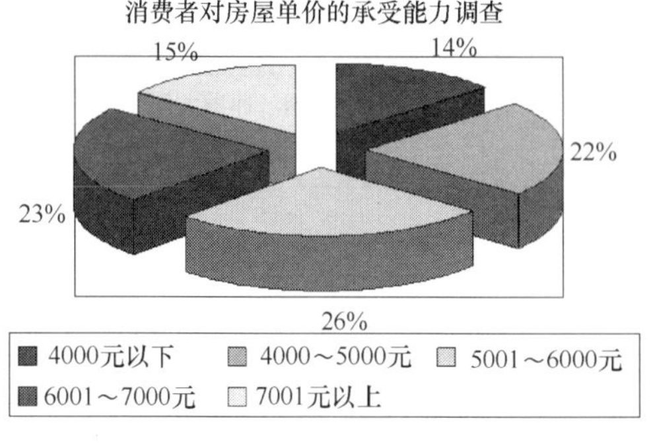

图 3-4　饼形图

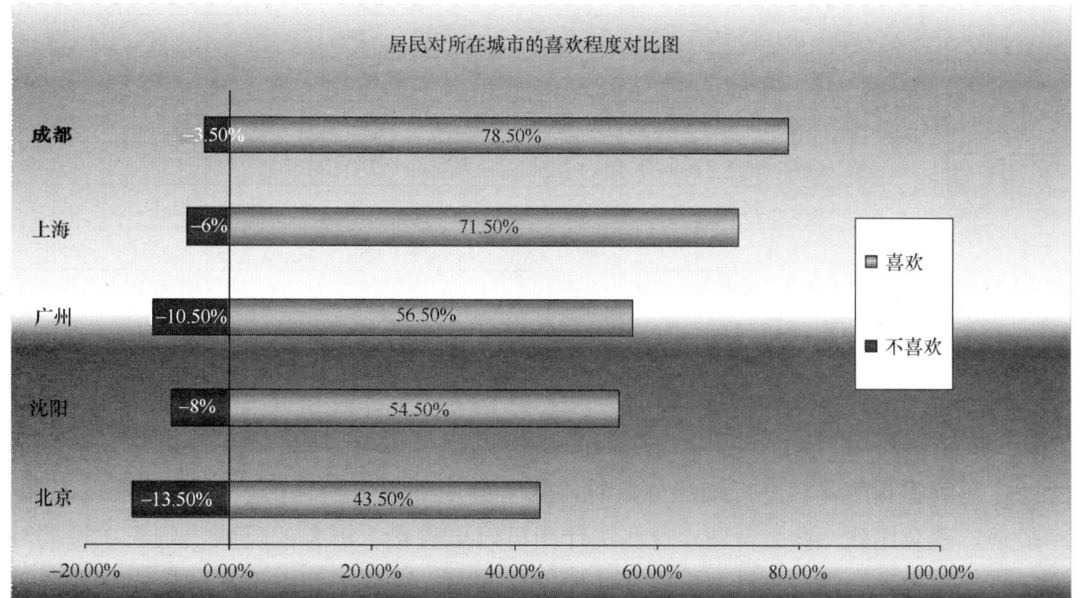

图 3-5　态度对比图

第四章　项目选择与开发方案研究

第一节　项 目 选 择

项目选择坚持的原则是符合公司的战略、准确把握市场需求、与企业自身的能力匹配。

一、项目构思

（一）项目构思的含义

任何建设项目都源于项目的构思。当组织希望通过实施一个项目达到目的时，对这个项目的属性所进行的创意和设计过程就是项目构思[14]。项目构思是项目概念产生的起点。

（二）项目构思的过程

1. 驱动项目构思产生的动力

或是为了解决上层系统（如国家、地区、企业、部门）的问题，或是满足上层系统的需要，或是为了实现上层系统的战略目标和计划等。这些驱动力可能源于产业多样化的目的、源于需要新的利润增长点、还可能源于拥有某种资源优势能够提高企业的竞争力。

2. 满足上层系统的问题和需要的途径

（1）途径的多样性。可以通过许多途径和方法来达到上层系统的要求，构思的项目可能丰富多彩。可以是不同的行业、不同的产品，不同的规模。由于不同行业的经营模式和盈利模式不同，所选择的项目属性就不会相同。

（2）项目目标的初步确定。项目目标的确定是基于对上层系统面临的情况进行分析、对遇到的问题进行定义的基础上。要满足上层系统的要求、解决上层组织面临的问题，需要确定项目的目标系统，由于项目的属性不同，目标系统不会相同。

3. 房地产项目的目标属性

当通过房地产开发项目来达到组织的目的时，由于房地产项目本身的特点，这个阶段选择房地产项目的目标应考虑如下内容，包括投资的区域、投资的产品档次、投资的规模、项目的开发周期、项目的盈利能力、项目的获取途径等方面。

（1）投资区域

选择投资区域时，要考虑拟投资区域的社会和经济发展状况、城市的规模和发展方向、房地产业的发展状况和发展前景、城市的产业发展政策、房地产开发的制度政策。基于上述分析，决定投资的城市是一线城市还是二线城市、是省会城市、计划单列市还是一般的地级城市或是县级城市。在确定了拟投资城市后，进而初步确定项目的拟选区域。

确定项目的投资区域，取决于企业的发展战略、外部环境、企业自身的资源和能力。

（2）投资的产品及档次

开发哪类产品、开发什么档次的产品，要考虑所在城市房地产开发供应结构、需求结构、开发成本、价格状况、自身能力（技术能力、管理能力、融资能力、资金能力）等因素。

（3）投资的规模

房地产项目的投资规模包括产品规模和投资规模。产品规模主要由用地规模（项目用地面积）和开发强度（建筑密度、容积率）等决定的，用地规模越大、开发强度越高，产品规模就越大。投资规模主要由土地投资额以及产品规模和产品档次来决定。一般情况下，期望的利润规模越大，需要的投资额越大。因此确定拟投资项目投资规模由土地规模、土地价格、产品档次、产品规模、工程造价水平等因素决定。投资规模是由可投入项目的自有资金和可为项目融资的规模决定的。

（4）开发周期

开发周期要依赖于目标市场的吸纳能力、开发商的资金能力、管理能力等因素决定。

项目构思阶段对拟投资项目的属性定义是初步的，甚至是模糊的。项目构思的结果是几个可选的处于概念状态的项目方案，是落实项目的路线图，构思是否有效，要看能否落到实处，要经过实践的检验。

（5）盈利能力

根据房地产项目的平均利润率指标（成本利润率、销售利润率、投资利润率等）估算项目的利润额，对项目的盈利能力做出初步判断。

项目构思的过程就是描述拟创建项目应具有的属性的过程。

二、项目寻找与筛选

（一）项目寻找的含义

项目寻找是依据项目构思，寻找开发项目的过程。房地产开发项目载体是土地，项目寻找也就是寻找房地产开发用地的过程。

土地选择过程中，应当了解土地用途的适用性。

1. 按照土地的位置，将城市土地进行分类

（1）闹市区土地

处于城市的中心地带，交通极为方便，商业服务设施集中、齐全，市政设施完善。这些区位特别适合收益性物业的生存。闹市区主要用于发展零售商业、金融、信息服务业等第三产业，不适合作工业用地和居住用地，换句话说，闹市区土地用作工业用地和居住用地不是土地的最佳利用。

（2）城市副中心区土地

大城市和特大城市的每个行政区都有自己的副中心区，在这个区域，交通方便、商业和服务业比较集中和齐全，市政设施比较完善，对城市居民购物和第三产业的吸引力较大。这类土地位于城市的区域中心，仅次于城市的闹市区，适合于发展商业零售、各种服务业、公寓类物业、无污染的小型工业的生存。

（3）闹市区边缘地带土地

闹市区边缘地带（亚中心区）土地由于靠近闹市区，距离市中心较近，通常交通条件较好、水电路等基础设施较为完善，人口密度低于闹市区，区位优势比较明显，土地具有更多的适用性。可用于发展商业、无污染工业、部分土地可用作公寓、住宅、学校、医院及机关用地。

（4）城市边缘区土地

城市边缘区土地位于亚中心和城区边缘之间，土地面积较大。距离城市中心较远、交通通畅，但交通线路较少，人口密度较低。这类土地可用了住宅建设、集贸市场、工厂、大专院校、工厂等。

（5）城市郊区土地

城市郊区位于城市建成区的周边地带，土地面积大。其特点是：距城市中心远、交通条件较差，人口密度小、市场设施不太完善，是城市土地中基础设施和配套设施较差的区域。适合于蔬菜生产和农副产品生产。在交通干线附近的土地，适合作为经济开发区用地和居住区用地。作为经济开发区附近区域的居住区用地，往往具有较大的升值潜力。

2. 按照土地利用的性质和功能进行分类

按照2012年1月1日实施的国家标准《城市用地分类与规划建设用地标准（GB 50137—2011)》，城乡用地分为建设用地（H）和非建设用地（E）。城市建设用地是指城市和县人民政府所在地镇内的居住用地、公共管理与公共服务用地、商业服务业设施用地、工业用地、物流仓储用地、交通设施用地、公用设施用地、绿地。

（1）居住用地（R）

住宅和相应服务设施的用地。按照等级分为一类居住用地（R1）、二类居住用地（R2）和三类居住用地（R3）。一类居住用地是公用设施、交通设施和公共服务设施齐全、布局完整、环境良好的低层住区用地；二类居住用地是公用设施、交通设施和公共服务设施较齐全、布局较完整、环境良好的多、中、高层住区用地；三类居住用地是公用设施、交通设施不齐全，公共服务设施较欠缺，环境较差，需要加以改造的简陋住区用地，包括危房、棚户区、临时住宅等用地。

（2）公共管理和公共服务用地（A）

公共管理和公共服务用地是指行政、文化、教育、体育、卫生等机构和设施的用地，不包括居住用地中的服务设施用地。

具体包括 A1 行政办公用地、A2 文化设施用地、A3 教育科研用地、A4 体育用地、A5 医疗卫生用地、A6 社会福利设施用地、A7 文物古迹用地、A8 外事用地、A9 宗教设施用地。

（3）商业服务业设施用地（B）

各类商业、商务、娱乐康体等设施用地，不包括居住用地中的服务设施用地以及公共管理与公共服务用地内的事业单位用地。包括以下小类：

商业设施用地（B1），包括零售商业用地、农贸市场用地、餐饮业用地、旅馆用地；

商务设施用地（B2），包括金融保险业用地、艺术传媒产业用地、其他商务设施用地；

娱乐康体用地（B3），包括各类娱乐、康体等设施用地；

公用设施营业网点用地（B4），零售加油、加气、电信、邮政等公用设施营业网点用地；

其他服务设施用地（B9），包括业余学校、民营培训机构、私人诊所、宠物医院等其他服务设施用地。

（4）工业用地（M）

指工矿企业的生产车间、库房及其附属设施等用地，包括专用的铁路、码头和道路等用地，不包括露天矿用地。按照对居住和公共环境干扰、污染和安全隐患的严重程度，又分为一类工业用地（M1）、二类工业用地（M2）、三类工业用地（M3）。

（5）物流仓储用地（W）

是指物资储备、中转、配送、批发、交易等的用地，包括大型批发市场以及货运公司车队的站场（不包括加工）等用地。照对居住和公共环境干扰、污染和安全隐患的严重程度，又分为一类仓储用地（W1）、二类仓储用地（W2）、三类仓储用地（W3）。

（6）交通设施用地（S）

是指城市道路、交通设施等用地。具体包括城市道路用地 S1、轨道交通线路用地 S2、综合交通枢纽用地 S3、交通场站用地 S4、其他交通设施用地（S9）。

（7）公用设施用地（U）

公用设施用地是指供应、环境、安全等设施用地。具体包括供应设施用地（U1）、环境设施用地（U2）、安全设施用地（U3）、其他公用设施用地（U9）。

（8）绿地（G）

公园绿地、防护绿地等开放空间用地，不包括住区、单位内部配建的绿地。包括公园绿地（G1）、防护绿地（G2）、广场用地（G3）。

3. 按照土地的开发程度，主要是基础设施的配套状况的不同，开发用地可以分为

（1）生地

完成土地征收或征用，未经开发，缺乏基础设施、不可直接作为建筑用地的农用地或荒地等土地。

（2）毛地

在城市旧区范围内，尚未经过拆迁安置补偿等土地开发过程、不具备基本建设条件的土地。

（3）熟地

熟地指已具备一定的供水、排水、供电、通讯、通气、道路等基础设施条件和完成地上建筑物、构筑物动拆迁的形成建设用地条件的土地。

（二）项目寻找的途径

项目的寻找的途径，就是找到符合项目构思的项目基地——拟开发土地的路线[15]。获取这些土地，虽然最终都要经过土地交易中心的交易，但都需要和政府官员、土地所有者、土地使用者的良好沟通，从他们那里可以得到拟开发土地资源方面的一些信息。利益相关者的满意才能加快项目的进程，虽然项目不是一天长成的。

1. 城区中需要开发的土地

这类土地主要是城区中一些环境恶劣、基础设施缺乏的片区，或是一些使用性质不符合规划要求、使用效益低下的土地。如棚户区、城中村、城市规划已定为居住用地、商业服务业设施用地的厂区占地等。

城区中需要开发的土地，往往涉及拆迁安置工作，需要大量的前期投入，并进行大量的协调工作，需要被拆迁人的大力协作。

这类项目的获取，有的通过招标的方式获取；有的在国土部门的允许下，通过与土地所有者或使用者合作获取。

2. 城市边缘区的建设备用地

城市规划区内的建设备用地是指规划区内的一些国有的建设备用地以及尚未征用的集体所有的建设用地。

对于这类土地使用权的获取，特别是大规模的土地开发，城市政府领导、所在区的领导起着重要的作用。实际上，一些土地是否纳入年度开发计划，取决于这块土地是否有意向投资者，因此意向投资者跟政府官员的沟通是获取大型项目的关键。

3. 城市重点开发区域

城市政府在一个时期内有其自己的开发热点，如经济开发区、高新技术开发区、各类产业园、高铁新站等。

这类项目的土地一般经过土地储备中心（或城市投融资中心）进行土地的一级开发后，再向开发商出让。在前期往往有一些优惠政策，但由于基础设施等各个方面较差，开发商承担较大的风险。这种新区所在的城市越大，风险会减少，因为这种政府行政决定的新区在缺乏产业支持的情况下，有不成功的可能。

第二节 开发方案

一、房地产开发的资源需求

房地产开发就是通过多种资源的组合为人类提供生产、生活的人工环境。所需资源的种类包括土地、城市基础设施、城市公用配套设施、建筑材料、专业技术人员的知识与经验、资金、管理才能。

由于城市化的推动和人们改善环境的需求的递进性，房地产的开发将是永恒的。

人们对房地产开发产品的功能要求越来越精细、要求越来越高；政府对城市空间的开发强度越来越高、房产的价值越来越大；开发商获取利润的代价和风险也越来越大[16]。

与此相应，房地产开发活动变得越来越复杂，开发商需要完成的工作越来越多；越来越多的人员包括不同组织及知识背景的人参与到房地产开发中来。

二、房地产开发商

（一）开发商的概念和获利途径

房地产开发商就是通过房地产开发获取利润的企业组织。开发商开发机构的类型包括项目公司、区域公司、总部集团公司。

开发商获取利润的途径。通过开发活动建造的人工环境能够满足消费者在特定时段内对空间的需求。消费者支付资金获得对满足自己需要的空间的所有权或使用权。开发商通过租售收入补偿成本费用、支付相关税费后获取利润。

（二）房地产开发商是开发活动的发起者

开发任务的获得，可以起于政府政策的引导；也可以是自己的构思与选择；还可以是开发项目的招标。

开发商是项目的推动者，投资者意志的实行者、项目众多参与者中的协调者，是开发系统的管理者。

（三）开发商运营模式

1. 开发模式

主要有开发——销售、开发——持有（经营或租赁）、开发——持有（经营或租赁）——销售等模式。

开发商开发物业的类型。包括居住物业、商业服务业物业、工业物业、其他物业或以上几种物业的组合。一般说来，居住物业采用开发销售模式、商业服务业采用开发——持有或开发——持有——销售的经营模式。

2. 组织模式

(1) 项目公司模式。开发商将规划设计、项目租售、物业管理等工作全部聘请专业公司完成，即全部采购外部资源来完成。这类公司往往没有可持续的项目开发，甚至整个公司就一个项目。公司的战略就没有把房地产开发作为长期战略。

(2) 区域性公司。总公司—项目公司（部）模式。总公司管理投资决策、规划设计、财务管理等工作，而将项目租售、物业管理等工作交由自己的专门机构来完成。各个项目的项目管理由项目公司或总公司的项目管理部来实施，成立项目公司而非项目管理部的目的，通常是为了融资的需要，希望将债权人的追索权限制在特定的项目上。

(3) 总部管理模式。总部—区域—项目三级管控体制。项目管理、规划设计、项目租售、物业管理等工作，分别交由不同的层级或下属专门机构来管理。

大型房地产公司，往往将项目的规划设计、项目租售、物业管理、开发项目管理等工作由自己的子公司或部门来完成。这样做，可以在降低交易成本、发挥规模经济和范围经济、贯彻标准设计、实施规范管理、更好地进行品牌维护等方面获取超额利润。这类企业的机制设计，既要做到总部对区域公司和项目的管控，又不丧失活力。这类公司的融资能力强，针对每个项目新设一个项目公司，同样是融资的需要，这些企业一般采用项目融资模式。

三、房地产开发过程的参与者

房地产产品的使用价值是各种资源投入的结果，凝聚了大量的资源、劳动、智力等方面的投入，因而需要众多的参与者[17]。

（一）土地所有者、当前的土地使用者

土地是房地产的组成部分，要开发房地产产品必须首先获取土地使用权。要获得土地的使用权，首先要有土地所有者的支持，不论是国有土地还是集体土地，没有土地所有者的参与，土地的收购或征收，都不可能顺利完成，虽然城市政府根据有关法律可以征收集体土地进行城市建设，但获得集体土地所有者的首肯是项目预审的前提条件。同样，在获取建设用地使用权的过程中，需要收购或征收土地，涉及拆迁、安置、补偿等方面的一些类费用，这也需要当前土地使用者的参与。

（二）银行等金融机构

房地产开发的一大特点就是投资巨大，需要大量的资金。由于购买开发用地所需的资金越来越多，大多在开发成本的 1/3～2/3，一线城市土地成本在开发成本中的比例更高，绝大部分开发商投入土地资金后，没有多少资金用于工程建设了，甚至有的开发商购地资金的相当一部分也是借来的。除了少量的资本金外，房地产开发建设的资金主要通过从银行获取流动资金、获取房地产开发贷款、销售收入（通过银行给消费者提供住房抵押贷款）、其他金融机构融资、其他渠道融资等。所以，银行等金融机构的资金支持是房地产开发投资业发展的必要条件。

（三）政府机构

政府及其机构在房地产投资开发过程中，是规则的制定者、也是监督和管理者，并提供一些服务。从获取开发用地使用权到项目交付后的管理，开发商要与政府的发展改革、国土资源、城市规划、建设管理、市政管理、房地产管理、城市消防、交通、环境等部门都对项目有管理或服务权。开发商要通过这些部门获得项目核准、建设用地使用权、规划许可、开工许可、市政设施和配套设施使用许可、销售许可和房地产产权。

（四）建筑承包商

开发商往往将开发产品建造任务委托给承包商来完成。承包商将完成房屋建筑、基础设施、公共配套设施的施工建设任务。由于开发商通常在项目施工建设的前期缺乏资金，开发商往往要求承包商在资金不到位时的较长时间内做出继续施工的承诺，希望承包商通过自身的资金筹措保证工程施工的连续性。在这种情形下，开发商对工程造价的控制会放松一些，承包商在获得较高利润率的情况下，也承担着开发商的支付能力风险和自身的财务风险。同时，由于这些做法不符合有关管理规章的要求，开发商也增加了风险。当项目规模比较大时，开发商往往分成几个标段，有几个承包商参与工程施工任务，以此降低工程建设过程中的风险。

（五）专业工程公司

工程建设过程中，有些工程施工任务需要较特殊的专业资质，如桩基施工、桩基承载力检测等，由于这个阶段的质量、进度、造价控制比较困难，一般的承包商自身并不擅长这方面的施工管理，专业工程公司可能成为开发商的指定分包商。

（六）设备供应商

房地产开发项目需要采购大量设备，如变电设备、水暖设备、通风空调设备、各类电梯设备等。设备供应商经常要负责所供应设备安装任务。开发商按时完成设备采购、供应商按时供应设备并按时完成设备安装任务，是按时完成工程建设任务的重要一环。

（七）专业顾问

房地产开发管理过程中，需要众多专业人员提供智力支持。这些专业顾问包括：

（1）建筑师、规划师

在房地产产品的开发建设过程中，规划师、建筑师一般承担建设用地规划方案的设计、建筑设计等工作。开发商的规划师、建筑师一般不直接参与设计工作，而是委托专业建筑师事务所来完成。开发商的建筑师主要负责与所委托的设计顾问公司进行协调，使规划方案、建筑设计更好地实现开发商对开发产品的功能目标，并符合进度要求和投资控制要求。建筑师通常还要定期组织技术会议，提供施工所需的图纸资料、签发有关技术指令，协助解决规划、建筑设计及其他专业协调中的技术问题。

（2）工程师

房地产开发过程中需要结构工程师、建筑设备工程师、电气工程师。这些不同专业的工程师除了协调委托的顾问公司相关专业的设计工作外，还负责工程施工监理、建筑材料与建筑设备的采购，有时要协同解决专业交叉产生的矛盾和问题。特别指出，一些大型的房地产公司拥有自己的设计公司，其目的是更好地实现开发商的产品目标。

（3）会计师

会计师承担开发投资企业的经济核算等多方面的工作。从企业所承担全部开发项目的角度、结合具体开发项目的资金需求，提出财务安排和税收方面的建议、包括财务预算、工程资金需要预算、缴纳税金、合同监督、付款方式以及融资计划，并及时向开发投资企业的负责人通报财务状况。

（4）造价工程师

造价工程师可以服务于开发商、承包商、工程监理机构、造价咨询机构、招标服务机构。开发商的造价工程师主要负责工程建设的开发成本估算、工程成本预算、招标标底的编制、工程资金需求计划的编制、施工过程中的成本控制和合同管理，在工程竣工之后进行工程的结算工作。开发商的造价工程师可能对这些工作亲力亲为，也可能部分或全部委托给造价咨询公司等顾问公司，自己负责相关的协调工作。

（5）房地产估价师及房地产经纪人

房地产估价师在房地产交易工程中提供估价服务，在企业抵押贷款过程中，对抵押的土地、房产提供估价服务，在房地产产品租售之前进行估价，确定合理的租售价格。在项目前期或项目实施过程中，房地产估价师可以对房地产项目进行系统的经济评价，为项目决策者提供支持，在项目交用后可以进行项目的后评价，对项目进行系统的总结。房地产经纪人主要是利用自己的专业知识和经验，促进买卖双方达成交易，并在交易办理的过程中提供专业服务。房地产经纪人成立营销策划公司为房地产开发商提供租售服务时，一般承担了代理的角色，需要协助委托人制定和实施营销策略，预测租售价格、制订营销计划、实施租售过程的管理。

（6）律师

在项目的筛选、项目决策、获取土地使用权、项目的市场营销、工程采购、设备采购、物业租售、融资安排、前期物业管理等过程中，都需要签订一系列协议，这些协议的法律审核工作可以通过开发商的律师雇员或委托外部律师事务所来完成。

（7）咨询工程师等

房地产开发过程的专业顾问还包括咨询工程师、招标师、环境影响评估师等。他们从事项目可行性研究编制、工程招标及设备采购、环境影响评价报告编制等工作。

第三节 开发周期

一、房地产开发的一般过程

对房地产开发的全过程划分为几个子过程、将项目的开发周期分为几个阶段，其目的是便于房地产开发项目管理。

（一）房地产项目开发过程

按照工作的性质，房地产的开发全过程分为以下八个子过程：

（1）构思和筛选开发项目；

（2）项目可行性研究与决策；

（3）获取土地使用权与项目核准；

（4）工程勘察、设计及规划许可；

（5）项目招标与采购；

（6）工程建设；

（7）项目租售；

（8）交用及后续管理。

（二）房地产项目开发过程的阶段划分

房地产的开发过程可以归为如下五个阶段

1. 项目选择与决策阶段

包括构思和筛选开发项目、项目可行性研究与决策两个过程。其中项目可行性研究与决策过程包括

（1）项目可行性研究。对项目进行技术、市场、政策法规、建设方案、投资估算、融资方案、资源利用、社会影响、财务与国民经济评价等方面的可行性研究，所选择的项目应通过可行性研究。

（2）项目可行性研究报告评估。对可行性研究的客观性进行论证评价，提出修改意见和结论。

（3）决策。根据可行性研究报告及评估的结论，做出是否实施、何时实施的决策。首先是投资者的决策，进而是政府有关部门的决策。投资者决策的结果就是是否投资，政府相关部门决策的结果就是项目是否批准、核准和备案，即是否允许诞生投资者的投资项目。

2. 开发准备阶段

包括获取土地使用权与项目核准过程、工程勘察设计与规划审批过程、项目招标与采购等工程开工前的一系列工作过程[18]。

3. 工程建设阶段

工程建设过程是从项目开工至项目竣工验收通过的过程。为了完成工程建设过程的目标，要对项目的进度、质量、投资、进度进行管控；对合同、安全、信息进行管理；对项目的各方面的参与者进行协调。

4. 租售阶段

包括租售过程。按计划完成租售是项目实现开发目标的前提，租售阶段在房地产开发过程中具有重要地位。由于房地产开发需要大量资金，通常会在工程建设达到预售条件的情况下，通过将预售获得的销售收入投入到项目中去，减少筹资压力和项目的财务费用。

5. 收尾阶段

包括项目交用及交用后的管理。将房屋交付购房者、进行前期物业管理、工程保修、项目后评价等一系列工作。

第四节　投融资方案

一、项目投资方案

（一）投资方案的概念

投资方案是基于投资项目要达到的目标而形成的有关具体投资的设想与时间安排[19]。

（二）投资方案的特点

1. 系统性

系统性是企业投资方案的基本特点。它指企业投资总额合理分配从而保持企业总体上投资效益最好。正如我们指出过的那样，企业在一定时期投资总额的分配做到合理、高效、切实有力，就必须是对企业投资结构的正确认识和估价，只要我们找到了企业投资的合理结构，那么，企业投资总额的合理安排就是容易的事。企业投资方案首先表现在企业投资计划的编排上；其次是企业投资的组织实施；再次就是企业所追求的各种比例关系的协调。

2. 层次性

企业投资方案的层次性是指：企业内部各种比例关系，如生产性投资和非生产性投资的比例关系，直接投资和间接投资的比例关系，有形资产和无形资产的比例关系；总公司投资方案与子公司投资方案的关系。企业投资方案的层次性是企业的产业结构、市场结构及其相互作用的结果。

3. 长远性

企业投资方案的长远性是指企业投资方案体现了企业投资的战略目的。企业投资方案反映了企业未来发展战略，这种战略性质客观上要求企业投资方案具有预见性和长远性。企业投资方案的长远性与项目投资方案关系涉及的货币时间价值原理是不同的。项目投资方案运用现值法、年值法等计算未来几年的资产收益，并以此判断项目投资方案的合理性。项目投资方案所运用的货币时间价值原理认为未来利益是可预测的，而企业投资方案的长远性即它的未来利益仅仅依靠财务分析的原则是无法判定的。

（三）投资方案的类型

1. 独立方案

独立方案是指一组相互独立、互不排斥的投资方案。在独立方案中，选择一个并不排斥另一个，它们之间互不干涉，相互间独立地存在，可自由组合[20]。

独立方案存在的条件为：

（1）投资金额不受限制；

（2）各投资方案所需人力、物力均能得到满足；

（3）不考虑地区、行业间的相互关系及其影响；

（4）每一投资方案是否可行只取决于本方案的经济效益。

2. 互斥方案

互斥方案是指互相关联、互相排斥的方案。在一组互斥方案中，只能选择其中的一个方案。例如，某企业拟投资增建一条生产线，有国内订购和国外订购两种方案，从中只能选择一种较优方案。互斥方案的效益之间不具有加和性，决策有较强的优选性，是从多个方案中优选一个最佳的方案。

3. 混合方案

混合方案是独立方案和互斥方案两者的混合。如某企业改进工艺方案，A1、A2为互斥方案，改造搬运设备，B1、B2为互斥方案，但改进工艺和搬运设备效果可视为互不相干，相互独立。这时，该企业面临从混合方案中优选的问题。

4. 相关方案

相关方案也称配套方案。一个方案是否被接受，依赖于一个或多个方案的同时被接受，这种方案为相关方案。如兴建一个工厂的同时，必须修建一条公路，此时，该公路的投资方案与工厂投资方案相关或配套。

不同类型投资方案比较优选的目的只有一个：最有效地利用有限的资金，以取得最佳的经济效益。重要的是根据不同方案类型，正确选择和使用评估方法。独立方案的比优一般通过财务评估和国民经济评估进行。互斥方案比优有静态法和动态法。

二、房地产项目融资方案

（一）融资组织形式选择

研究融资方案，首先应该明确融资主体，由融资主体进行融资活动，并承担融资责任和风险。项目融资主体的组织形式主要有：既有项目法人融资和新设项目法人融资。

既有法人项目融资形式是依托现有法人进行的融资活动，其特点是：不组建新的项目法人，由既有法人统一组织融资活动并承担融资责任和风险；拟建项目一般在既有法人资产和信用基础上进行，并形成其增加资产；从过去既有法人的财务整体状况考察融资后的偿债能力。

新设项目法人融资形式是指新建项目法人进行的融资活动，其特点是：项目投资由新设项目法人筹集的资本金和债务资金构成；新设项目法人承担相应的融资责任和风险；从项目投产后的经济效益来考察偿债能力。

（二）资金来源的选择

在估算出房地产投资项目所需要的资金数量后，根据资金的可行性、供应的充足性、融资成本的高低，在上述房地产项目融资的可能资金来源中，选定项目融资的资金来源[21]。

常用的融资渠道包括：自有资金、信贷资金、证券市场资金、非银行金融机构（信托投资公司、投资基金公司、风险投资公司、保险公司、租赁公司等）的资金、其他机构和个人的资金、预售或预租收入等。

（三）资本金的筹措

资本金作为项目投资中由投资者提供的资金，是获得债务资金的基础。国家对不同行业规定了不同的资本金要求。

《关于调整和完善固定资产投资项目资本金制度的通知》（国发［2015］51号）各行业固定资产投资项目的最低资本金规定如下：

钢铁、电解铝项目，最低资本金比例为40%。

水泥项目，最低资本金比例为35%。

煤炭、电石、铁合金、烧碱、焦炭、黄磷项目最低资本金为30%；机场、港口、沿海及内河航道、化肥（钾肥除外）项目最低资本金为25%。

铁路、公路、城市轨道交通、玉米生加工项目最低资本金为20%。

保障性住房和普通商品住房项目的最低资本金比例为20%，其他房地产开发项目的最低资本金比例为30%。

其他项目的最低资本金比例为20%。

即对其他房地产开发投资项目的资本金要求为25%。

资本金出资形态可以是现金，也可以是实物、土地使用权等，实物出资必须经过有资格的资产评估机构评估作价，并在资本金中不能超过一定比例。新设项目法人项目资本金筹措渠道，包括政府政策性资金、国家授权投资机构入股的资金、国内外企业入股的资金、社会团体和个人入股的资金。既有项目法人项目资金筹措渠道，包括项目法人可用于项目的资金、资产变现资金、发行股票筹集的资金、政府政策性资金和国内外企业法人入股资金。

当既有项目法人是上市公司时，可以通过公开或定向增发新股、发行公司可转换债券，为特定的房地产开发投资项目筹措资本金。房地产股票是房地产上市公司发给股东的所有权凭证，股票持有者作为股东承担公司的有限责任，同时享受相应的权利，承担相应的义务。

房地产上市公司可根据企业的资金需要，选择发行不同种类的房地产股票，包括普通股和优先股。普通股是股份企业资金的基础部分，普通股的基本特点使其投资收益（股息和分红）不是在购买时约定，而是事后根据股票发行公司的经营业绩来确定。普通股股东一般都拥有就公司重大问题进行发言和投票表决的权利。优先股又分为累计优先股、股息可调整的优先股和可转换优先股三类。

以资金或土地使用权作价入股的合作开发模式，也是筹措资本金、分散资本金筹措压力的有效方式。通过发挥合作伙伴的各自优势，并由各合作伙伴分别承担或筹集各自需要投入的资本金，可以有效提高房地产的投资能力。许多房地产开发项目采用了合作开发的模式，使有房地产开发投资管理能力但缺乏资金的开发商和拥有资本金投资能力但没有房地产投资管理经验的企业优势互补，收到了很好的效果。合作开发还包括与当前的土地使用者合作，通过将土地开发费用（拆迁、安置、补偿）的部分或全部作价入股，具体形式多种多样。

（四）债务资金筹措

债务资金是项目投资中除资本金外，需要从金融市场借入的资金。债务资金筹措的主要渠道有信贷融资和债券融资。

1. 债务资金筹措应考虑的主要方面

（1）债务期限。债务期限应根据资金使用计划和债务偿还计划及融资成本的高低进行合理的设计和搭配。

（2）债务偿还。需有稳妥的还款计划，防止出现支付风险。

（3）债务序列。债务安排可以依据其依赖于公司或项目资产抵押的程度或者外部信用担保程度而划分为由高到低的不同等级序列。在公司出现违约的情况下，按照债务序列对公司的资产和抵押、担保权益进行分割。

（4）债权保证。债权人为保障其权益采取的措施。如债务人或涉及的第三方对债权人提供履行债务的特殊保证。

（5）违约风险。债务人违约或无力清偿债务时，债权人追索债务的形式和手段及追索程度。如完全追索、有限追索、无追索。

（6）利率结构。利率有浮动利率、固定利率和浮动/固定利率等不同的利率机制。采用何种利率要考虑：项目现金流量的特征、金融市场上利率的走向、借款人对控制融资风险的要求等因素。

2. 债务资金的基本因素

在债务融资方案中，除了债务资金的来源和融资方式外，以下因素是债务资金的基本要素[22]。

（1）时间和数量。债务资金提供的时间和数量，贷款的期限和宽限期、分期还款的类型等。

（2）融资成本。对于贷款是利息，对于租赁是租金、对于债券是债息。利率是固定还是浮动、调整方式；是否还有其他费用，如承诺费、手续费、代理费、担保费、信贷保险费、其他杂费等。

（3）利息支付方式。如期末还本付息；利息照付、期末还本；贷出资金时扣除利息、本金支付按规定等要求。

（4）附加条件。对债务资金的附加条件。如使用方面、采购方面。

（5）债权保证。债权人的债权保证要求，关系债务人的风险大小。

3. 债务资金筹措

（1）信贷融资

任何房地产开发商要想求得发展，就离不开银行及其他金融机构的支持。如果开发商不会利用银行信贷资金，完全靠自有资金周转，就很难扩大投资项目的规模及提高资本金的投资收益水平，还会由于投资能力的不足而失去许多良好的投资机会。利用信贷资金经营，实际上就是“借钱赚钱”或“借鸡生蛋”，充分利用财务杠杆的作用。

大型项目融资中，由于所需资金额巨大，一家银行难以承受巨额贷款的风险，可以由多家或几十家银行组成银团贷款。

信贷融资方案要明确拟定提供贷款的机构及其贷款条件，包括支付方式、贷款期限、贷款利率、还本付息方式和附加条件等。

（2）股东借款。公司的股东对公司提供的贷款，对于借款公司来说，在法律上是一种负债。股东借款是否后于其他项目贷款受偿，取决于约定。没有约定，与其他债务处于同等受偿顺序。约定后受偿的话，股东借款可视为项目的资本金或准资本金。

（3）债券融资

企业债券泛指各种所有制形式企业，为特定的目的所发行的债券凭证。债券融资是指项目法人以自身的财务状况和信用条件为基础，通过发行企业债券筹集资金，用于项目建设的融资方式。

企业债券作为一种有价证券，其还本付息的期限一般应根据房地产企业筹集资金的目的、金融市场的规律、有关法律和房地产开发经营周期而定，通常为3～5年。债券偿付方式有三种，第一种是偿还，通常是到期一次偿还本息；第二种是转期，即用一种到期较晚的债券来替换到期较早的债券，也可以说是以旧换新；第三种是转换，即债券在有效期内，只需支付利息，债券持有人有权按照约定将债券转化成公司股权。

可转换债券可以看成是企业发行的一种特殊形式的债券。现在发行的可转换债券，通常不设定后于其他债权受偿。其他债权人不应将可转换债券视为借款人的资本金融资。

（五）预售或预租

由于房地产开发项目可以通过预售和预租在开发过程中获得收入，而这部分收入又可以用作后续开发过程所需要的投资，所以大大减轻了房地产开发商为开发项目进行权益融资和债务融资的压力。

在房地产市场前景看好的情况下，大部分投资置业人士和机构，对预售楼宇感兴趣，因为他们只需先期支付少量定金或预付款，就可以享受到未来一段时间内的房地产增值收益。

预售楼宇对于买家来说，由于他可以降低购楼费用（开盘价格通常较低），因此有很高的积极性；对于开发商来说，预售一部分楼面面积，既可以筹集到必要的建设资金，又可将部分市场风险分担给买家，因此开发商也很有积极性。当然，预售楼宇通常是有条件的，一般规定，开发商投入的建设资金（不含土地费用）达到或超过地上物预计总投资的25％以后，方可获得政府房地产管理部门颁发的预售许可证。预售的条件详见第6章。

（六）融资方案分析

在初步确定项目的资金筹措方式和资金来源后，接下来的工作就是进行融资方案分析，比较并挑选资金来源可靠、资金结构合理、融资成本低、融资风险小的方案。

1. 资金来源可靠性分析

分析项目所需总投资和分年所需投资能否得到足够的、持续的资金供应、即资本金和债务资金供应是否落实可靠[23]。在规定的时间获得满足需求量的资金，才能保证项目开发建设活动顺利进行。

2. 融资结构分析

分析项目融资方案中的资本金与债务资金比例、股本结构比例和债务结构比例，并分析其实现条件。在一般情况下，项目资本金比例过低，将给项目带来潜在的财务风险，因此应根据项目的特点和开发经营方案，合理确定资本金与债务资金的比例。

股本结构反映项目股东各方出资额和相应的权益，应根据项目特点和主要股东方的参股意愿，合理确定参股各方的出资比例。

债务结构反映项目债权各方为项目提供的债务资金的比例，应根据债权人提供债务资金的方式、附加条件及利率、汇率、还款方式的不同，合理确定内债与外债的比例、政策性银行与商业性银行的贷款比例、信贷资金与债券资金的比例、债务期限配比等。

3. 融资成本分析

融资成本是指项目为筹集和使用资金而支付的费用。融资成本高低是判断项目融资方案是否合理的重要因素之一。是融资结构方案比选的最常用方法。

融资成本包括债务融资成本和资本金融资成本。债务融资成本包括资金筹集费（承诺费、手续费、担保费、代理费等）和资金占用费（利息），一般通过计算债务资金的综合利率，来判断债务融资成本的高低；资本金资金占用费则需要按机会成本原则计算，当机会成本难以计算时，可参照银行存款利率进行计算。

4. 融资风险分析

融资方案的实施经常受到各种风险的影响。为了使融资方案稳妥可靠，需要分析融资方案实施中可能遇到的各种风险因素，及其对资金来源可靠性和融资成本的影响。通常需要分析的风险因素包括资金供应风险、利率风险和汇率风险、项目控制风险、资金追加风险。

（1）资本金供应风险是指融资方案在实施过程中，可能出现资金不落实，导致开发周期拖长、成本增加、原定投资目标难以实现的风险。

（2）利率风险则是指融资方案采用浮动利率计息时，贷款利率可能变动该给项目带来的风险和损失。采用固定利率计息时，未来市场利率下降，也会导致资金成本相对变高[24]。汇率风险是指国际金融市场外汇交易结算产生的风险，包括人民币对外币的比价变动风险和外币之间的比价变动风险，利用外资数额较大的项目必须估测汇率变动对项目造成的风险和损失。

（3）项目控制风险是指通过融资活动后，筹资人可能会失去对项目的某些控制权。如项目的收益权、管理权、经营权等。特别是通过股权等涉及项目控制权的融资方式，项目在获得资金的同时，筹资人会失去一定的项目控制权；也可能丧失部分预期利益。另一方面，也同时向股权投资人转嫁了部分风险。

（4）资金追加风险。项目实施过程中会出现很多变化，设计的变更、市场的变化、某些预订出资人的变更，投资超支导致项目融资方案的变更，需要追加投资额。为此为加强前期规划策划，同时需要具备再融资能力，出现融资缺口时，有及时取得补充融资的计划和能力。

第五节　房地产定位策划案例—禹城“百合新城”项目定位研究

一、项目所在区域市场分析

本案位于101省道以南，地理位置较偏，所在区域内没有直接的竞争对手，因此对禹城市整个区域内具有代表性的楼盘进行分析，以便为本项目定位提供参考依据。可将禹城市比较有代表性的楼盘分成五大板块：东边板块、西边板块、南边板块、北边板块、市中板块。东边板块主要包括乾丰首府、名仕御城，西边板块主要包括龙泽国际花园、上禹周源，南边板块主要包括南郡华府、阳光花园，北边板块主要包括汇通东澜岸，市中板块主要包括瑞明蓝湾、金球华地、中央公馆、金辰国际花园、金辰公馆。禹城市重点现售楼盘及其规模信息情况汇通过调研整理如表4-1

所示。

禹城市重点现售楼盘信息汇总表　　表 4-1

项目名称	所属地块	占地面积	总建筑面积	建筑类型	主力户型
乾丰·首府	东部	178 亩	40 万 m^2	小高层、多层	115m^2 的三室
金辰国际	市中	50 亩	20 万 m^2	小高层 8 栋，高层 4 栋	两室一厅
金辰公馆	市中	100 亩	22 万 m^2	高层（18 层和 33 层）	142m^2 三室，户型较大
金球华地	市中	125 亩	12 万 m^2	高层 10 栋（3+7）	大户型为主；三室 136m^2
龙泽国际花园	西部	200 亩	30 万 m^2	多层、小高层	86.8m^2 两室两厅，124m^2 三室两厅
阳光地中海	南部	180 亩	27.5 万 m^2	小高层 18	三室 123m^2 和两室 101m^2

（1）西环路沿线小区龙泽国际花园、上禹周源都属于商住一体建筑群，且户型面积分布在 80～140m^2 之间，面向的都是刚需和改善型需求客户群，属于中低档住宅小区。

（2）职教中心外缘的小区乾丰·首府、瑞明蓝湾都属于教育地产，周边配套齐全，交通便利，他们比较注重小区内部环境的打造与提升，户型面积分布范围较广，既有两室的小户型，也有五室的大户型奢华复式，能满足较多客户群的需求。

（3）汇通东澜岸、南郡华府，一个处于市中偏北位置，一个处于市中偏南位置，地理位置较偏，项目定位较单一，面向的多为改善型需求客户群，都属于中档住宅小区。

总之，从整个禹城房地产市场情况来看，各个楼盘所针对的客户群体存在重叠，产品雷同，多数项目缺乏明显卖点。本案位于 101 省道以南，地理位置较偏，建议在项目定位上能够聚焦于构思独具特色的、符合客户需求的产品。

二、项目本体研究及 SWOT 分析

（一）项目本体研究

1. 项目地理位置

“百合新城”位于 101 省道以南、解放路南延线东侧 。项目紧邻石老社区，与 101 省道北侧瑞通嘉园Ⅰ区和Ⅱ区（拟称之为百合新城Ⅰ区和Ⅱ区）相对、西邻长途汽车南站。

2. 项目周边环境

（1）交通：本项目三面环路，项目的北边与东边被 101 省道环绕，西临解放路，项目内部自行规划道路，且项目北边紧邻客运南站。项目附近新建的站南路、古城路连接 101 省道与禹城市东西主干道南环路，使得本项目出入市区灵活自如，交通便利性；项目距离禹城市南北主干道人民路较近，人民路有众多公交线路经过。

（2）生活配套：项目周边有和谐便民超市、大润发超市、利民饭店、聚福源美食城、鼎、鲜饺子馆等。

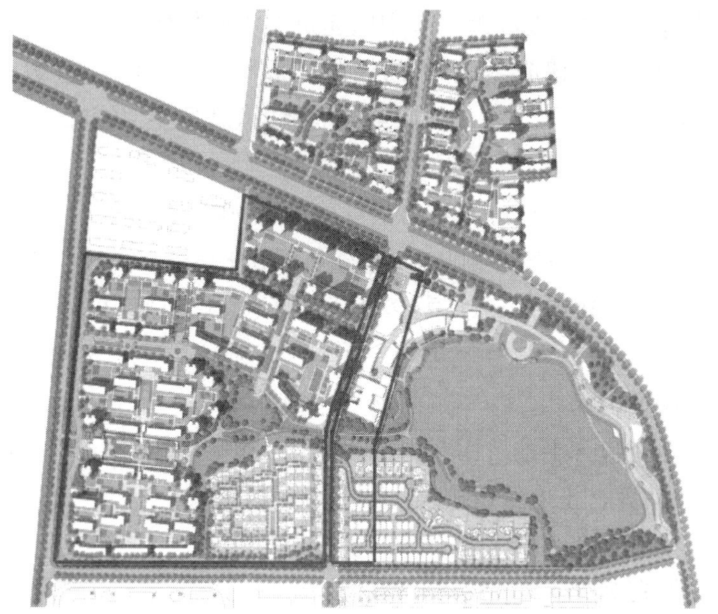

图 4-1　拟建项目用地示意图

（3）医疗配套：沿站南路向北可到达禹城明亮诊所，沿解放路向北可到达禹城市动物医院、禹城市中医院，项目西边有市中办卫生院。

（4）教育配套：沿解放路向北有解放路小学，沿站南路向北有禹城市铁路学校，项目北面紧邻佳兴景园小区幼儿园。

（5）金融：沿解放路向北有邮政储蓄银行、农村商业银行、农业银行。

总之，项目位于禹城市西南角，地理位置偏僻，但交通路网相对来说较理想，可便捷到达禹城市各个职能中心。远离城市喧闹区，商业氛围不景气，无论从改善周边居民生活环境还是投资价值来看，都具有非常重要的开发价值。

3. 项目规模

本项目的经济技术指标在测算时，地上容积率按照 1.3 计算，其中可销售住宅容积率为 1.15，配套及设施用地容积率为 0.15。学校按照 18 个班，每班 50 人，学校占地按每生 $20m^2$ 估算，学校建筑面积按每生 $6.5m^2$ 计算。

（1）项目用地规模

项目规划用地面积 27.0320 万 m^2，由以下地块构成：

1128 地块（百合新城Ⅲ区）用地面积 $69514m^2$；

1129 地块（百合新城Ⅳ区）用地面积 $95242m^2$；

1127 地块（百合新城Ⅴ区）用地面积 $69961m^2$；

1238 地块（百合新城Ⅵ区）用地面积 $35603m^2$。

其中居住用地面积 25.232 万 m^2，学校用地面积约为 $1.8m^2$。

说明：在这里 18 个班的学校占地 $18000m^2$，是按照标准的占地面积定额估算的。

估算依据见建筑设计资料集（第二版）3 中国建筑工业出版社，1994：165。

实际上，18000m^2 土地建成 24 个班的规模也是可能的，18 个班的小学，也有可能在 15000m^2 土地上建成。规划设计时应依照当地的规划要求决定。

（2）项目建筑规模

根据用地面积及容积率指标，测算出项目总建筑面积约 42.2683 万 m^2，其中项目地上总建筑面积 33.3866 万 m^2，项目地下总建筑面积 8.8817 万 m^2。地上建筑面积又包括住宅总建筑面积 29.0168 万 m^2，配套及设施用地总建筑面积 3.7848 万 m^2，学校总建筑面积 0.5850 万 m^2。

（3）项目投资规模

总投资估算，地上包含土地费用在内按 3300 元/m^2 计算，地下除土地以外的全部费用按 2600 元/m^2 估算，土地费用按照 17049 万元估算。

因此，地上总投资为 3300×333866＝110175.78 万元

地下总投资为 2600×88816＝23092.16 万元

项目总投资为 110175.78＋23092.16＝13327 万元

除已经投资的土地费用 17049 万元外，至全部开发完成尚需追加投资 11.6 亿元（13327－17049＝116219 万元）。这些投资可以由自有资金、银行借款、预售房款等构成。

需要说明，此估算是比较粗糙的估算，仅供参考。

（二）项目 SWOT 分析

1. 项目优势分析

（1）湖。可借助湖水打造小区景观，营造一种“湖景全区，生态城邦”的生活氛围，形成一种更现代、更温馨、更仁爱、更健康的人文生活方式；同时部分沿湖可修建观光道路，沿湖巡游，提升人气；也可考虑在湖边安装健身器材、建 LED 大屏，营造一种积极向上快乐的休闲健身氛围；

（2）所在区域内无具有竞争力的楼盘，开发企业能更好地进行产品创新；

（3）区域内乡镇较多，存在着较大的潜在客户群体；

（4）紧邻 101 省道，连接禹城高速路口，交通方便，便于省城济南及德州等地；

（5）项目规模较大，形成集群优势；

（6）开发商实力强，具有雄厚的资金和良好的企业形象。

2. 项目劣势分析

（1）项目位置相对较偏远。本项目地理位置相对城市中心较偏远，南部城区目前处于初步开发阶段，发展较慢，因而不能有力地吸引潜在客户来南部城区买房；

（2）目标客户资源比较分散。本区自身消费能力有限，必须吸引整个禹城市作为本项目的目标客户群；

（3）紧邻 101 省道，车流量较大，噪声较大；

（4）地块上方存在高压线，造成一定的电磁辐射。

3. 项目机会分析

（1）2014 年 9 月以来央行 6 次降息，5 次降准，无论对购房者还是投资者来说，无疑都是重磅利好消息，间接地增加了购房需求；

（2）随着城镇化进程的不断发展，潜在的市场需求不断增加；

（3）随着“全面二孩”政策的实施，增加了购房需求，尤其是三室户型的需求；

（4）随着二手房“五改二”政策、“四改三”政策的实施，扩大了改善型住房的需求；

（5）二套房首付比例降低、公积金贷款额度增加、商业贷款利率大幅降低，都大大促进了购房需求的不断增加。

4. 项目威胁分析

（1）现阶段，禹城市房地产市场供给量一直处于增加状态，加之市场存量，未来几年内市场销售场面异常火热，市场的竞争会越来越激烈；

（2）周边配套不齐全，缺乏景观、教育、医疗等资源；

（3）地区经济不很发达，潜在的客户群购买能力有限。

通过对项目进行优势、劣势、机会、威胁分析，将分析结果在 SWOT 分析矩阵中列出来，以便对项目进行更为准确的定位。SWOT 分析矩阵见表 4-2。

SWOT 分析矩阵表　　**表 4-2**

机会威胁 / 战略组合 / 优势劣势	优势 S	劣势 W
	优势 S ①湖。可借助湖水打造小区景观， ②所在区域无具有竞争力的楼盘； ③存在着较大的潜在客户群体； ④交通方便，便于省城济南及德州等地； ⑤项目规模较大，形成集群优势； ⑥开发商实力强，有良好的企业形象	劣势 W ①项目位置相对较偏远； ②目标客户资源比较分散； ③周边车量较大，噪音较大； ④地块上方存在高压线，造成一定的电磁辐射
机会 O ①央行 6 次降息 5 次降准； ②潜在市场需求不断增加； ③全面二孩政策的实施 ④改善型住房需求扩大； ⑤二套房首付比例降低、公积金贷款额度增加、商业贷款利率大幅降低，都大大促进了购房需求的不断增加。	SO 战略 利用优势抓住机会： ①以湖为依托，打造滨湖景观带，营造出一种生态宜居的氛围； ②响应二孩政策，做出符合二孩家庭要求的户型产品； ③针对客户群较广泛的特点，可考虑建设托儿所、学校、养老等配套设施； ④小区规模较大，可考虑推动公交公司在小区增加公交站点，进一步提高交通便利性； ⑤借助开发商实力，可在 101 省道建设过街天桥或地下通道，保证交通安全	WO 战略 利用机会克服不足： ①准确把握市场需求，设计出满足客户需求的产品和服务； ②采取措施（技术、绿化、规划布置等）规避噪声等不利影响； ③设计分摊率低的两室三室，在套内面积不变的情况下减小建筑面积，从而降低购买总价。 ④通过优秀创意构建良好项目形象，扩大项目潜在客户群，提升客群档次

续表

机会威胁 战略组合 优势劣势	优势 S ①湖。可借助湖水打造小区景观， ②所在区域无具有竞争力的楼盘； ③存在着较大的潜在客户群体； ④交通方便，便于省城济南及德州等地； ⑤项目规模较大，形成集群优势； ⑥开发商实力强，有良好的企业形象	劣势 W ①项目位置相对较偏远； ②目标客户资源比较分散； ③周边车量较大，噪音较大； ④地块上方存在高压线，造成一定的电磁辐射
威胁 T ①禹城市房地产市场供给量处于增加状态，加之市场存量，市场的竞争会越来越激烈； ②周边配套不齐全； ③潜在的客户群购买能力有限	ST 战略 利用优势规避威胁： ①必须进行产品创新，形成自己的特色，在区域市场内形成具有不可替代的角色； ②借助企业实力塑造良好的品牌形象； ③企业实力强，项目规模大，可以构建教育、医疗养老等配套设施体系	WT 战略 将劣势和威胁最小化 避开竞品的锋芒，与竞品产品互为补充，充分体现出营销策略的差异化

三、项目客户定位

（一）禹城百合新城西地块成交客户数据

禹城百合新城西地块134组成交客户数据如表4-3、表4-4。

成交客户年龄段分析 **表 4-3**

年龄段	数量	占比
20～29	37	28%
30～39	48	36%
40～49	38	28%
50 及以上	11	8%
总计	134	100%

成交客户家庭结构分析 **表 4-4**

家庭结构	数量	占比
两口	7	5%
三口	81	61%
四口	25	19%
五口	18	13%
六口	3	2%
总计	134	100%

通过成交数据分析可知，成交客户年龄段20～29岁占据28%，30～39岁占据

36%，40～49 岁占据 28%，50 岁及以上占据 8%；家庭结构两口之家占比 7.5%，三口之家占比 61%，四口之家占比 19%，五口之家占比 13%，六口之家占比 2%。综上，成交客户主要集中在 20～50 岁，其中 30～39 岁占比最大；成交客户家庭结构主要集中在三口之家、四口之家、五口之家，其中三口之家占比最大；少部分两口之家。

（二）项目客户定位

通过市场调查及成交客户分析，结合自身项目区位，对本项目的客户群作如下定位，详细情况见表 4-5。

项目主要客群定位　　**表 4-5**

年龄段	客群特点	客群分类
20～29 岁	由于工作时间较短，积蓄不多，购买能力有限，导致他们对房屋面积及总价比较关注，属于刚性需求，一般会考虑两室户型	第一类是要准备结婚的
		第二类是已经结婚准备要孩子或者孩子比较小的，买房为孩子上学做准备
30～39 岁	一般是三口或四口之家，孩子一般在 5～15 岁之间；工作时间较长，有了一定积蓄，购买能力提升，会考虑面积较大的户型；双亲已经退休，会涉及养老问题	第一类是首次置业型属于刚性需求
		第二类是准备要二胎的，有一部分三口之家会变成四口之家，属于刚需改善混合需求
		第三类双亲已经退休可以照顾孩子，同时兼顾双亲养老问题，属于刚需改善型混合需求
40～49 岁	一般是三口或四口之家，孩子一般在 15～25 岁之间，此年龄段买房多是为了改善、给孩子准备婚房以及双亲养老问题；家庭积蓄较多，注重房屋面积及品质、社区配套与社区环境	第一类是孩子不在外地上学，到了该结婚的年龄，买房是为了给孩子准备婚房，属于刚性需求
		第二类是孩子在外地上学或者孩子已经毕业，买房是为了改善，属于改善型需求
		第三类是双亲年龄在 65 岁以上，双亲养老问题比较突出，会考虑大户型，属于改善型需求，同时对社区养老有一定需求

四、项目产品定位

（一）整体形象定位

本项目整体形象定位为："建家乡最好的房子"，体现悠闲、便利、幸福、温馨。定位依据基于以下几点。

（1）项目不在繁华的市中心，地理位置不太优越，所以我们要根据自己实际情况打造属于自己的形象特色。

（2）周边配套设施不齐全或层次不高的设施，本项目应该通过自己打造的相应的配套设施，来满足居民生活需求，让用户能方便生活，感受到小区周边环境悠然的同时也能感受到商业的繁华，也就是"悠闲、便利、档次，一同拥有"。

（3）避开拥挤的市中心，在交通相对便利的市郊区，仍然可以买到想买的，体验到想体验的。

（4）利用好周边资源，把东边湖泊打造成一个风景秀丽的公园景象，让居民体验到大自然的魅力。通过绿化、喷泉等让居民感受到优美的环境。

（5）以“幸福浪漫休闲品质”为主打元素，让社区充满幸福，让居民感受到浪漫：面向的客户多为准备结婚或者有孩子的家庭，他们需要的是一个温馨祥和的环境。

（6）以百合新城为项目名称，百合寓意着百年好合，百事合意，新城是要将本项目打造成一个新的生活乐园。

（二）户型定位

1. 市调数据分析

市中板块（包括金辰公馆、金辰国际花园、中央公馆、瑞明国际、金球华地广场）客户群 70%～80%来自市区，其余来自乡镇，大部分客户属于改善型客户，户型需求面积较大，畅销户型为 120～140m^2 三室。南部板块（阳光地中海、金王府、南郡华庭、御城华庭、泺清水岸）、西部板块（彩虹城、汇侨国际城、龙泽国际花园）、东部板块（名仕御城、乾丰首府、盛恒国际花园）客户群 60%～80%来自乡镇，大部分客户属于刚需客户，畅销户型为 100～110m^2 三室。

2. 禹城百合新城西地块户型配比及在售户型去化情况分析

禹城百合新城西地块户型配比及在售户型去化情况见表 4-6 和表 4-7。

禹城百合新城西地块户型配比 **表 4-6**

户型	数量（套）		比例	合计
90m^2	63		9%	9%
100-110m^2	103m^2	117	17%	53%
	108m^2	84	13%	
	110m^2	154	23%	
110-120m^2	112m^2	118	18%	23%
	115m^2	36	5%	
120m^2 以上	125m^2	20	3%	15%
	126m^2	78	12%	
合计	670		100%	100%

禹城西地块在售户型去化情况 **表 4-7**

在售户型	推售套数	已售套数	已售比例
90m^2	23	19	83%
108m^2	23	19	83%
110m^2	88	73	83%
115m^2	22	18	82%
126m^2	43	19	44%
总计	199	148	74.37%

基于目标客户群、市场户型销售情况、西地块户型配比及在售户型销售情况，本项目户型主要定位为 80～125 之间的两室或者三室。其中，$90m^2$ 以下考虑两室户型，90～125 之间考虑三室户型（一卫或者两卫）。详细信息见表 4-8。

项目户型定位表　　**表 4-8**

面积段	户型建议	配比	主要客户群
$90m^2$ 以下	两室户型	30%	20～29 岁之间的准备结婚的或准备要孩子的年轻小两口； 40～49 岁之间为孩子准备婚房的成熟中年夫妇
90～$100m^2$	三室户型	35%	为孩子上学做准备的 20～29 岁之间的年轻夫妇； 30～39 岁之间首次置业的刚需客户
100～$110m^2$	三室户型	30%	30～39 岁之间准备要二胎的和开始考虑双亲养老问题的中年夫妇，他们买房为了孩子上学同时兼顾双亲养老问题； 40～49 岁之间孩子在外地，买房为了改善的成熟中年夫妇
110～$120m^2$	三室户型	5%	双亲在 65 岁以上，养老问题比较突出的 40～49 岁之间的成熟中年夫妇；30～39 岁之间准备要二胎的和开始考虑双亲养老问题中年夫妇，他们买房为了孩子上学同时兼顾双亲养老问题
$120m^2$ 以上	三室户型	0%	双亲在 65 岁以上，养老问题比较突出的 40～49 岁之间的成熟中年夫妇；30～39 岁之间准备要二胎的和开始考虑双亲养老问题中年夫妇，他们买房为了孩子上学同时兼顾双亲养老问题
其他低层房屋-花园洋房		2%	有雄厚的经济实力，购买能力较强，对居住环境有较高要求，有凸显身份地位的意愿

（三）户型设计创新

目前市场上存在的户型主要有两室朝阳或者一室一厅朝阳，建议本项目能设计出更受购房者满意的户型，作为本项目的设计创新目标。

市场上很多购房者之所以购买该项目的产品是因为比较喜爱本项目的户型。

（四）楼型定位

本项目目标客户群为乡镇刚需客户，通过市场调查，市场上比较畅销、客户比较喜欢的楼型是不带电梯的多层，对高层存在一定抗性。

土地成本、基础设施与配套公建成本基本固定，可销售房屋面积的多少直接和利润正相关，所以容积率不宜过低。建适当数量的小高层可降低建筑密度，对景观规划更有利。

此外，乡镇客户存在一部分富人，为了扩大项目目标客户群，同时为了提高项目楼盘档次，应考虑设少量低层房屋。

基于以上分析，本项目楼型定位为多层（55%）、小高层（40%）及少量低层房屋（比如花园洋房）（5%）。

五、项目价格定位

（一）成交客户月收入及购房能力分析

1. 禹城百合新城西地块成交客户（134 组）月收入分析

禹城百合新城西地块成交客户月收入分析见图 4-2。

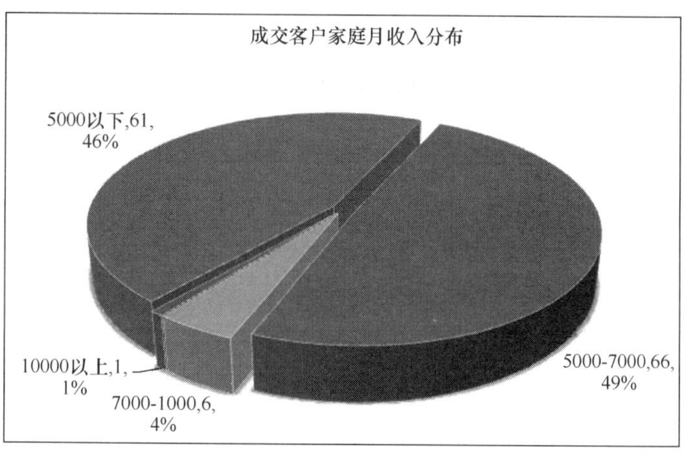

图 4-2 成交客户月收入分布图

分析可知：成交客户中家庭月收入在 5000 以下的客户占比 46%，月收入 5000～7000 占比 49%，月收入 7000～10000 占比 4%，月收入 10000 以上占比 1%。

2. 客户购房能力分析

（1）按照贷款 30 年计算每年还款额

1）数据计算

假设：房屋面积为 $100m^2$，单价 4000 元，首付按照 30%计算，商业贷款利率按照 4.9%计算，贷款 30 年，现计算每年还款额。

总房价＝100×4000＝40 万

首付金额 P＝40×30%＝12 万

贷款金额＝40×70%＝28 万

月还款利率 i＝4.9%/12＝0.408%

还款月数 n＝12×30＝360

每月还款金额 $A=P(A/P,i,n)=Pi(1+i)n/[(1+i)n-1]=778$ 元/m^2。

2）数据分析

央行规定个人住房贷款月还款额不能超过家庭月收入的 50%，也就是说月收入在 1600 元以上就有购房能力。

按照山东省人民政府《关于公布全省最低工资标准的通知》（鲁政字〔2015〕39 号）规定，现将德州市最低工资标准公布如下：德州市各县（市、区）月最低工资标准为 1300 元。这是德州市人力资源和社会保障局于 2015 年 2 月 28 日公布的数字。

因此，一般说来，有稳定工作，能付首付就可以通过贷款买得起房子。

（2）分别按照贷款 20 年、15 年计算每年还款额

1）按照贷款年限 20 年计算每年还款额

每月还款金额 $A=P(A/P, I, n)=Pi(1+i)n/[(1+i)n-1]=1166.67$ 元/m²

在这种情况下，月收入在 2400 元以上就有贷款买房能力。

2）按照贷款年限 15 年计算每年还款额

每月还款金额 $A=P(A/P, I, n)=Pi(1+i)n/[(1+i)n-1]=1555.56$ 元/m²

在这种情况下，月收入在 3200 元以上就有贷款买房能力。

基于对成交客户月收入以及购房能力进行分析，得出如下结论：

（1）一方面，根据成交客户月收入统计，5000 元以上收入的人占比 50%以上，又本项目周边 7 个乡镇共有 25 万人口，按照平均一家三口计算，则有 4 万户月收入在 5000 元以上；另一方面，按照最长贷款年限 30 计算，只要家庭月收入在 1600 元以上即有贷款买房能力，而德州市最低工资标准是 1300 元。因此房价如果按照 3750 元/m²，本项目周边 7 个乡镇，至少有 4 万户有购房能力，潜在的客户群是巨大的。

（2）禹城百合新城面向的客户群虽然主要是乡镇，但从成交客户月收入情况来看，月收入 7000 元以上占比 5%，说明存在少部分比较富裕的人，购买能力较强，但也只是相对的，针对这部分人可以考虑设计花园洋房。花园洋房在后期定价时会比别墅更低，对于乡镇富裕客户来说比较容易接受，同时花园洋房人气比别墅高，比较符合他们的生活习惯。

（二）当前市场价格

通过对禹城市场进行调查，在售项目基本分为四个价格区间，最高的是市中位置，价格在 4000～4500 元；其次是南部位置，价格在 3600～4000 元；第三是西部位置，价格在 3100～3500 元；东部位置最低，价格在 3000～3300 元。

虽然本项目处于禹城南部，周边无竞品楼盘，但禹城市其他楼盘的价格分析尤其南部楼盘的价格分析对本项目的价格定位还是有一定参考价值的。

禹城百合新城项目成交住宅价格均价在 3750 元左右，建议本项目价格与其保持一致。

（三）未来市场价格预估

新常态下，国家 GDP 增长速度为 6.5%～7%，按房价与 GDP 增长速度保持同步来预估房价。假设本项目开发周期为七年，一年半以后可以正常销售。

则一年半以后房价 $P=3750\times(1+0.07)$^1.5＝4150 元/m²

结论：一年半以后房价为 4150 元/m²，房价在上涨的同时，国家 GDP 也在增长，人民收入水平也在不断提高，因此一年半以后的房价客户群可以接受。

基于对成交客户月收入、购买能力，当前禹城房地产市场价格，未来禹城房地产市场价格进行分析，本项目价格定位为 3750 元/m²。

六、项目开发方案

（一）开发分期

1. 户型配比情况

为了确定项目的推售节奏，我们需要对项目的开发分期情况进行估算。估算数据支撑：项目总用地面积 27.0320 万 m^2，其中学校用地按照 18 个班，50 人一班，$20m^2$ 每人计算；项目地上容积率按照 1.3 计算，其中可销售住宅容积率为 1.15，配套及设施用地容积率为 0.15。

因此居住用地总建筑面积=(27.0320−1.8)×1.3=32.8016 万 m^2；

住宅总建筑面积=(27.0320−1.8)×1.15=29.0168 万 m^2。

又每户平均面积= 85×30%+95×30%+105×35%+115×5% = $96.5m^2$；

所以，总户数=290168÷96.5 = 3006.9 户，取 3007 户。

因此，户型配比套数如表 4-9 所示。

户型配比套数表 **表 4-9**

户型	数量（套）	比例
$90m^2$ 以下	902	30%
90～$100m^2$	902	30%
100～$110m^2$	1053	35%
110～$120m^2$	150	5%
合计	3007	100%

2. 推售节奏

假设本项目月去化套数 40 套，则开发周期为：

3277/40=81.925，81.925/12≈7 年

也就是说，按照现有的推售速度，需要 7 年才能将 3277 套消化掉。

参照禹城百合新城西地块当前销售情况，建议南地块每期推售节奏如表 4-10 所示。

项目推售节奏表 **表 4-10**

期数	推售比例	推售套数	推售户型			
			户型	套数	套数构成	占本户型比例
一期	25%	752	90 以下	226	30%	33%
			90～100	188	25%	20%
			100～110	226	30%	30%
			110～120	113	15%	30%
二期	35%	1052	90 以下	263	25%	36%
			90～100	316	30%	40%
			100～110	389	37%	35%
			110～120	84	8%	28%
三期	40%	1203	90 以下	341	20%	31%
			90～100	361	30%	40%
			100～110	469	39%	35%
			110～120	132	11%	42%

销售节奏把控如下：2015 年 9 月开始计算，2016 年 9 月开始销售一期，2018 年 9 月开始销售二期，2020 年 9 月开始销售三期，到 2022 年 9 月计划全部售罄。每期房源在销售过程中一定把握推售节奏，房源逐步释放。

（二）规划与开发计划的协调

开发计划分期进行，建议项目规划与开发计划协调，也应分期进行。原因分析如下：

（1）在较长开发周期下，市场会发生变化。本项目开发周期估计为 7 年，7 年内人们的需求会发生一系列变化，这种变化我们很难去准确预测。但我们可以知道其总体的趋势是客户对产品的功能要求会更高，人均居住面积也会增加，人们的购买力也会增强。

（2）规划一经批准，便有法律效力，而且变动规划需要很长的时间，因此规划很难变动甚至不可能变动。

因此，规划应与开发分期相配合，进行分期审批，不要一次性全部批准。

七、项目规划建议

（一）项目规划的总体构思与理念

1. 规划理念

规划理念——“建家乡最好的房子”

根据客户定位及产品定位，百合新城将以“建家乡最好的房子”为规划理念，集居住、休闲、娱乐、购物等多功能于一体，建成一座禹城前所未有的生态宜居之城、健康运动之城、人文教育之城、恒久建筑之城、理想生活之城。

2. 规划原则

（1）生态宜居性原则。强调绿化景观设计，创造优美的生活环境。

（2）人文教育性原则。强调教育的重要性，与禹城市各名校联合办学，让孩子赢在起跑线上，用智慧成就孩子一生。

（3）便利性原则。考虑到本案位置较偏，社区内必须配置商业配套，集购物、休闲、娱乐于一体。

（二）项目规划的总体布局

1. 总体功能规划

项目定位为“幸福-浪漫-休闲-居住”为一体的居住小区，实现“居住—商业—公园”为一体的景观生活链。

2. 规划结构

（1）住宅布置形式

采用“围合”与“街坊”相结合的住宅布置形式，营造社区空间，既丰富了空间形式，又为邻里关系的建立创造了客观条件。同时在这些空间的处理上，利用传统中式院里手法，如对称手法，院落逐层递进的设计手法。

（2）楼层建议

考虑到顶层去化难，楼层建议为“5＋”，5F赠阁楼；考虑到客群中存在一定的中老年客户，一楼可附设小院。

（3）低层房屋规划建议

沿湖的部分可以考虑花园洋房。

（三）设施规划

在对小区本体进行研究分析后，结合当地客群的需求，本小区的设施规划建议如下：

（1）教育设施：幼儿园、小学、初中；

（2）医疗卫生设施：社区门诊；

（3）文化体育设施：综合文化活动中心；

（4）商业服务设施：综合食品商场、农贸市场、综合便民店、综合粮油店、其他第三产业设施；

（5）金融邮电设施：银行；

（6）社区服务设施：社区服务中心、存车处、居民汽车场、养老服务中心；

（7）行政管理设施：街道办事处、派出所与巡察、居委会、房管机构、市政管理机构、绿化、环卫设备；

（8）市政公用：公厕、公交站、公共停车场。

其中，学校、医院、养老日料中心、过街天桥是本项目着重强调的四项配套设施。

第五章 投 资 估 算

投资估算是在投资决策阶段，对项目的建设用地规模、建筑规模、技术方案、工艺技术、设备方案、规划布局方案、工程建设方案及项目进度计划等的研究的基础上，依据特定的方法，对建设项目总投资及各分项投资数额进行估算。投资估算是项目建议书或可行性研究报告的重要组成部分，是确定融资方案、筹措资金数额的重要依据，也是进行经济分析和财务分析的基础。房地产开发项目是建设项目的一种，本章在说明一般建设项目投资构成及估算的基础上，介绍房地产项目的投资构成，便于读者对比研究。

第一节 一般建设项目的投资构成

一、我国建设项目的总投资构成

建设工程项目投资，是指某工程项目从筹建开始到全部竣工投产为止所发生的全部资金投入。一般的建设项目总投资由建设投资，建设期利息和流动资金三部分构成；而建设投资又由工程费用、工程建设其他费用以及预备费构成；工程费用主要包括建筑工程费、设备及工器具购置费和建筑安装工程费；工程建设其他费用包括土地费用、与建设项目有关的其他费用及与未来企业经营有关的其他费用；预备费包括基本预备费和涨价预备费，如图 5-1 所示。

二、各项投资的内涵

1. 设备及工器具购置费

设备及工器具购置费是由设备购置费和工具、器具及生产家具购置费组成的，如图 5-2 所示。

设备购置费是指购置或自制的达到固定资产标准的设备、工器具及生产家具等所需的费用。固定资产的标准是：使用年限在一年以上，单位价值在规定的限额以上[25]。设备购置费是由设备原价和设备运杂费构成，其计算公式为：

设备购置费＝设备原价＋设备运杂费

工器具及生产家具购置费是指新建项目或扩建项目初步设计规定所必须购置的不够固定标准的设备、仪器、工卡模具、器具、生产家具和备品备件的费用，其一般计

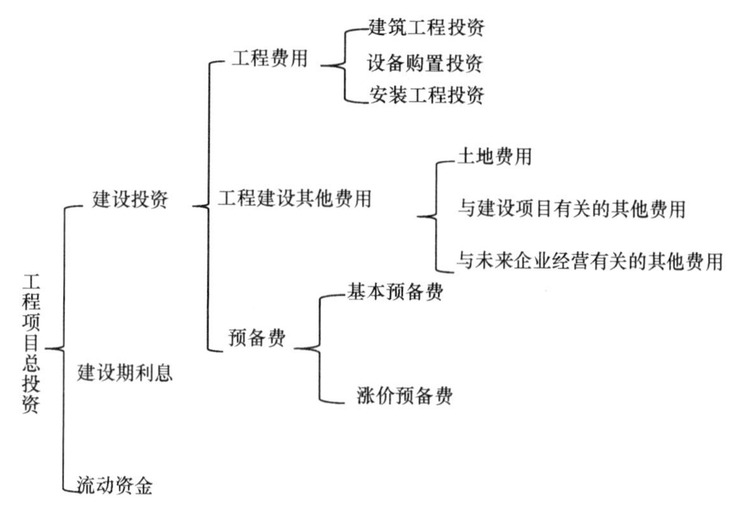

图 5-1　我国建设项目总投资构成

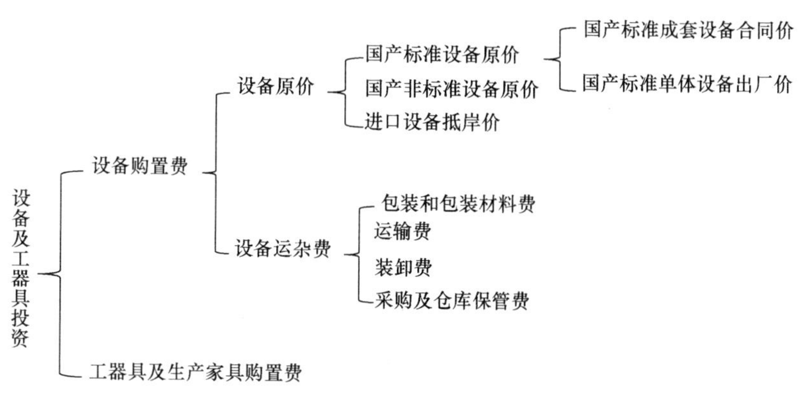

图 5-2　设备及工器具投资构成

算公式为：

工器具及生产家具购置费＝设备购置费×固定费率

2. 建筑安装工程费

建筑工程和安装工程投资的组成如图 5-3 所示。

3. 工程建设其他投资

工程建设其他投资是指从工程筹建到工程竣工验收交付使用止整个建设期间，为保证工程建设顺利完成和交付使用后能够正常发挥效用而发生的各项费用。

工程建设其他投资，按其内容大体可分为三类：第一类为土地费用；第二类为与项目建设有关的其他费用；第三类为与未来企业生产经营有关的其他费用，如图 5-4 所示。

土地费用是指取得项目土地使用权所发生的费用。土地是工程项目的载体，更是一种稀缺资源，如今土地费用在建设工程项目总投资中占的比例越来越大，因此土地费用投资管控具有重要意义。

除土地费用外，工程建设其他投资还包括：建设管理费（建设单位管理费、工程建设监理费、项目管理费等）、可行性研究费、研究试验费、勘察设计费、环境影响评价费、安全与职业卫生健康评价费、场地准备及临时设施费、引进技术和设备的其他费用（国内检验费、出国人员费用、来华人员费用、银行担保及承诺费等）、工程保险费、市政公用设施建设及绿化补偿费、超限设备运输特殊措施费、特殊设备安全监督检验费、联合试运转费、安全生产费用、专利及专有技术使用费、生产准备费。

工程建设其他费用中的各项费用并不是每个建设项目都发生的费用。如对一般的居住项目来说，对于毛坯房来说，一般不含有以下费用：安全与职业卫生健康评价费、专利及专有技术使用费、办公及生产家具购置费、生产准备费用。

4. 预备费

预备费包括基本预备费与涨价预备费。

(1) 基本预备费

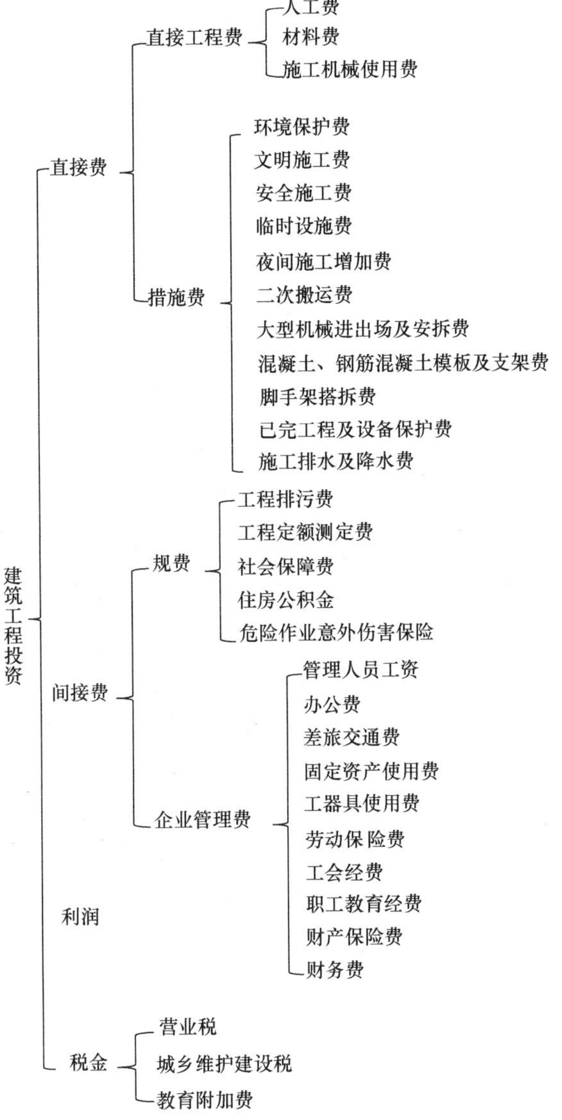

图 5-3　建筑安装工程投资构成

基本预备费是指在项目实施中可能发生的难以预料的支出，又称工程建设不可预见费，主要是指设计变更及施工过程中可能增加工程量的费用。费用内容包括：在批准的初步设计范围内，技术设计、施工图设计及施工过程中所增加的工程和费用；设计变更、局部地基处理等所增加的费用；一般自然灾害所造成的损失和预防自然灾害采取措施造成的费用；竣工验收时为鉴定工程质量对隐蔽工程进行必要的挖掘和修复费用。基本预备费率可根据工程勘察设计的详细程度取适当的值。

$$基本预备费=(工程费用+工程建设其他费)\times 基本预备费率$$

或　$$基本预备费=工程费用\times 基本预备费率$$

在房地产投资估算实践中后一个估算公式更常用。

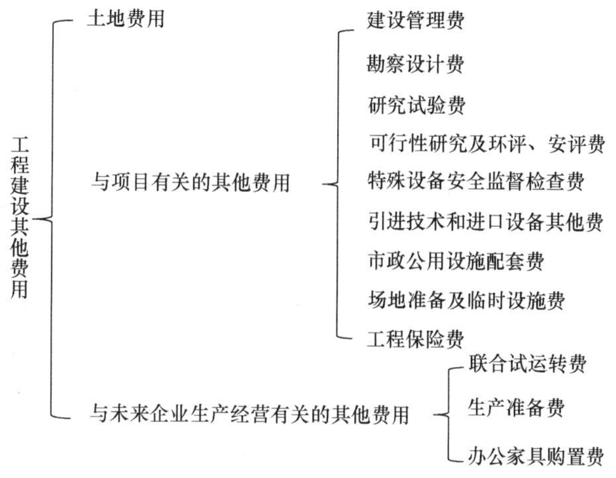

图 5-4　工程建设其他投资构成

（2）涨价预备费

涨价预备费是对建设工期较长的项目，由于在建设期内可能发生材料、设备、人工等价格的上涨引起投资的增加，工程建设其他费用调整，利率、汇率调整等，需要事先预留的费用，亦称价格变动不可预见费。

一般根据国家规定的投资综合价格指数，按估价年份价格水平的投资额为基数，采用复利方法计算。

计算公式为：

$$PF = \sum_{t=1}^{n} I_t[(1+f)^m(1+f)^{t-0.5}-1] \tag{5-1}$$

式中　PF——涨价预备费；

n——建设期年份数；

I_t——建设期中第 t 年的投资计划额，包括工程费用、工程建设其他费用及基本预备费，即第 t 年的静态投资计划额；

f——年涨价率；

m——建设前期年限（从编制估算到开工建设，单位：年）

年涨价率，政府部门有规定的按规定执行，没有规定的由可行性研究人员预测。

5. 建设期借款利息

（1）建设期借款利息的构成

建设期借款利息是指项目在建设期内因使用债务资金而支付的利息。在偿还债务资金时，这部分资金一般也作为本金，计算项目投入使用后各期的利息。建设投资借款的资金来源渠道不同，其建设期贷款利息的计算方法也不同。国内借款利息的计算比较简单，国外借款利息中还要包括承诺费、管理费等。为了简化计算，在通常情况下承诺费都不单独计算，而是采用适当提高利率的方法处理。

（2）建设期借款利息的计算

在项目的经济分析中，无论各种债务资金时按年计息，还是按季、月计息，均可简化为按年计息，即将名义利率折算为有效年利率。

在建设项目的经济分析中，假设建设各种债务资金均在年中支用，还款在年末，即当年借款支用金额按半年计息，上年借款按全年计息，当年还款不计息。建设期每年利息的计算公式为：

$$q_j = \left(P_{j-1} + \frac{1}{2}A_j\right) \cdot i \tag{5-2}$$

式中 q_j——建设期第 j 年应计利息

P_{j-1}——建设期第（$j-1$）年末累计贷款本金与利息之和

A_j——建设期第 j 年贷款金额

i——年利率

这种利息的计算方式跟我们在房地产投资估算中有一定的差异。

【例 5-1】某市高新区有一新建项目，建设期为 3 年，在建设期第一年借款额为 1000 万元，第二年为 1200 万元，第三年为 1000 万元，每年的借款平均支用，年利率为 6.55%。用复利计息法计算建设期借款利息。

解：建设期各年利息计算如下：

$P_0=0$，$A_1=1000$ 万元，$I_1=0.5\times1000\times6.55\%=32.75$ 万元

$P_1=1000+32.75=1032.75$ 万元，$A_2=1200$ 万元

$I_2=(1032.75+0.5\times1200)\times6.55\%=106.95$ 万元

$P_2=1032.75+1200+106.95=2339.70$ 万元，$A_3=1000$ 万元，

$I_3=(2339.70+0.5\times1000)\times6.55\%=186.00$ 万元

到建设期末累计借款利息为：$I=I_1+I_2+I_3=325.70$ 万元

在财务评价中，常编制还本付息表来计算建设期借款利息。

【例 5-2】某建设项目，需要征收耕地 100 亩，该耕地被征收前三年每亩年产值分别为 2000 元、1900 元和 1800 元，土地补偿费标准为前三年平均年产值的 10 倍，被征地单位人均占有耕地 1 亩，每个需要安置的农业人口的安置补助标准为该土地被征收前 3 年平均年产值的 6 倍；地上附着物共有树木 3000 棵，补偿标准为 40 元/棵，青苗补偿费标准为 200 元/亩，试对未包括征地动迁费及其他税费的该土地使用费用进行估算。

解：土地补偿费＝(2000＋1900＋1800)/ 3 ×100×10÷10000＝190 万元

人均安置补助费＝(2000＋1900＋1800)/ 3 ×1×6÷10000＝1.14 万元

需要安置的农业人口数＝100/1＝100 人

安置补助费＝1.14×100＝114 万元

地上附着物补偿费＝3000×40÷10000＝12 万元

青苗补偿费＝200×100÷10000＝2 万元

使用该土地的费用＝190＋114＋12＋2＝318 万元

第二节　房地产项目投资构成

一、房地产投资构成

在项目前期阶段，需对项目进行经济效益评价从而对投资决策提供支持，必须对项目投资进行准确的估算。

对于一般的建设项目而言，其总投资是由开发建设投资、建设期利息和流动资金三部分构成。然而，与一般的建设项目不同，房地产投资项目具有其特殊性，获取土地使用权的费用在投资占有比较高的份额，其投资构成宜采用更适合房地产开发投资的形式。房地产开发项目总投资包括开发建设投资和经营资金。

房地产开发项目投资构成复杂，变化因素多，不确定性大，尤其是依建设的类型不同而有其自身的特点，因此不同类型的建设项目之投资和费用的构成存在一定的差异。房地产开发项目在建设完成后有三种经营模式：第一种是出售，第二种是出租，第三种是自营。这三种模式并不一定互斥，有时独立进行，有时两者并存，有时三者兼而有之。由于开发经营期的不同，投资分析的现金流会出现不同的情况。

对于开发后出售模式下的房地产开发项目而言，开发企业所投入的建设资金均属于流动资金的性质，其投资的大部分形成了建筑物或构筑物等以固定资产形式存在的房地产商品，并通过预售或销售的方式转让这些固定资产的所有权以收回投资[26]。在多数情况下，房地产投资开发的过程中，形成的属于房地产开发商本身所有的固定资产很少甚至为零，基本上所有的投资均一次性地转移到房地产产品的开发成本中去了。所以在这种情况下，房地产项目总投资基本就等于房地产项目的总成本费用。并且在该模式下，项目总投资等于开发产品成本与经营资金之和。

若在产品开发完成后用来出租或自营的，项目开发完成后变为开发商的固定资产，项目总投资等于固定资产投资与经营资金之和。

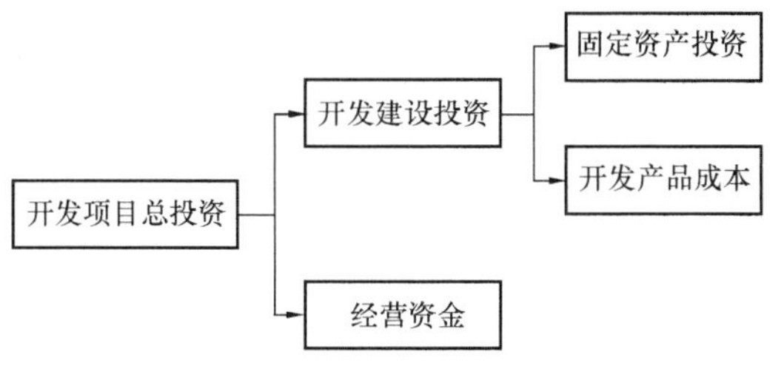

图 5-5　房地产开发项目总投资的构成

若以上三种模式兼而有之，则项目总投资为开发产品投资、固定资产投资和经营资金之和。因此，我们可以得到图 5-5 房地产开发项目总投资的构成。

二、各项费用的内容

开发建设投资是指在开发期内完成房地产产品开发建设所需投入的各项成本费用，其投资构成如图 5-6 所示。

根据房地产开发项目总投资的构成与房地产开发建设投资构成，我们可以得到项目总投资估算表，见表 5-1。当项目建成开始运营时，固定资产投资将形成固定资产、流动资产、无形资产和待摊费用。

房地产项目总投资估算表 **表 5-1**

序号	项目	总投资	估算说明
1	开发建设投资		
1.1	土地费用		
1.2	前期工程费		
1.3	基础设施建设费		
1.4	建筑安装工程费		
1.5	公共配套设施建设费		
1.6	开发间接费		
1.7	管理费用		
1.8	财务费用		
1.9	销售费用		
1.10	开发期税费		
1.11	其他费用		
1.12	不可预见费		
2	经营资金		
3	项目总投资		(1) ＋ (2)
3.1	开发产品成本		
3.2	固定资产投资		
3.3	经营资金		

项目开发建设投资中的各项费用之和等于开发产品成本与固定资产投资之和，换句话说，总投资要在开发产品和形成的固定资产之间进行分配，特别是开发建设投资要在开发产品和固定资产之间进行合理的分摊。因此我们可以得到表 5-2 开发建设投资估算表，在表中将项目开发建设投资中的每项费用根据其开发完成后的经营模式，分为开发产品成本与固定资产成本。在产品开发过程中预售或产品开发完成后出售的，与之相应的开发成本与费用计入开发产品成本和费用；在产品开发完成后用来出租或自营的，相应的开发成本与费用计入固定资产投资。

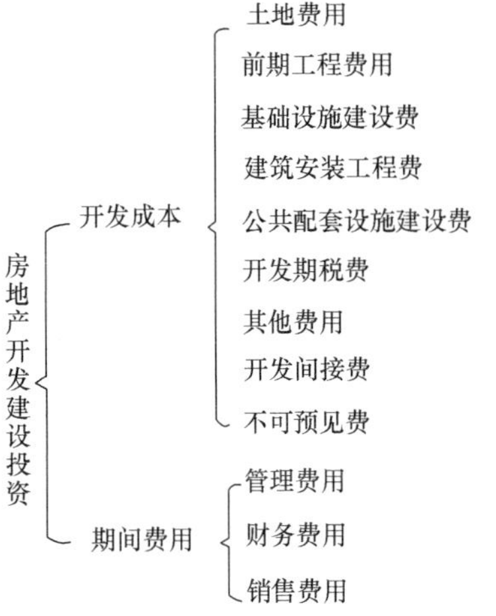

图 5-6 房地产开发建设投资构成

开发建设投资估算表 **表 5-2**

序号	项目	开发产品成本	固定资产投资	合计
1	土地费用			
2	前期工程费			
3	基础设施建设费			
4	建筑安装工程费			
5	公共配套设施建设费			
6	开发间接费			
7	管理费用			
8	财务费用			
9	销售费用			
10	开发期税费			
11	其他费用			
12	不可预见费			

为了便于理解，接下来，我们通过一道例题来说明各项费用之间的关系。

【例 5-3】某房地产开发商开发了一小区，总建筑面积为 200000m^2，其中，住宅部分为 150000m^2，公寓部分为 30000m^2，商场部分为 20000m^2。住宅部分全部出售，公寓部分用来出租，商场部分自营。该项目总投资为 6.22 亿元，其中开发建设投资 6.2 亿元，住宅成为开发产品、公寓和商场成为企业的固定资产。总投资由开发产品成本 5 亿元和固定资产投资 1.2 亿元组成。商场在开发完成后自营时，需要经营资金 200 万元，到项目结束时一次性收回。

在图 5-7 中对房地产开发项目总投资予以表示。

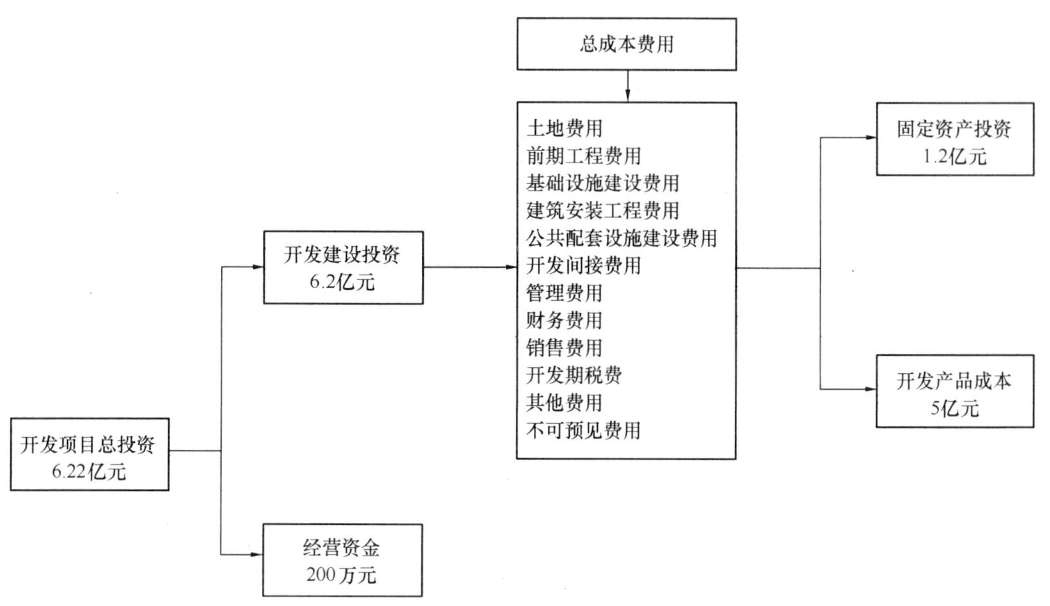

图 5-7　房地产开发项目总投资图示

第三节　各项投资的内涵与估算方法

一、各项投资的估算

1. 土地费用的估算

房地产项目土地费用是指取得房地产项目用地使用权而发生的费用。房地产项目土地使用权的取得有多种方式，所发生的费用也各不相同。土地费用主要包括以下几种费用：划拨或征用土地的土地征用拆迁费、出让土地的土地出让价款、转让土地的土地转让费、租用土地的土地租用费、股东投资入股土地的投资折价。因此，由于各地的补偿标准不同，对土地费用的估算要根据当地的实际情况来确定。

（1）土地征收征用拆迁费

征收指国家为了公共利益的需要而依法强制取得原属于私人或集体所有的财产上的所有权或者其他权利的行为。征用指国家为了公共利益的需要依法强制取得原属于私人或集体的财产的使用权的行为。征收是政府获得集体土地所有权、征用是政府收回国有土地使用权。

土地征收征用拆迁费分为农村土地征收拆迁费和城镇土地征用拆迁费。

1）农村土地征收拆迁费

农村土地征收拆迁费主要包括：土地补偿费、青苗补偿费、地上附着物补偿费、安置补偿费、新菜地开发建设基金、征地管理费、耕地占用税、拆迁费、其他费用。由于地域经济发展水平很不相同，国家和各省、市对各项费用的补偿原则和标准都作出了具体的规定，因此，农村土地征收拆迁费的估算可参照国家和地方的有关标准进行。见本章第一节相关内容。

2）城镇土地拆迁费

城镇土地拆迁费主要包括：地上建筑物、构筑物、附着物补偿费，搬家费，临时搬迁安置费，周转房摊销及对原用地单位停产、停业补偿费，拆迁管理费和拆迁服务费等[27]。

拆迁补偿安置费是指开发建设单位对被拆迁房屋的所有人，依据有关规定给予补偿和安置的费用。

由于拆迁补偿的方式可以分为货币补偿和房屋产权调换两种形式，拆迁补偿安置费的估算也因此有所不同。

货币补偿是指拆迁人将被拆除房屋的价值，以货币结算方式补偿给被拆迁房屋的所有人。货币补偿的金额，按照被拆除房屋的区位、用途、建筑面积等因素，以房地产市场评估价格确定。具体办法由省、自治区、直辖市人民政府制定。

房屋产权调换是指拆迁人用自己建造或购买的产权房屋与被拆迁的房屋进行调换产权，并按拆迁房屋的评估价和调换房屋的市场价进行结算调换差价的行为，也就是说以易地或原地再建的房屋和被拆除的房屋进行产权交换，被拆迁人失去了被拆迁房屋的产权，调换之后拥有调换房屋的产权。其他见本章第一节相关内容。

（2）土地出让价款

土地出让价款是指国家以土地所有者的身份将土地使用权在一定年限内让予土地使用者，并由土地使用者向国家支付的土地使用权出让金及其他款项。主要包括向政府缴付的土地使用权出让金和根据土地原有状况需要支付的拆迁补偿费、安置费、城市基础设施建设费或征地费等。例如，出让方式取得城市熟地使用权，土地出让地价款由土地出让金加上拆迁补偿费和城市基础设施建设费构成。在实践中，当土地以出让方式获得时，获取土地的价格通常被称为土地出让金，尽管这个出让金中包括了土地的开发成本、政府土地开发收益及相关税费。

土地出让价款的数额由土地所在城市、地区、地段、土地的用途及使用条件、合同条件等许多方面的因素决定。其估算一般可参照政府出让类似地块的价格并进行各种修正后得到；许多城市对土地制定了基准地价，所以某一宗地的土地出让价款也可以在政府颁布的基准地价基础上加以适当的调整确定。这种适当调整往往是指对项目用地所处的地段等级、用途、容积率、使用年限等项因素修正得到。

（3）土地转让费

土地转让费是指土地受让方向土地转让方支付土地使用权的转让费。依法通过土地出让或转让方式取得的土地使用权可以转让给其他合法使用者。土地使用权转让时，地上建筑物及其他附着物的所有权也随之转让。由于土地储备中心的严厉控制，土地转让的例子已很少见，更多的是合资或合作的开发模式。

（4）土地租用费

土地租用费是指土地租用方向土地出租方支付的费用。以租用方式取得土地使用权可以减少项目开发的初期投资，但在房地产项目开发中较为少见。有为了工程建设，通过租赁占用临时用地的情况。

（5）土地投资折价

房地产项目土地使用权可以来自房地产项目的一个或多个投资者的直接投资。在这种情况下，不需要筹集现金用于支付土地使用权的获取费用，但一般需要对土地使用权评估作价。

（6）契税

契税是由土地受让方缴纳，《中华人民共和国契税暂行条例》（国务院令［1997］第 224 号）规定为在中华人民共和国境内转移土地，承受的单位和个人为契税的纳税人，应当按规定缴纳契税，契税税率为 3%～5%，契税的适用税率，由省、自治区、直辖市人民政府在前款规定的幅度内按照本地区的实际情况确定，并报财政部和国家税务总局备案。

以上内容见表 5-3。

土地费用估算表 **表 5-3**

单位：万元

序号	项　目	金　额	估算说明
1	土地出让金		
2	征地费		
3	拆迁安置补偿费		
4	土地转让费		
5	土地租用费		
6	土地投资折价		
7	契税		
	合计		

在2009年财政部、国土资源部、中国人民银行、监察部、审计署联合下发了《关于进一步加强土地出让收支管理的通知》（财综［2009］74号）中规定，市县国土资源管理部门与土地受让人在土地出让合同中依法约定的分期缴纳全部土地出让价款的期限原则上不超过一年（如济南市项目一般不超过半年）。经当地土地出让协调决策机构集体认定，特殊项目可以约定在两年内全部缴清。首次缴纳比例不得低于全部土地出让价款的50%。土地租赁合同约定的当期应缴纳土地价款（租金）应当一次全部缴清，不得分期缴纳。

2. 前期工程费

房地产项目前期工程费主要包括：开发项目前期规划、设计、可行性研究，水文、地质勘测，以及“三通一平”（通水、通电、通路、场地平整）等阶段的费用支出。

（1）项目规划、设计、可行性研究所需费用支出一般可按总投资的一定百分比估算。一般情况下，规划设计费为建安工程费的3%左右，可行性研究费、环境影响评估费占项目总投资的1‰。具体估算时要结合工程实际情况和当地市场状况决定。

（2）项目水文、地质勘测所需费用支出根据工作量结合有关收费标准估算，一般为设计概算的0.5%左右。

（3）土地开发中“三通一平”等工程费用，主要包括地上原有建筑物、构筑物的拆除费用，场地平整和通水、电、路的费用。这些费用估算可根据实际工程量，参照有关计费标准进行。

以上内容见表5-4。

前期工程费估算表 **表5-4**

单位：万元

序号	项目	金额	估算说明
1	规划、设计、可研费		
2	水文、地质勘查费		
3	道路费		
4	供水费		
5	供电费		
6	土地平整费		
	合计		

3. 基础设施建设费

基础设施建设费是指建筑物2米以外和项目用地规划红线以内的各种管线和道路等工程的费用，主要包括供水、供电、供气、排污、绿化、道路、路灯、环卫设施的建设费用，以及各项设施与市政设施干线、干管、干道的接口费用。一般按实际工程量估算。

一般来说，详细估算时，可按单位指标估算法来计算，如供水工程可按水增容量

（吨）指标计算；供电及变配电工程可按电增容量（千伏安）指标计算；采暖工程按耗热量（瓦）指标计算；管线工程按长度（米）指标计算；室外道路按道路面积（平方米）指标计算等。而粗略估算时，可按建筑平方米或用地平方米造价计算。

以上内容见表 5-5。

基础设施建设费估算表　　表 5-5

单位：万元

序号	项　　目	金　　额	估算说明
1	供电工程		
2	供水工程		
3	供气工程		
4	排污工程		
5	小区道路工程		
6	路灯工程		
7	小区绿化工程		
8	环卫设施		
	合计		

4. 建筑安装工程费

（1）建筑安装工程费包括的内容

建筑安装工程费是指建造房屋建筑物或构筑物所发生的建筑工程费用、设备采购费用、安装工程费用和室内装饰家具费等。这里的建筑工程费用包括结构、建筑、特殊装修工程费；设备采购及安装工程费包括给排水、电气照明及设备安装、空调通风、弱电设备及安装、电梯及其安装、其他设备及安装等。在可行性研究阶段，建筑安装工程费用估算可采用单位建安工程投资估算法、单位实物工程量投资估算法、概算指标估算法、概预算定额法，也可以根据类似工程经验进行估算。具体估算方法的选择应视资料的可取性和费用支出的情况而定。

（2）估算方法

1）单位建安投资估算法

① 单位功能投资估算法

利用每间客房的建安投资乘以客房数估算一座酒店建筑的建安投资；或者利用每张病床的建安投资乘以病床数来估算一所医院病房楼的建安投资。

② 单位容积投资估算法

单位容积建安投资乘以建筑工程容积来估算建安投资。如工业窑炉工程的投资估算、水塔工程的投资估算、采暖通风、照明工程的投资估算都可以用这种估算法。

③ 单位长度投资估算法

一定管径管线安装、一定宽度道路等投资估算可以延米投资乘以建安工程长度进行估算。

④ 单位面积投资估算法

在层高一定范围内的房屋工程的建安投资估算可以单位面积建安投资乘以建筑工

程面积来估算。

2）实物工程量投资估算法

工程量近似匡算法采用工程概预算类似的方法，先近似匡算工程量，配上相应的概预算定额单价和取费标准，近似计算项目的建筑工程投资，这种方法还可以估算出人工、主要材料、机械台班的数量，但其精度很大程度上取决于匡算工程量的精度。

3）概算指标估算法

概算指标估算法通常以估算对象的整个建筑物和构筑物的以建筑面积、体积等为计量单位而规定确定人工、材料和机械台班的消耗量标准和造价指标。建筑工程概算指标分别有一般土建工程概算指标、给排水工程概算指标、采暖工程概算指标、通信工程概算指标、电气照明工程概算指标等。设备及安装工程概算指标分别有机械设备及安装工程概算指标、电器设备及安装工程概算指标和器具及生产家具购置费概算指标。如图 5-8 所示。

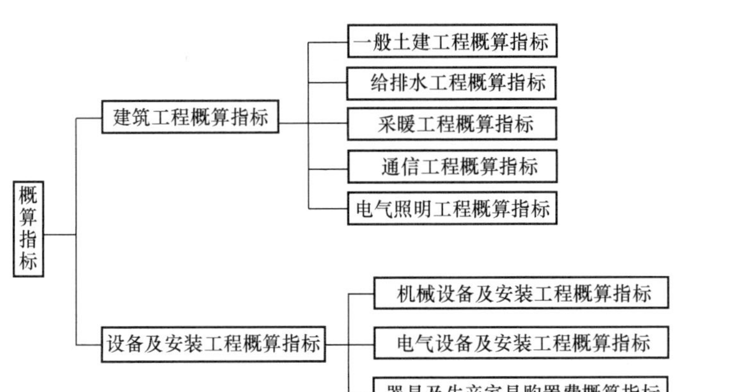

图 5-8 概算指标分类图

采用综合的单位建筑面积和建筑体积等建筑工程概算指标计算整个工程费用，常用的估算公式是：

建安直接费投资＝每平方米直接投资指标×建筑面积

主要材料消耗量＝每平方米材料消耗量指标×建筑面积

这种办法同样能计算出人工、主要材料、机械台班的数量。这些数据对于项目管理来说是很重要的。

功能估算法可以看成是单位生产能力估算法的一种，也可用于项目构思与筛选阶段来估算整个项目的投资。

单位估算法属于估算指标法，是一种比概算指标更为扩大的单项工程指标或单位工程指标。该方法在房地产项目的投资估算中被经常使用。

概算指标、概算定额方法可以用于项目可行性研究和设计概算的编制。

4）类似法

每一投资项目都有其自身的特点，因此不是很快就能对建安工程费用中各项目所占比例定出一个绝对适用的标准。但是，在一定日期和相对稳定的市场状况下，通过客观的估算方法，加之对实际个案的经验总结，可以测算出各类有代表性项目的建安工程各项费用的大致标准，用这个标准来估算建安工程费用的方法就是类似法。这类方法本质与工业项目投资估算中的生产能力指数法是一致的。类似法可以与前述的估算方法配合使用，它可以看成是单位功能估算法或生产能力估算法的一种改善升级，即生产能力指数法，这种方法的重要性不在于相同部分的估算，更在于对不同部分的调整。

当房地产项目包含多个单项工程时，应对各个单项工程分包估算建筑安装工程费用。

以上内容见表 5-6。

建筑安装工程费用估算表 **表 5-6**

单位：万元

项目	建筑面积	建筑工程费		装修工程费		金额合计
		单价	金额	单价	金额	
单项工程 1						
单项工程 2						
…						
合计						

5. 公共配套设施建设费

公共配套设施建设费是指居住小区内为居民服务配套建设的各种非营利性的公共配套设施（又称公建设施）的建设费用，主要包括：居委会、派出所、托儿所、幼儿园、锅炉房、变电室、人防工程费、公共厕所等。这些配套设施是不能有偿转让的，一般按规划指标或实际工程量估算，估算方法可参考建筑安装工程费的估算方法。

以上内容见表 5-7。

公共配套设施建设费用估算表 **表 5-7**

单位：万元

序号	项　　目	金　　额	估算说明
1	居委会		
2	派出所		
3	托儿所		
4	幼儿园		
5	公共厕所		
6	变电室		
7	人防工程建设费		
	合计		

6. 开发间接费

开发间接费是指房地产开发企业所属独立核算单位在开发现场组织管理所发生的各项费用。主要包括：工资、福利费、折旧费、修理费、办公费、水电费、劳动保护费、周转房摊销及其他费用等。房地产开发企业聘请项目管理公司管理房地产开发的，其费用可以计入房地产开发间接费中。

当开发企业不设立专门的现场机构，由开发企业定期或不定期派人到开发现场组织开发建设活动时，所发生的费用可直接计入开发企业的管理费用。

7. 管理费用

管理费用是指房地产开发企业的管理部门为组织和管理房地产项目的开发经营活动而发生的各项费用。主要包括：管理人员工资、公会经费、职工教育经费、劳动保险费、待业保险费、董事会费、咨询费、审计费、诉讼费、排污费、绿化费、房地产税、车船使用税、土地使用税、技术转让费、技术开发费、无形资产摊销、开办费摊销、业务费摊销、业务招待费、坏账损失、存货盘亏、毁损和报废损失以及其他管理费用。

管理费可按前述的 1～5 项直接费用的一个百分比计算，这个百分数一般为 3%左右。

管理费用的高低和企业的组织模式有关，集团企业管控下属公司规划、设计的，下属公司的管理费用和独立的项目公司的管理费用显然不同。

如果房地产开发企业同时开发若干房地产项目，管理费应在各个之间合理分摊。

8. 财务费用

财务费用是指房地产开发企业为筹集资金而发生的各项费用，主要为借款或债券的利息，还包括金融机构手续费、融资代理费、承诺费、外汇汇兑净损失以及企业筹资发生的其他财务费用。利息的计算可参照金融市场利率和资金分期投入的实际情况按复利计算，利息以外的其他融资费用一般占利息的 10%左右。

有时，财务费用也指项目开发所有投资的资金使用成本。因为即使这些资金全部都是开发商的，也有一个资金使用成本问题。

9. 销售费用

销售费用是指房地产开发企业在销售房地产产品过程中发生的各项费用，以及专设销售机构或委托销售代理的各项费用。主要包括销售人员工资、奖金、福利费、差旅费、销售机构的折旧费、修理费、物料消耗费、广告费、宣传费、代销手续费、销售服务费以及预售许可证申领费等。综合起来为：

（1）广告宣传及市场推广费，一般约为销售收入的 2%～3%。

（2）销售代理费，一般约为销售收入的 1.5%～2%。

（3）其他销售费用，一般约为销售收入的 0.5%～1%。

以上各项费用合计，销售费用约占销售收入的 4%～6%。

10. 其他费用

其他费用主要包括临时用地费和临时建设费、工程造价咨询费、总承包管理费、合同公证费、施工执照费、工程质量监督费、工程监理费、竣工图编制费、工程保险费等。这些费用按当地有关部门规定的费率并参照市场情况估算。一般约占投资额的5%～8%。

以上内容见表5-8。

其他费用估算表 **表5-8**

单位：万元

序号	项　　目	金　　额	估算说明
1	临时用地		
2	临建费		
3	施工图预算或标底编制费		
4	工程合同预算或标底审查费		
5	招标管理费		
6	总承包管理费		
7	合同公证费		
8	施工执照费		
9	工程质量监督费		
10	工程监理费		
11	竣工图编制费		
12	工程保险费		
	合计		

11. 开发期税费

开发期税费是指项目所负担的与房地产投资有关的各种税金和地方政府或有关部门征收的费用。主要包括：工程建设配套费、土地使用税、市政支管线分摊费、绿化建设费、分散建设市政公用设施建设费、人防易地建设费等。房地产项目在投资估算中不可轻视此类费用，但各项税费的构成和数额，各地有不同的规定、不同的时期会有不同的规定。实践中应根据当地现行的有关规定和标准予以估算。

以上内容见表5-9。

开发期税费估算表 **表5-9**

单位：万元

序号	项　　目	金　　额	估算说明
1	土地使用税		
2	市政支管线分摊费		
3	分散建设市政公用设施建设费		
4	绿化建设费		

续表

序号	项　　目	金　　额	估算说明
5	工程建设配套费		
6	人防易地建设费		
	合计		

12. 不可预见费

房地产项目投资估算应考虑适当的不可预见费用。不可预见费根据项目的复杂程度和前述各项费用估算的准确程度，以上述各项费用的3%～7%估算。

如果是开发完成后出租或自营的项目，还应该估算下列费用：

13. 运营费用

运营费用是指房地产项目开发完成后，在项目经营期间发生的各种运营费用。主要包括财务费用、管理费用和销售费用等。

14. 修理费用

修理费是指以出租或自营方式获得收益的房地产项目在经营期间发生的物料消耗和维修费用。

15. 投资于成本费用估算结果的汇总

为了便于对房地产开发项目各项成本与费用进行分析比较，常把估算结果以汇总表的形式列出，见表5-10。

房地产开发项目投资估算表　　表5-10

单位：万元

费用项目	计算基础	估算指标	估算金额
一、土地费用			
二、前期工程费			
三、基础设施建设费			
四、建筑安装工程费			
五、公共配套设施建设费			
六、开发间接费			
七、管理费用			
八、销售费用			
九、财务费用			
十、开发期税费			
十一、其他费用			
十二、不可预见费			
合计			

二、投资估算数据的调查途径

在我们进行房地产投资估算时，应注重数据的来源以获取准确的数据从而减少在估算时产生的误差。归纳起来其参考数据主要来源于以下三个方面：

1. 通过企业内部过去开发过的类似项目来获得

企业内部过去开发的类似项目的数据是房地产投资估算数据最重要的来源。其重要性体现在两方面：第一，企业内部的数据比通过社会调查所得来的数据更加真实可靠；第二，企业内部的数据更符合企业本身的生产力水平。因为相同的开发项目，在不同的管理水平下所花费的成本是不同的，因此参照企业过去的类似项目的成本数据进行投资估算得到的结果是更加可靠的。

2. 企业外部类似项目的调查

企业外部类似项目的调查是获得房地产投资估算数据的另一来源，起到辅助作用。每一房地产投资项目都有其自身的特点，因区位、目标客户群、产品定位等方面的不同都会存在一定的差异，有时在企业内部不一定会找到类似的项目，这就需要从对企业外部类似项目的调查来获得。

3. 税费参考政府收费文件

税费在房地产开发投资中占有很大比重，是房地产开发投资的重要组成部分，包括开发期间税费和与房地产转让有关的税金。这些税费项目在政府的收费文件中，包括收费文件和收税文件中都会有相应的说明，这也是投资估算数据的重要来源之一。

第四节　房地产开发商投资使用计划

房地产开发项目的投资使用计划既包括各期的投入，反映项目的资金需求计划，另一方面，还要反映资金的来源。包括资本金、债务资金、预（预）售收入等，以及各期投入额。

首先投资使用计划是在完成投资估算的基础上进行的。

资金的需求，是和土地出让合同的支付条款、工程分期与进度等有关的。对于一个单项工程来说，投资需求曲线就是S曲线，但开发商为了避免资金需求过大，往往通过分期开发来解决，这样就是实际的S曲线比较平坦。另外，一些开发商通过繁琐的内部审核流程控制资金的拨付速度，也从一定程度上造成了供应商的垫资行为。

除了考虑市场对本项目的吸纳（去化）速度外，分期开发的另一个重要意义是测试市场，收集信息。通过和消费者及潜在消费者的互项目的认知，能够对开发项目的开发产品有更准确的定位，从而更容易取得项目的成功。

一、进度计划

以下是一个简单示例：某房地产项目开发全过程的进度安排。如图5-9所示。

标识号	任务名称	工期
0	**房地产开发项目的全过程**	**1497 工作日**
1	**1 项目选择与决策阶段**	**439 工作日**
2	1.1 项目构思与筛选	360 工作日
3	1.2 项目可行性研究与决策	80 工作日
4	**2 开发准备阶段**	**209 工作日**
5	2.1 获取土地使用权与项目核准	60 工作日
6	2.2 勘察设计与规划许可	120 工作日
7	2.3 项目招标与采购	50 工作日
8	2.4 申办《施工许可证》	15 工作日
9	**3 工程建设阶段**	**459 工作日**
10	3.1 土建施工	360 工作日
11	3.2 安装工程	362 工作日
12	3.3 室外工程	378 工作日
13	3.4 装饰工程	250 工作日
14	3.5 竣工验收	45 工作日
15	**4 项目租售阶段**	**428 工作日**
16	4.1 申办《预售许可证》	50 工作日
17	4.2 商品房租售	379 工作日
18	**5 收尾阶段**	**470 工作日**
19	5.1 前期物业管理	157 工作日
20	5.2 物业交付	32 工作日
21	5.3 工程保修	380 工作日
22	5.4 物业管理	313 工作日
23	5.5 项目后评价	156 工作日

图 5-9 某房地产开发项目全过程的进度安排

二、投资计划与资金筹措

投资使用计划，应该根据项目的进度计划予以制订。工程投资要根据工程进度安排、施工合同支付模式、设备采购计划等为依据。资金需求计划必须要考虑公司可以投入的资本金、项目的融资计划、销售收入计划等，达到供需平衡。这种供需平衡表就是投资计划与资金筹措表。

表 5-11 是济南西客站某项目的投资计划与资金筹措表。

投资计划与资金筹措表　　表 5-11

序号	项目名称	合计	第 1 年				第 2 年				第 3 年			
			1	2	3	4	5	6	7	8	9	10	11	12
一	项目总投资	128904	20357	37252	25005	16150	12437	6213	6168	1175	466	3564	73	44
1	项目开发建设投资	127849	19602	36952	25005	16150	12437	6213	6168	1175	466	3564	73	44
1.1	土地费用	37828	18371	19457	0	0	0	0	0	0	0	0	0	0
1.2	前期工程费	385	77	77	116	116	0	0	0	0	0	0	0	0
1.3	基础设施建设费	3497	0	175	699	699	699	350	350	350	175	0	0	0
1.4	建筑安装工程费	63210	632	12642	21491	12642	6321	3161	3161	0	0	3161	0	0
1.5	公共配套设施费	48	0	10	12	12	5	8	0	0	0	0	0	0
1.6	管理费用	4028	443	443	443	403	604	604	604	161	121	121	40	40
1.7	销售费用	2744	0	0	494	494	494	494	549	110	55	27	27	0
1.8	开发期税费	6957	49	3017	124	150	2633	476	476	18	0	15	0	0
1.9	其他费用	1568	0	502	376	345	345	0	0	0	0	0	0	0
1.10	不可预见费	3351	30	510	840	603	508	260	289	39	23	240	5	3
1.11	财务费用	4232	0	120	409	687	828	861	739	496	91	0	0	0
2	经营资金	1055	755	300										
二	资金筹措	128904	20357	37252	25005	16150	12437	6213	6168	1175	466	3564	73	44
1	资本金	39814	20357	19457	0	0	0	0	0	0	0	0	0	0
1.1	土地使用权资金	37828	18371	19457	0	0	0	0	0	0	0	0	0	0
1.2	其他资本金投入	1986	1986	0	0	0	0	0	0	0	0	0	0	0
2	借贷资金	63771	0	17795	25005	16150	4821	0	0	0	0	0	0	0
3	预售及销售收入	25319	0	0	0	0	7616	6213	6168	1175	466	3564	73	44

第五节 项目投资估算案例

在本章的第三节中，介绍的对房地产总投资和总成本费用的估算方法只是理论上的情况，在实际估算中要根据不同项目的特点，具体问题具体对待。下面我们来介绍一个房地产开发项目投资估算案例。

一、项目名称

济南某中央广场 D-1 地块项目

二、建设背景

济南市位于中国环渤海地区南翼和黄河中下游地区，是国家重要的政治、军事、文化中心，区域性金融中心，山东省省会。目前，济南市城市功能已跨越提升，新区开发、老城提升全面突破，中心城建成区面积达到 400 平方公里、人口 410 万人。现代化基础设施体系基本形成，城市功能形象品位显著提升。

槐荫区位于济南市区西部，北纬 36°37′～36°45′、东经 116°47′～116°59′之间。北与德州市齐河县隔黄河相望，南邻历城区和市中区，东邻市中区与天桥区，西邻长清区。面积 151.48 公里。

抓住西部新城建设和棚户区改造机遇，高水平开展城市基础设施建设和城市环境综合整治，推动城乡一体化统筹发展，全面提升槐荫区的整体城市形象和功能品位。这是槐荫区“十二五”规划的重要内容。

三、建设地点

山东省济南市槐荫区，西临齐鲁大道、东临齐州路；南临横支 10 号路、北临横支 9 号路。是齐鲁大道、齐州路和规划的横支 10 号路、横支 9 号路的围合区域。

四、建设内容和规模

1. 建设内容

项目用地为居住用地。土地使用权出让年限为 70 年。建设住宅、底商、地下室、车库等，规划住宅为高层建筑。

国务院办公厅转发建设部等部门《关于调整住房供应结构稳定住房价格意见的通知》(国办发［2006］37 号)，要求切实调整住房供应结构，自 2006 年 6 月 1 日起，各城市（包括县城，下同）年度（从 6 月 1 日起计算，下同）新审批、新开工的商品住房总面积中，套型建筑面积 90 平方米以下住房（含经济适用住房）面积所占比重，必须达到 70%以上。规划要求按《城市居住区规划设计规范》要求配建居民日常生活所需的公共服务设施及中水等设施。同时要求中小套型普通商品住房用地比例不低于规划居住用地总面积的30%。

本项目规划设计方案将严格遵循济南市规划行政主管部门的要求确定建设内容和建设规模，科学规划、精心设计、贯彻科学发展观、建设可持续发展住宅小区。

2. 建设规模

申请项目总占地面积约2.93公顷，可规划建设用地1.69公顷。

初步方案确定，项目拟建总建筑面积8.62公顷，其中地上5.92公顷，地下2.70万平方米。总停车泊位数440个。

五、投资估算

1. 估算依据

（1）山东省综合预算定额；

（2）济南地区材料预算价格；

（3）以往开发项目的经验数据；

（4）其他企业开发的类似工程造价；

（5）现他投资估算的有关规定。

2. 估算范围

本项目投资估算范围包括：一期、二期工程所需工程费用、其他费用、预备费等，工程费用包括建安工程费和设备购置费。

3. 估算说明

（1）建设单位管理费：按前期费用与工程费用的6%计算；

（2）城市建设综合配套费：一般为246元/m^2，学校、托幼、车库等按照济政发［2003］3号文件进行减免；

（3）劳保统筹费：原则上按工程费用的2.6%计算，但考虑工程实际情况予以适当折减。

4. 费用估算

（1）土地费用的估算

土地费用总额估算值为11250万元。其中出让金10919万元，契税328万元。

土地费用估算表 **表5-12**

单位：万元

序号	项目名称	金额
1.1	土地费用	
1	土地出让金	10919
2	契税（此处为土地出让金额的3%）	328
3	其他费用（测图、评价等）	3.4
	合计	11250万元
按全面积计投资额＝1305元/m^2		

（2）前期工程费估算

前期工程费包括规划设计及可行性研究、环评，三通一平费等。共计 203 万元。其中，规划、设计、可研、环评等 155 万元。

前期工程费估算表　　表 5-13

单位：万元

序号	项　目　名　称	金额
1.2	前期工程费	
1.2.1	规划、设计、可研环评等	155
1.2.2	测量、水文、地质勘探	17
1.2.3	“三通一平”费用	17
1.2.4	地下、人防设计协助费用	14
	合计	203 万元
按全面积计投资额＝24 元/m^2		

（3）基础设施工程费

各项费用的估计，参照了已有案例。共计 1378 万元。

基础设施费，包括供电工程、供水工程、燃气工程、暖气工程、排污工程、小区道路工程、小区绿化工程等。其构成如下表。

基础设施建设费估算表　　表 5-14

单位：万元

序号	项　目　名　称	金额
1.3	基础设施建设费	
1.3.1	供电工程	862
1.3.2	供水工程	86
1.3.3	供气工程	52
1.3.4	供暖工程	80
1.3.5	排污费用	80
1.3.6	小区道路费用	85
1.3.7	小区绿化、小品费用	60
1.3.8	路灯工程	14
1.3.9	其他市政设施建筑	60
	合计	1378 万元
按全面积计投资额＝160 元/m^2		

（4）建筑安装工程费

这是项目总投资中的最大费用。各项费用合计为 17757 万元。

包括地上住宅建筑、地上底商建筑、地下储藏室、地上其他可售公建、地下其他可售公建、地下车库等建筑的建筑安装工程费。

地上住宅建筑是建筑安装工程费中最大的一项，为 11156 万元。

建筑安装工程费用估算表 **表 5-15**

单位：万元

序号	项 目 名 称	金额
1.4	建筑安装工程费	
1.4.1	地上住宅建筑	11156
①	土建工程费	7968
②	安装工程费	1594
③	装饰工程费	1594
1.4.2	地上底商建筑	1254
①	土建工程费	896
②	安装工程费	179
③	装饰工程费	179
1.4.3	地下储藏室	614
①	土建工程费	552
②	装饰工程费	15
③	安装工程费	46
1.4.4	地下车库建筑	4734
①	土建工程费	4261
②	装饰工程费	118
③	安装工程费	355
	项目建安费用合计	17757 万元
按全面积计投资额=2060 元/m^2		

（5）非经营性配套设施费

非经营性配套设施指不能或不宜对外经营的配套设施，其费用估计为 59 万元。具体包括物业管理用房、公共厕所等。

公共配套设施费估算表 **表 5-16**

单位：万元

序号	项 目 名 称	金额
1.5	公共配套设施费	
1.5.1	居住物业管理	40
1.5.2	公共厕所	9
1.5.3	地上简易停车设施等	10
	合计	59 万元
按全面积计投资额=3 元/m^2		

（6）开发期税费

各项费用之和估计为 2613 万元。其中人防易地建设费 183 万元（假设自建

70%），城市建设综合配套费 2031 万元，劳保统筹基金 299 万元。

人防易地建设费、城市建设综合配套费、劳保基金是开发期税费的最大构成项目。

开发期税费估算表　　**表 5-17**

单位：万元

序号	项 目 名 称	金额
1.8	开发期税费	
1.8.1	人防费用	183
1.8.2	配套费用	2031
1.8.3	劳保统筹费用	299
1.8.4	用电其他费用	17
1.8.5	用水其他费用	9
1.8.6	供暖其他费用	9
1.8.7	排污其他费用	9
1.8.8	规划手续、图纸审查费	41
1.8.9	散装水泥与墙改费用	17
	合计	2613 万元
按全面积计投资额＝303 元/m^2		

（7）其他费用估算

其他费用总和估计为 661 万元。

主要包括工程招标代理费用、交易管理费用、项目监理、项目管理费用、施工图标底编审费用等。具体构成见表 5-18。

其他费用估算表　　**表 5-18**

单位：万元

序号	项 目 名 称	金额
1.9	其他费用	
1.9.1	临时用地、道路占用费	15
1.9.2	临建费用	50
1.9.3	施工图标底编审、造价咨询	77
1.9.4	招标代理、交易管理等费用	19
1.9.5	总包管理费	77
1.9.6	工程监督费	13
1.9.7	工程监理费	172
1.9.8	项目管理费	96
1.9.9	竣工图编制费	9
1.9.10	工程保险费	134
	合计	661 万元
按全面积计投资额＝77 元/m^2		

（8）不可预见费（预备费）

不可预见费，即预备费（包括基本预备费和涨价预备费），共978万元。

（9）开发期财务费用

本项目借款22426万元，财务费用估算为2362万元，房地产开发贷款按年利率为6.65%计算。

（10）项目总投资估算表

项目总投资38597万元。由开发建设投资和经营资金两部分构成。

开发建设投资38597万元。开发建设投资由建筑安装工程费、基础设施工程费、公共配套设施费（前三者常合称之为工程费）；土地使用权费用、管理费用、销售费用、工程监督监理与造价咨询费用、综合配套费等相关税费（亦合称工程其他费）；预备费用；财务费用等构成。

本项目为非生产性项目，不单独设立经营资金，经营资金为0。

具体内容、金额、所占总投资的百分比见表5-19。

项目总投资估算表 **表5-19**

投资额单位：万元

序号	项目名称	总投资	所占总投资百分比
1	开发建设总投资	38597	100.0%
1.1	土地费用	11250	29.1%
1.2	前期工程费	203	0.5%
1.3	基础设施建设费	1378	3.6%
1.4	建筑安装工程费	17757	46.0%
1.5	公共配套设施建设费	59	0.2%
1.6	管理费用	581	1.5%
1.7	销售费用	791	2.0%
1.8	开发期税费	2613	6.8%
1.9	其他费用	661	1.7%
1.10	不可预见费	978	2.5%
1.11	财务费用	2362	6.1%
2	经营费用	0	0.0%
3	项目总投资	38597	100.0%
3.1	开发产品成本	38597	100.0%
3.2	固定资产投资	0	0.0%
按全面积计投资额=4478元/m^2			

第六章　营销计划与销售收入估算

第一节　项 目 营 销 计 划

房地产营销计划是房地产项目销售实施管理的基础，它既是一种市场工作的工艺流程，也是一种指导性文件。任何一个企业的经营活动都离不开营销计划的指导和控制。在房地产市场营销中，管理者必须制订应以市场需求为导向，以提高企业营销效能为目标的科学合理营销计划，以便在整体上把握整个营销活动。根据科勒的营销管理学理论，完整的市场营销计划主要包括以下几方面内容：计划概要和纲领、市场营销现状、机会与威胁分析、企业目标、市场营销策略、行动方案、预计损益表和控制，见图 6-1。其中，营销目标是为企业目标服务的，而营销策略又是为营销计划服务的。

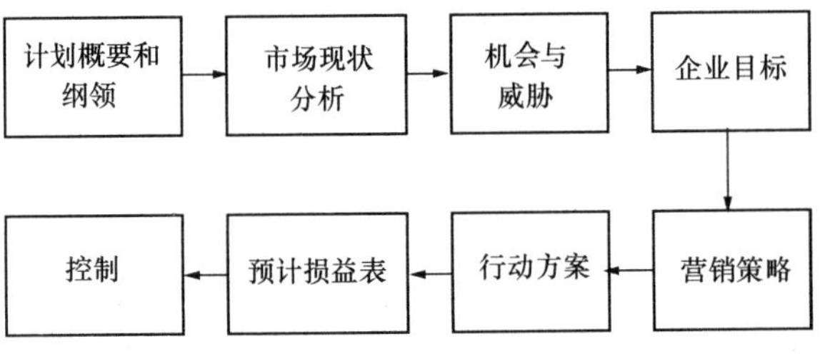

图 6-1　企业营销计划

一、计划概要和纲领

计划书一开头便应对本计划的主要目标和建议作一扼要的概述，计划概要可让高级主管很快掌握计划的核心内容，内容目录应附在计划概要之后。

二、市场营销现状

计划的这个部分负责提供与市场、产品、竞争、配销和宏观环境有关的背景资料。

（一）市场情势

应提供关于所服务的市场的资料，市场的规模与增长取决于过去几年的总额，并按市场细分与地区细分来分别列出，而且还应列出有关顾客需求、观念和购买行为的趋势。

（二）产品情势

应列出过去几年来产品线中各主要产品的销售量、价格、收益额和纯利润等信息。

（三）竞争情势

主要应辨明主要的竞争者并就他们的规模、目标、市场占有率、产品质量、市场营销策略以及任何有助于了解其意图和行为的其他特征等方面加以阐述。

（四）宏观环境情势

应阐明影响房地产未来的重要的宏观环境趋势，即人口的、经济的、技术的、政治法律的、社会文化的趋向。

三、机会与威胁分析

应以描述市场营销现状资料为基础，找出主要的机会与挑战、优势与劣势和整个营销期间内公司在此方案中面临的问题等。

（一）机会与威胁分析

机会与威胁指的是外部可能左右企业未来的因素。经理应找出公司所面临的主要机会与威胁，写出这些因素是为了要建议一些可采取的行动，应把机会和威胁分出轻重急缓，以便使其中之重要者能受到特别的关注。

（二）优势与劣势分析

应找出公司的优劣势，与机会和挑战相反，优势和劣势是内在因素，前者为外在因素，公司的优势是指公司可以成功利用的某些策略，公司的劣势则是公司要改正的东西。

（三）问题分析与策略

在这里，公司用机会与威胁和优势与劣势分析的研究结果来确定在计划中必须强调的主要问题。对这些问题的决策将会导致随后的目标，策略与战术的确立。

四、企业目标

此时，公司已知道了问题所在，并要作为与目标有关的基本决策，这些目标将指导随后的策略与行动方案的拟定。有两类目标——财务目标和市场营销目标需要确立。

（一）财务目标

每个公司都会追求一定的财务目标，企业所有者将寻求一个稳定的长期投资的盖率，并想知道当年可取得的利润。

（二）市场营销目标

财务目标必须要转化为市场营销目标。例如，如果公司想得 180 万元利润，且其目标利润率为销售额的 10%，那么，必须确定一个销售收益为 1800 万元的目标，如果公司确定每单元售价 20 万元，则其必须售出 90 套房屋。市场营销目标最终要具体为销售产品类型、销售套数、销售金额、销售进度等目标。目标的确立应符合一定的标准：

(1) 各个目标应以明确且可测度的形式来陈述，并有一定的完成期限。

(2) 各个目标应保持内在的一致性。

(3) 如果可能的话，目标应分层次地加以说明，应说明较低的目标是如何从较高的目标中引申出来。

五、营销方案比选

在制定营销方案时决策者往往会面对多种方案的比较选择，每一目标可用多种途径来实现。例如，增加10%的销售收益的目标可以通过提高全部的房屋平均售价来取得，也可以通过增大房屋销售量来实现。同样，实现销售收益目标的每一种途径也可用多种方法来实现。如促进房屋销售可通过扩大市场提高市场占有率来获得。对这些目标进行深入探讨后，便可找出房屋营销的主要策略。

策略陈述书可以如下所示：

目标市场：高收入家庭，特别注重于男性消费者及各公司，注重于外企。

产品定位：质量高档的外销房。有商用、住家两种。

价格：价格稍高于竞争厂家。

配销渠道：主要通过各大著名房地产代理公司代理销售。

服务：提供全面的物业管理。

广告：针对市场定位策略的定位的目标市场，开展一个新的广告活动，着重宣传高价位、高舒适的特点，广告预算增加30%。

研究与开发：增加25%的费用以根据顾客预购情况作及时的调整。使顾客能够得到最大的满足。

市场营销研究：增加10%的费用来提高对消费者选择过程的了解，并监视竞争者的举动。

六、行动方案

策略陈述书阐述的是用以达到企业目标的主要市场营销推动力。而现在市场营销策略的每一要素都应经过深思熟虑来做回答：将做什么？什么时候去做？谁去做？将花费多少？等等具体行动。

具体说来，就是销售的组织、计划和策略的实施方案。

七、预计损益表

行动方案可使经理能编制一个支持该方案的预算，此预算基本上为一项预计盈亏报表。主管部门将审查这个预算并加以批准或修改。

八、控制

计划的最后一部分为控制，用来控制整个计划的进程。通常，目标和预算都是按月或季来制定的。这样公司就能检查各期间的成果并发现未能达到目标的部门、产品。有些计划的控制部分还包括意外应急计划。分析销售未达目标的原因，找出应对措施或调整计划。

第二节　项目价格策略

一、定价的理论和方法

企业产品价格的高低要受市场需求、成本费用和竞争情况等因素的影响和制约[28]。企业制定价格时理应全面考虑到这些因素。但是，在实际定价工作中往往只侧重某一个方面的因素。大体上，企业定价有三种导向：成本导向定价法、需求导向定价法和竞争导向定价法。

（一）成本导向定价法

成本导向定价法是一种主要以产品的成本为依据的定价方法，是按卖方意图定价的方法。其主要理论依据是在定价时，要考虑收回企业在营销中投入的全部成本，再考虑获得一定的利润。产品的成本包括企业生产经营过程中所发生的一切实际耗费，客观上要求通过产品的销售而得到补偿，并且要获得大于企业支出的收入，超出部分表现为企业利润。常用的成本导向定价法包括如下几种。

1. 成本加成定价法

所谓成本加成定价是指按照单位成本加上一定百分比的加成来制定产品销售价格。加成的含义就是一定比例的利润。所以，成本加成定价公式为：

$$P = C(1 + R) \tag{6-1}$$

式中：P 为单位产品售价；C 为单位产品成本；R 为成本加成率。

采用成本加成定价法，确定合理的加成率是关键问题[29]。不同的产品应根据其不同的性质、特点、市场环境、行业情况等制定不同的加成比例。一般来说，高档消费品和生产批量较小的产品，加成比例应适当地高一些，而生活必需品和生产批量较大的产品，其加成比例应适当低一些。

例如，某商品住宅项目的单位成本为 25 万元，成本加成率为 20%，则该商品住宅的售价为：

$$P = C(1 + R) = 25(1 + 20\%) = 30\text{ 万元}$$

这种定价方法的优点在于简单易行，因为确定成本比确定需求容易，将价格盯住成本，可极大地简化企业的定价程序，也不必经常根据需求的变化调整价格；其次是缓和价格竞争。这种定价方法的不足之处在于：只考虑了产品成本，忽视了市场需求和企业竞争对价格的影响，这样定出的价格难以适应市场变化；且加成率是个估计值，缺乏科学性。

2. 盈亏平衡定价法

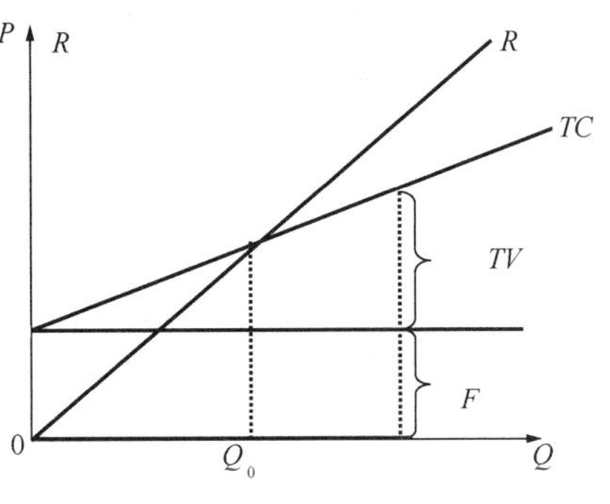

图 6-2　盈亏平衡示意图

盈亏平衡定价法又称收支平衡定价法、损益平衡定价法。盈亏平衡分析是在既定的固定成本、单位变动成本和价格条件下，确定能够保证房地产开发企业收支平衡的产（销）量；收支平衡点也称损益平衡点或盈亏平衡点。如图 6-2 所示，设 Q 轴为房地产商品产量轴，Q_0 为盈亏平衡点产量、P 为房地产产品销售价格，R 为房地产开发企业销售收入，F 为固定成本总额，TV 为可变成本总额。TC 为总成本，V 为单位房地产产品可变成本：则：

$$R = PQ$$

$$TC = F + TV = F + QV$$

盈亏平衡时

$$R = TC$$

$$Q = Q_0$$

$$PQ_0 = F + Q_0 V$$

$$Q_0 = \frac{F}{P - V} \tag{6-2}$$

即：盈亏平衡点产(销) 量 = 固定成本总额 /(售价 − 单位变动成本)

在此售价下实现的产（销）量使房地产开发企业刚好保本，因此，该价格是保本价格。即：

$$售价 = \frac{固定成本}{盈亏平衡点产(销)量} + 单位变动成本$$

盈亏平衡定价法侧重于总成本费用的补偿，这对经营多种房地产产品的开发企业极为重要。因为一种房地产产品的盈利伴随其他产品亏损的现象时有发生，开发某种产品时所获取的高盈利有可能被其他项目的亏损所冲抵。因此，定价时从保本入手而不是单纯考虑某种产品的盈利状况十分重要。在某种产品预期销售量难以实现时，可相应提高其他产品的产量或价格，在整体上实现企业产品结构以及产量的优化组合。

这一方法的缺点，在于要先预测产品销售量。销售量预测不准，成本不准，价格就定不准，而且它是根据销售量倒过来推算价格。实际上，价格的高低对销售量有很大的影响。

例如，某房地产开发企业的固定成本为 200 万元，单位建筑面积可变成本为 2500 元，预计项目完成后可销售面积 10000m^2，则该项目的售价为：

$$P = \frac{2000000}{10000} + 2500 = 2700 元/m^2$$

即盈亏平衡时，该房地产产品的售价为每平方米 2700 元。

以盈亏平衡点确定的价格只能使企业的生产耗费得以补偿，而不能得到收益。因而这种定价方法，是在企业的产品销售遇到困难，或市场竞争激烈，为避免更大的损失，将保本经营作为定价的目标时才使用的方法。

3. 目标收益定价法

目标收益定价法又称为投资收益率定价法，它是在企业投资总额的基础上，按照目标收益的高低计算价格的方法。其基本步骤如下：

1）确定目标收益率

$$目标收益率 = \frac{1}{投资回收期} \times 100\%$$

2）确定单位产品的目标利润额

$$单位产品的目标利润额 = 投资总额 \times \frac{目标收益率}{预期销售量}$$

3）计算单位产品的价格

$$单位产品的价格 = 单位产品成本 + 单位产品目标利润$$

目标收益定价法有一个较大的缺点，即以估计的销售量来计算应制定的价格，颠倒了价格与销售量的因果关系，把销售量看成是价格的决定因素，忽略了市场需求及市场竞争。如果无法保证销售量的实现，那么投资回收期、目标收益都会落空。但是，对于需求比较稳定的产品、供不应求的产品、需求价格弹性较小的产品，以及一些公用事业、劳务工程项目等，在科学预测的基础上，目标收益定价法仍是一种有效的定价方法。

4. 边际成本定价法

边际成本定价法是指根据每增加或减少单位产品所引起的成本变化量的定价方法。因为边际成本与变动成本比较接近，而变动成本的计算更为容易，在定价实务中多用变动成本代替边际成本。所以边际成本定价法亦称变动成本定价法。

边际成本定价法，是以单位产品变动成本作为定价依据和可接受价格的最低界限，结合考虑边际贡献来制定价格的方法。即企业定价时，只计算变动成本，不计算固定成本，只要价格高于单位产品的变动成本，企业就可以进行生产与销售。也就是以预期的边际贡献补偿固定成本，并获得收益。边际贡献是指企业增加一个产品的销售，所获得的收入减去边际成本的数值。如果边际贡献不足以补偿固定成本，则出现亏损；反之获得收益。其计算公式为

单位产品的价格＝单位产品变动成本＋单位产品边际贡献

边际成本定价法的基本特点是：不求赢利，只求少亏。它改变了售价低于总成本便拒绝交易的传统做法。通常适用于以下两种情况：一是市场竞争激烈、产品供过于求，库存积压，企业坚持以总成本为基础定价，市场难以接受，其结果不仅不能补偿固定成本，连变动成本也难以回收；二是订货不足、生产能力过剩、企业开工不足，

与其设备闲置，不如利用低于总成本但高于变动成本的价格，扩大销售维持生存，同时，尽量减少固定成本的亏损。但是，过低的成本有可能被指控为从事不正当竞争，并招致竞争对手的报复。这种定价方法在房地产商品中极少运用。

（二）需求导向定价法

需求导向定价法是以需求为中心的定价方法。它依据顾客对产品价值的理解和需求强度来制定价格，而不是依据产品的成本来定价。其特点是灵活有效地运用价格差异，对平均成本相同的同一产品，价格随市场需求的变化而变化，不与成本因素发生直接关系。其基本原则是市场需求强度大时，制定高价；市场需求强度小时，适度调低价格。这种导向定价法主要包括理解价值定价法、需求差异定价法和逆向定价法。

1. 理解价值定价法

理解价值定价法是根据顾客对产品价值的理解度，即产品在顾客心目中的价值观念为定价依据，运用各种定价策略和手段，影响顾客对产品价值认知的定价方法。

理解价值定价法的关键和难点，是获得顾客对有关产品价值的准确资料。企业如果过高估计顾客的理解价值，其价格就可能过高，影响销售量；反之，若企业低估了顾客的理解价值，其定价就可能低于应有水平，使企业收入减少。因此，企业必须通过广泛的市场调研，了解顾客的需求偏好，根据产品的性能、用途、质量、品牌、服务等要素，判定顾客对产品的理解价值，制定产品的初始价格。然后在初始价格条件下，预测可能的销售量，分析目标成本和销售收入。在比较成本与收入、销量价格的基础上，确定该定价方案的可行性，并制定最终价格。

2. 需求差别定价法

所谓需求差别定价法，是指产品价格的确定以需求为依据，可根据不同的需求强度、不同的购买力、不同的购买地点和不同的购买时间等因素，制定不同的价格。这种定价方法首先强调适应顾客需求的不同特性，而将成本补偿放在次要的地位。其好处是可以使企业定价最大限度地符合市场需求，促进产品销售，有利于企业获得最佳的经济效益。

根据需求特性的不同，需求差别定价法通常有以下几种形式。

（1）以顾客为基础的差别定价

即对同一产品，针对不同的顾客，制定不同的价格。在进行这种决策时，还是依据项目目标进行的，如对团购，可能采取较便宜的价格，特别是在前期，为积聚人气，引导销售，也可能针对不同的消费者采取不同的价格。

（2）以地理位置为基础的差别定价

随着地点的不同而收取不同的价格。不同的区位、不同的楼座位置，由于环境的不同，应有不同的价格。

（3）以时间为基础的差别定价

同一种产品，随时间不同，价格不同。在销售旺季和销售淡季，应该采取不同的折扣幅度，在项目销售的不同阶段，实际价格也会不同。

（4）以产品为基础的差别定价

不同档次的产品价格应有差别。如别墅和花园洋房或者住宅之间；同一档次的产品，当功能或面向的群体不同时，价格也应不同。如不同套型的住宅，通常价格不同。

实行需求差别定价法需要具备以下条件：1）根据需求强度可以对市场进行细分；2）各细分市场在一段时期内相互独立、互不干扰；3）高价市场中不能有低价竞争者；4）价格差异适度，不会引起消费者的反感。市场如果不具备以上三个条件，不仅达不到差别定价的目的，甚至会产生负面作用。

3. 逆向定价法

这种定价方法主要不是单纯考虑产品成本，而是首先考虑需求状况。依据市场调研资料，依据顾客能够接受的最终销售价格，计算自己从事经营的成本和利润后，逆向推算出企业的成本价。这种定价方法不以实际成本为主要依据，而是以市场需求为定价出发点，力求使价格为消费者所接受。逆向定价法的特点是价格能反映市场需求状况，使产品迅速向市场渗透，并可根据市场供求情况及时调整，灵活定价。

（三）竞争导向定价法

在竞争十分激烈的市场上，企业通过研究竞争对手的生产条件、服务状况、价格水平等因素，依据自身的竞争实力、参考成本和供求状况来制定有利于在市场竞争中获胜的产品价格。这种定价方法就是通常所说的竞争导向定价法。其特点是：产品的价格不与产品成本或需求发生直接关系。产品成本或市场需求变化了，但竞争对手的价格未变，就应维持原价；反之，虽然成本需求都没变动，但竞争对手的价格变动了，则要相应地调整其产品价格。当然，为实现企业的定价目标和总体经营战略目标，谋求企业的生存和发展，企业可以在其他营销手段的配合下，将价格定得高于或低于竞争对手的价格，并不一定要求和竞争对手的产品价格完全保持一致，竞争导向定价法主要包括以下两种方法：

1. 随行就市定价法

随行就市定价法，是指企业按照行业的平均现行价格水平来定价。在以下情况下往往采取这种定价方法：

（1）难以估算成本。

（2）企业打算与同行和平共处。

（3）如果另行定价，很难了解购买者和竞争者对本企业的价格的反应。

不论市场结构是完全竞争的市场，还是完全寡头竞争的市场，随行就市定价都是同质产品市场的惯用定价方法。

在完全竞争市场上，销售同类产品的各个行业，在定价时实际上没有多少选择的余地，都只能按照行业的现行价格来定价。若某个企业把价格定得高于时价，产品就会卖不出去，就会失去部分顾客；反之，若把价格定得低于时价，也会遭到其他企业的削价竞争。

在垄断性较强的市场上，企业间也倾向于制定相近的价格，因为市场上共有为数不多的几家大企业，彼此比较了解，购买者对市场行情也十分熟悉。若各企业制定的价格出现较大差异，顾客就会涌向价位较低的企业，竞相降价，则任何企业都难以确立绝对优势地位，得利者只能是购买者。

在异质产品市场上，企业有较大的自由度决定其价格。产品差异化使购买者对价格差异的存在不很敏感，企业相对于竞争对手总要确定自己的适当位置，或高于，或等同于或低于竞争对手的价格。总之，企业在制定价格时，要有别于其竞争对手，企业的市场营销策略亦要与之相协调，以应付竞争对手的价格竞争。

2. 密封投标定价法

在国外，许多大宗商品、成套设备和建筑工程项目的买卖和承包以及征用生产经营协作单位、出租小型企业等，往往采用发包人招标、承包人投标的方式来选择承包者，确定最终承包价格。一般说来，招标方只有一个，处于相对垄断地位，而投标方有多个，处于相互竞争地位。标的物的价格由参与投标的各个企业在相互独立的条件下来确定，在买方招标的所有投标者中，报价最低的投标者通常中标，其他的报价就是承包价格。这样一种竞争性的定价方法就称为密封投标定价法。

招标价格是企业能否中标的关键性因素。从理论上讲，报价最低的企业最易中标。但是报价的企业不会将价格水平定得低于边际成本，即使报价最低，中标率最高，若低于边际成本，会导致企业亏损；而报价越高，企业的利润虽然高，但中标的可能性越小。

二、价格确定的思路

根据房地产企业在市场的定位及其目标市场战略，房地产企业价格确定的思路主要有以下几类：

（一）维持生存

如果房地产企业开发的产品滞销，或面临激烈竞争，则需要把维持生存作为主要目标。为了确保企业不至于破产倒闭，企业必须制定较低的价格，利润比生存要次要得多。许多企业通过大规模的价格折扣，来保持企业生存。只要其价格能弥补可变成本和一些固定成本，企业的生存便可得以维持。

（二）当期利润最大化

有些房地产企业希望制定一个能使当期利润最大化的价格。他们估计需求和成本，并据此选择一种价格，使之能产生最大的当期利润、现金流量或投资报酬率。假定企业对其产品的需求函数和成本函数有充分的了解，则借助需求函数和成本函数便可制定确保当期利润最大化的价格。

（三）市场占有率最大化

有些房地产企业想通过定价来取得控制市场的地位，使市场占有率最大化。因为，企业确信赢得最高的市场占有率之后将享有最低的成本和最高的利润，所以，企业制定尽可能低的价格来追求市场占有率领先地位。

三、常见的定价方式

在激烈的市场竞争中，企业为了实现自己的营销战略目标，必须根据产品特点、市场供求及竞争情况，采取灵活多变的定价策略，使价格与市场营销组合中的其他因素更好地结合，促进和加大销售，提高企业的整体效益。正确选择价格策略是企业取得市场竞争优势地位的重要手段。

（一）新产品定价策略

新产品定价是定价策略中的一个重要问题，新产品初上市定价若得当，就能使其顺利进入市场，打开销路，占领市场，给企业带来利润；若定价不当，就有可能导致失败，影响企业效益。新产品定价基本策略有三种。

1.“撇脂定价”策略

这是一种高价策略，是指在新产品上市初期，将新产品价格定得较高，那么可在短期内获取丰厚利润，尽快收回投资。这种定价策略犹如从鲜奶中撇取奶油，取其精华，所以称为“撇脂定价”策略。

“撇脂定价”策略的优点是：（1）在新产品上市之初，竞争对手尚未进入，顾客对新产品尚无理性的认识，利用顾客求新求异心理，以较高的价格刺激消费，以提高产品身份，创造高价、优质、名牌的印象，开拓市场；（2）由于价格较高，可在短时期内获得较大的利润，回收资金也较快，使企业有充足的资金开拓市场；（3）在新产品开发之初定价较高，当竞争对手大量进入市场时采取降价手段，掌握降价主动权。

“撇脂定价”策略的缺点是：（1）高价不利于市场开拓、增加销量；（2）不利于占领和稳定市场；（3）高价高利容易引来竞争对手的涌入，加速行业竞争，仿制品、替代品迅速出现，迫使价格下跌；（4）高价在某种程度上损害了顾客利益，容易招致公众的反对和顾客抵制，甚至被当作暴利加以取缔，诱发公共关系问题。

2. 渗透定价策略

这是与撇脂定价策略相反的一种定价策略，是一种低价策略，即在新产品上市之初，企业将新产品的价格定得相对较低，吸引大量的购买者，以利于为市场所接受，迅速打开销路，提高市场占有率。

渗透定价策略的优点是：（1）低价可以使新产品尽快为市场所接受，并借助大批量销售来降低成本，快速提高市场占有率；（2）微利可以阻止竞争对手的进入，有利于企业控制市场；（3）企业可以长久占领市场，取得长久利益。

渗透定价策略的缺点是：（1）企业的投资回收期较长，见效慢，风险大；（2）不利于树立企业产品的优质名牌形象。

采用渗透定价策略，应具备如下条件：（1）产品的市场规模估计较大，存在强大的潜在竞争对手；（2）产品的需求价格弹性较大，顾客对此类产品的价格较为敏感；（3）大批量生产能显著降低成本，薄利多销可获得长期稳定的利润。

3. 满意定价策略

满意定价策略是一种介于“撇脂定价”和渗透定价之间的定价策略，以获取社会平均利润为目标。所定的价格比“撇脂定价”价格低，比渗透定价价格高，是一种中间价格。制定不高不低的价格，既能保证房地产企业能获取一定的利润，又能使房地产消费者所接受，使企业和消费者双方对价格都满意。

满意定价策略的优点如下：（1）产品能较快为市场所接受，且不会引起竞争对手的对抗；（2）可以适当延长产品的生命周期；（3）有利于企业树立信誉，稳步调价，并使顾客满意。

满意定价策略的缺点是定价保守，不适应市场的多变需求和激烈竞争。

对于企业来说，“撇脂定价”策略、渗透定价策略及满意定价策略分别适用不同的市场条件。何者为优，不能一概而论，需要综合考虑市场需求、竞争、供给、市场潜力、价格弹性、产品特性、企业发展战略等因素才能确定。

（二）折扣定价策略

产品价格有目录价格和成交价格之分。目录价格是指产品价格簿或标价签标明的价格，成交价格是指企业为鼓励顾客及早付款、大量购买、淡季购买等，在目录价格的基础上酌情降低以促使成交的价格。这种价格调整叫做价格折扣或折让。

折扣定价策略实质上是一种优惠策略，直接或间接地降低价格，以争取顾客，扩大销量。灵活运用折扣和折让定价策略，是提高企业经济效益的重要途径。

1. 数量折扣

数量折扣是房地产企业为鼓励顾客集体购买或根据顾客购买的房地产面积大小及其金额所采取的一种策略。它按照购买数量或金额，分别给予不同的折扣比率。集体购买顾客，其购买数量愈多，折扣愈大。如某房地产开发企业为了鼓励团体客户批量购买，对以一次集体购买 30 套商品房的团体，给以 9 折优惠。对于个人购买来讲，当顾客一次购买某种房地产产品达到一定面积或达到一定金额时，则给予折扣优惠。其目的是鼓励顾客大批量购买，或购买较大面积的房地产，促进产品多销、快销，从而降低企业的销售费用。数量折扣的促销作用非常明显，企业因单位产品利润减少而产生的损失完全可以从销量的增加中得到补偿。此外，销售速度的加快，使企业资金周转次数增加，流通费用下降，产品成本降低，从而使得企业总盈利水平上升。

运用数量折扣策略的难点在于如何确定合适的折扣标准和折扣比例。如果享受折扣的数量标准定得太高、比例太低，则只有很少的顾客才能获得优惠，绝大多数顾客将感到失望；购买数量标准过低且比例不合理，又起不到鼓励顾客购买和促进企业销售的作用。因此，企业应结合产品特点、销售目标、成本水平、资金利润率、需求规模、购买频率、竞争手段以及传统的商业惯例等因素来制定科学的折扣标准和比例。

2. 功能折扣

功能折扣又称交易折扣，是指房地产企业针对经销其产品的中间商在产品分销过程中所处的环节不同，其所承担的功能、责任和风险也不同，据此给予不同的价格折扣。

功能折扣的比例，主要考虑中间商在销售渠道中的地位、对房地产企业产品销售的重要性、购买批量、完成的促销功能、承担的风险、服务水平、履行的商业责任以及产品在分销中所经历的层次和在市场上的最终售价等等。鼓励中间商积极开展促销活动，大力推销本企业产品，并与房地产企业建立长期、稳定、良好的合作关系是实行功能折扣的主要目的。

3. 现金折扣

这是房地产企业对顾客迅速付款的一种优惠。现金折扣是对在规定的时间内提前付款或用现金付款的顾客所给予的一种价格折扣，其目的是鼓励顾客尽早付款，加速资金周转，降低销售费用，减少财务风险。

现金折扣一般根据约定的时间界限来确定不同的折扣比例。例如，顾客必须在30天内付清货款。若在10天内付清货款，则给予2%的价格折扣，若在20天内付清货款，则给予1%的价格折扣。采用现金折扣一般要考虑三个因素：折扣比例；给予折扣的时间限制；付清全部货款的期限。

4. 季节折扣

季节折扣，是指对在非消费旺季购买房地产商品的消费者提供的价格优惠。例如，在旅游旺季，各酒店、宾馆竞相降价吸引游客，这不仅有利于游客减少支出，还有助于投资者增加收入。又如，在春节前后或酷暑、隆冬季节，对购房者给予一定的价格优惠，可增加房地产企业的销售收入。

（三）心理定价策略

这是一种根据顾客心理要求所采用的定价策略。每一件产品都能满足顾客某一方面的需求，其价值与顾客的心理感受有着很大的关系。这就为心理定价策略的运用提供了基础，使得企业在定价时可以利用顾客的心理因素，有意识地将产品价格定得高些或低些，以满足顾客物质和精神的多方面需求，通过顾客对企业产品的偏爱或忠诚，诱导顾客增加购买，扩大市场销售，获得最大效益。具体的心理定价策略如下：

1. 整数定价策略

整数定价策略，是把房地产商品价格定为一个整数，不带尾数。对于同种类型的商品房，往往有许多房地产企业开发建设，但其设计方案、内外装修等各有千秋，消费者往往以价格作为辨别质量的“指示器”。特别是对于一些高档别墅或外销房，其消费对象多是高收入者和上流社会人士，他们往往更关注楼盘的档次是否符合自己的要求，而对其单价并不十分关心。所以对于这类商品房，采取整数单价反而会比尾数定价更合适。如一些装修豪华、外观别致、气派不凡的高档别墅开价往往都是一套 80 万元、100 万元或 50 万等。因为这类消费者购买高档商品房的目的除了自我享用以外，还有一个重要的心理因素，就是显示自己的财富或地位。因此，在这里采用整数定价法可能比尾数定价法销路要好。

2. 尾数定价策略

尾数定价策略是与整数定价策略正好相反的一种定价策略，是指企业利用消费者求廉的心理，在产品定价时，取尾数，而不取整数的定价策略。它常常以奇数作尾数，尽可能在价格上不进位。例如，某楼盘可以定价为每平方米 2999 元，而不必定为每平方米 3000 元。消费者之所以会接受这样的价格，原因主要有两点：一是尾数定价会给人便宜很多的感觉。如开发商定价为每平方米 2999 元，消费者会产生还不到 3000 元价格比较便宜的感觉；二是有些消费者会认为整数定价是粗略的定价，并不准确，非整数定价会让消费者产生定价认真、一丝不苟的感觉，使消费者在心理上产生对经营者的信任感。

3. 声望定价策略

这是根据产品在顾客心目中的声望、信任度和社会地位来确定价格的一种定价策略。声望定价策略可以满足某些顾客的特殊欲望，如地位、身份、财富、名望和自我形象等，还可以通过高价显示名贵优质。因此，这一策略适用于高档别墅或者高档名牌房地产开发商品。

4. 招徕定价策略

招徕定价策略是指企业将某几种产品的价格定得非常之高，或者非常之低，以吸引顾客的好奇心理和观望行为之后，带动其他商品的销售，加速资金周转。

招徕定价策略主要是利用顾客的求廉心理，运用得较多的是将少数产品价格定得较低，吸引顾客在购买“便宜”的同时，能购买其他价格比较正常的商品。

将某种产品的价格定得较低，甚至亏本销售，而将其相关产品的价格定得较高，也属于招徕定价的一种运用。现在有一些房地产公司为形成购买人气，先以每平方米低于市场价格的价格开盘，招来人气，然后以低开高走策略销售剩余的绝大部分商品房。

（四）差别定价

差别定价策略是指企业在销售商品时，根据商品的不同用途、不同交易对象等采用不同价格的一种定价策略。差别定价策略一般有以下几种形式。

1. 根据同一楼盘中不同单元的差异制定不同价格

在同一栋商品房中，虽然设计方案、施工质量、各种设备等都一样，但各单元之间存在着层次、朝向、房型、采光条件等方面的差异。开发商可根据上述情况来综合评定各单元的优劣次序，从而确定从高到低的价格序列。

以多层商品房为例，在确定基价后，可根据层次对售价进行修正。在一幢 6 层的房屋中，一般可以将 2 层楼的售价定为基价，3～4 层由于层次居中，采光条件较好，通行也较为方便，其售价一般可达到基价的 110%～120%；5 层虽然采光条件不错，但由于位置较高，通行不便，售价往往只能达到基价的 95%；1 层虽然采光条件略差，但其通行方便，其售价也可达到基价的 90%以上；而顶层除了通行不便外，还有因楼顶直接与外界接触，容易因日照、降水等自然侵袭使房屋受损的缺点，因此，顶层的售价最便宜。

2. 对不同的消费群体制定不同的价格

某些楼盘所面对的消费群体的范围可能比较大，开发商可以针对消费群体的不同而制定不同的售价，对于有些消费者给予优惠，即根据具体情况灵活掌握售价，差别对待。例如对于普通消费者实现照价收款的，而对于教师购房则给予 9 折优惠等。实现这种策略，可以体现房地产企业重视教育、重视知识分子的良好风尚，有助于在社会上树立企业形象，提高企业的知名度，从而提高企业的竞争力。但是，现实中也有开发商利用信息的不对称性、购房者经验的不足，采取价格歧视行为，损害购房者的利益。

3. 对不同用途的商品房制定不同的价格

房地产开发商可根据购房者购房后的不同用途采用不同的定价。例如有的购房者将所购房作为办公楼，有的用作职工宿舍，有的作为商业用房等，对于不同的用途，可制定不同的价格。

4. 对不同的交易对象制定不同的价格

在商品流通中，各流通环节都各有其职能作用。因此，在价格上必须采取差别价格，区别对待。在我国，现行制度规定的商品价格分为四个层次，即出厂价格、调拨价格、批发价格和零售价格。同样，在房地产销售过程中也存在着类似的成本价、团购价、福利价、国家定价、国家指导价、市场调节价等。

（五）过程定价

在实际销售中，市场销售环节可能相对复杂多变，房地产企业往往需要在确定总体定价策略后，根据实际情况确定其销售过程定价策略。

1. 低开高走策略

低开高走策略就是随着施工建筑物的不断成形和不断接近竣工，或根据销售进展情况，每到一定的调价时点，按预先确定的幅度提高一次售价的策略，也就是价格有计划定期调高的定价策略。其优点主要体现在三个方面：第一，便于快速成交，促进良性循环；第二，每次调价能使顾客感受到房地产在增值，给前期购房者信心，从而进一步增加人气；第三，便于日后价格控制；第四，便于加快资金周转。但其也存在一些缺点：第一，首期利润不高；第二，楼盘形象难以提升。现实中开发商经常利用此策略。开始时，投放少量商品房，这些商品房在整个项目中的位置通常比较差，以较低的价格推上市场，积聚人气、收获信心，为下一步提价做准备。

2. 高开低走定价策略

这种定价其目的是开发商在新楼盘上市初期，以高价开盘销售，迅速从市场上获取丰厚的利润，然后逐步降低价格，让其他消费层次的顾客购买。其好处是：第一，便于获取最大的利润；第二，高价未必高品质，但高品质却需要高价支撑，因此容易形成先声夺人的气势，给人以楼盘高品质的展示；第三，由于高开低走，价格先高后低，后续消费者会感受到实惠。其不利之处是：第一，价格高，难以聚集人气，楼盘营销有一定的风险；第二，先高后低虽然迎合了后期的消费者，但对前期消费者是非常不公平的，对开发商的品牌有一定的影响；第三，日后的价格直接调控余地小。现实中，由于市场变化，后期房价下跌，不乏消费者要求退房的案例。

第三节　项目促销策略

房地产促销是房地产市场营销管理中最复杂、最富技巧、最具风险的一个环节，促销策划主要应围绕促销的基本方式来进行。所谓房地产促销是指房地产企业向目标顾客传递产品信息，促使目标顾客作出购买行为而进行的一系列说服性沟通活动。它是房地产市场营销组合的四个构成要素之一。

一、常见的促销策略

房地产促销组合方式多种多样，归纳起来主要有四种：广告、公共关系、人员推销和销售促进。

（一）房地产广告

1. 房地产广告定义及特征

房地产广告指房地产企业按照一定的预算方式，支付一定的费用，通过一定的媒体将商品信息传送给广大目标顾客的一种沟通方式。在信息化程度越来越高的现代社会中，广告是房地产企业促销活动中最有效和最常用的手段，因为广告能迅速而广泛地向消费者和用户提供产品信息。其特征包括：

（1）信息量大。一般来说，购房者在做出购买决定前会反复考虑才会形成购买决定。因此房地产广告必须尽可能最大量地把项目的位置、价格、付款方式、物业特点、发展商、售卖地点和时间等信息全部交代清楚，购房者将相关信息了解清楚之后才会决定是否去售楼现场。

（2）时间性强。房地产广告宣传非常重视促销效果，广告的时间性极强，开发商在投入广告前要注意宣传的覆盖率，即启动多种宣传媒介以全面覆盖目标消费群。一笔广告费投下去必须在较短时间换回一定的销售额，房地产广告在宣传量上达不到一定的饱和度，就无法保证短时间内的大量成交。

（3）区域性强。由于房地产价值昂贵，并且不可移动，因而房地产的销售具有明显的区域性。

2. 房地产广告媒体选择

房地产广告的媒体主要包括报纸、杂志、电视、广播、户外媒体和互联网等。不同的媒体具有不同的传播特点，房地产企业应根据企业实际情况选择合适的传播媒体以达到最优的传播效果。

（1）报纸。报纸媒体的弹性和时效性特点十分突出，报纸可在很短时间内插入或取消广告，并有从小分类广告到多页广告的多种广告尺寸。报纸的广告空间不像电视和广播那样受到限制，广告页可增可减。报纸可用来覆盖整个城市，如果有区域版，还可选择区域版报纸。客观地讲，报纸媒体的成本相对低廉。报纸媒体的局限性在于保存性差，传递率低，广告版面太小易被忽视。

（2）杂志。杂志的印刷质量高，可覆盖到全国市场，保存时间相对较长，可大量传阅。但杂志的出版时间没有多少弹性，通常要求广告在发行前数周递交上来。杂志很难发布时效性强的广告信息，难以引发冲动式购买决策。

（3）电视。电视媒体结合了动作、声音和特殊视觉效果，能给观众不一般的视听感受。电视媒体不但可以展示产品，还可以做产品说明。电视媒体的覆盖范围广，且广告播放时间的弹性高。但是，电视广告稍纵即逝，不适合传播复杂的广告信息。电视媒体可能是较为昂贵的一种媒体，但却拥有广大的观众。另外，电视广告制作成本高昂。

（4）广播。由于覆盖范围广，广播媒体是成本较低的一种媒体。值得注意的是，广播听众注意力通常比较低，因为他们通常是在工作、驾驶、读书时收听电台广播。

（5）户外广告。户外广告的主要优势在于成本比较低廉。广告牌可以在特定区域内提供密集的市场覆盖率。

（6）互联网。互联是一种新兴媒体，互联网让数百万企业和个人可以通过网络直接互相通信。

3. 房地产广告效果评价

房地产广告效果是通过广告媒体传播之后所产生的影响。这种影响可以分为：广告沟通效果和广告销售效果。

（1）房地产广告沟通效果

测定房地产广告沟通效果的方法主要有广告事前测定与广告事后测定。广告事前测定，是在广告作品尚未正式制作完成之前进行各种测验，或邀请有关专家、消费者小组进行现场观摩，或在实验室采用专门仪器来测定人们的心理活动反应，从而对广告可能获得的成效进行评价。广告的事后测定，主要用来评估广告出现于媒体后所产生的实际效果。

（2）房地产广告销售效果

房地产广告销售效果的测定，就是测定广告传播之后增加了多少销售额和利润额。可以通过两种方法进行：①历史资料分析法。它是由研究人员根据同步或滞后的原则，利用最小平方回归法求得企业过去的销售额与企业过去的广告支出二者之间关系的一种测量方法。②实验设计分析法。即可选择不同地区，在其中某些地区进行比平均广告水平强50%的广告活动，在另一些地区进行比平均水平弱50%的广告活动。从150%、100%、50%三类广告水平地区的销售记录，就可以看出广告活动对企业销售究竟有多大影响。

（二）房地产公共关系

（1）房地产公共关系的含义及特点

房地产公共关系，指企业为树立或提高企业或产品形象而通过各种公关工具所进行的宣传报道或展示。它是用来影响大众对房地产企业、产品和政策产生好感的一种销售促进工具。房地产公共关系宣传的基本内容是妥善处理各种内外关系。公共关系宣传的最大特点是潜在效果明显，每一次有利的公共关系宣传不一定带来房地产企业产品销量的剧增，但它能强化房地产企业产品在社会公众中的形象，提高房地产企业产品的知名度和美誉度，使企业长期受益。

（2）房地产公共关系宣传的方式

产品发布、管理层声明和专题文章是公关宣传最常运用的三种方式。产品发布宣布新产品的推出，提供有关产品特征的信息，并告诉听众或读者如何获取进一步的信息。公共关系宣传一般在电视网上播出，在行业期刊及商业出版物的产品专栏中刊载，或在消费者杂志的商业及消费者新闻栏目中刊登。

管理层声明是把公司总裁或其他高级管理人员讲话的内容向外界公布。管理层声明刊登在新闻栏目中；这使它具有了更高的可信度。与产品发布不同，管理层声明不限于介绍产品，还可以涉及其他与公众有关的问题，如：对经济状况的看法；有关房地产业发展趋势的声明；对未来房地产销售情况的预测；对研究房地产开发工作的进展或房地产市场研究结果的评论；宣布公司举办的营销活动；对外国产品的竞争以及全球经济发展的观点；对环境问题的看法。

专题文章是由公关公司撰写的详细介绍产品或其他有新闻价值的计划的文章。这些文章一般在大众媒体刊登；或通过互联网进行传播。这种材料准备起来费用低廉，却可能为公司带来许多潜在客户或投资者。

（三）房地产人员推销

1. 房地产人员推销的含义

房地产人员推销就是通过推销人员与消费者的直接接触，对产品和服务进行介绍和推广，鼓励和说服顾客购买。作为企业和购买者之间相互联系的纽带，销售人员的工作任务是既要使企业获得满意的和不断增长的销售额，又要培养与顾客的友善关系，并反映市场信息和购买者信息。

2. 优秀销售人员的特征

良好的销售业绩是与反映在销售人员的个人特点和工作行为上的具体特征相联系的，这些特点包括销售人员给人留下的第一印象、知识的深度和广度、适应性、敏感性、积极性、自尊、幽默感、创造性、承担风险的能力，以及诚实和道德感。

（1）第一印象。销售人员的看法被客户接受的可能性大部分取决于初次接触。影响第一印象的因素包括外貌、服饰、身体语言、眼神接触、握手、准时和礼貌等。

（2）知识的广度和深度。具有宽广知识面的销售人员能够与各种客户有效地进行许多话题交流，并与客户分享共同的兴趣。销售人员的知识深度反映出他们对业务、产品、公司、竞争对手以及与销售工作有关的总体经济形势的理解。知识丰富的销售人员时刻注意倾听客户的话，了解行业的最新发展情况，并注重吸取信息。

（3）适应性和敏感性。适应性即调整与客户交流方式的愿望和能力。适应性强的销售人员一般能够达到更好的效果。敏感性即善解人意，能够设身处地为别人着想。成功的销售人员应该尊重客户，关注潜在客户的需要。大多数人都能很快注意到销售代表对待他们的积极态度，并做出相应的反应。良好的倾听技巧是敏感性的另一方面，倾听可以使销售人员更好地理解客户的需要。

（4）积极性和创造性。积极性反映了销售人员内心对公司产品和客户需要的投入程度，积极主动的销售人员往往更有进取心。创造性要求销售人员敢于冒险，追求不断变化而非固守老套。优秀的销售人员总是在不断寻找能够使客户、自己和公司获益的新想法、新方法和新方案。

（5）自尊。自尊包括自我价值感和自信。成功的销售人员对自己有积极的看法，喜爱自己的产品和公司，并盼望着见到潜在的客户。反之，缺乏自信的销售人员很难在销售工作中取得成功。

（6）幽默感。幽默能够帮助客户放松，还能使客户记住你。

（7）诚实和道德感。真正优秀的销售人员被客户看作是可以信赖和依靠的人。大部分人员销售工作都需要与客户建立长期关系，欺骗、误导或不诚实的行为是不可能建立长期关系的。

3. 房地产人员推销策略

房地产人员推销是一种传统的促销方式，在现代企业市场营销和社会经济发展中，人员推销起着重要作用。

（1）房地产销售队伍规模

房地产销售队伍的规模直接影响着销售量和销售成本的变动。企业确定销售队伍规模通常有三种方法：

1）销售百分比法。企业根据历史资料计算出销售队伍的各种耗费占销售额的百分比以及销售人员的平均成本，然后对未来销售额进行预测，从而确定销售人员的数量。

2）分解法。即把每一位销售人员的产出水平进行分解，再同销售预测额相比，就可判断销售队伍的规模大小。

3）工作量法。即主要从销售人员的数量与销售量之间的内在联系出发确定销售队伍规模。

（2）房地产销售工作安排

房地产销售工作安排是指在销售队伍规模既定的条件下，销售人员如何在产品、顾客和地理区域方面分配时间和资源。

1）时间安排（顾客方面）。大多数市场的顾客都是互不相同的。因而，每位销售人员在做销售时间安排时会涉及这样三个问题：①在潜在顾客身上要花多少时间？②在现有顾客身上要花多少时间？③如何在现有顾客和潜在顾客之间合理地分配时间？对企业而言，时间安排通常表现为销售目标有比较明确的规定。企业进行人员推销决策时，必须重视销售时间的安排。

2）资源分配（产品方面）。一支销售队伍通常要推销一系列产品。所以销售人员必须寻求一种最为经济的方式在各个产品间配置推销资源（时间）。企业在决策时不能仅看到近期的销售额和利润率，还必须着眼于长远的利益。

（3）房地产销售区域设计

房地产企业在销售区域设计时要考虑下述条件。1）区域要易于管理；2）各区域的销售潜量容易估计；3）能够严格控制推销的时间花费；4）对推销员来说，每个区域的工作量和销售潜量都是相等的，而且足够大。企业要想满足这些条件，可以通过对区域单位大小和形状的确定而达到。设计区域大小主要有两种方法，即同等销售潜量法和同等工作量法。企业按同等销售潜量法划分区域能给每个销售代表提供相同的收入机会，并有利于企业衡量销售代表的工作绩效。

（4）房地产销售人员的挑选和培训

房地产企业的销售工作要想获得成功，就必须认真挑选销售人员。因为普通销售人员和高效率销售人员在业务水平上有很大差异，如果销售人员所创造的毛利不足以抵偿其销售成本，则必然导致企业亏损，挑选高效率的销售人员成为管理决策的首要问题。企业在确定了挑选标准之后，企业人事部门就可以进行招聘。企业要对应聘者进行评价和筛选。此后，企业必须对销售人员实行训练。

（5）房地产销售人员的激励

由于工作性质、人的需要等原因，企业必须建立激励制度来促使销售人员努力工作。

1）销售定额。订立销售定额是企业的普遍做法。它们规定销售人员在一年中应销售多少数额并按产品加以确定，然后把报酬与定额完成情况挂起钩来。每个地区销售经理将地区的年度定额在各销售人员之间进行分配。

2）佣金制度。企业为了使预期的销售定额得以实现，还要采取相应的鼓励措施，其中最为常见的是佣金。佣金制度能鼓励销售人员尽最大努力工作，并使销售费用与预期收益紧密相连，同时，企业还可根据不同产品、工作性质给予销售人员不同的佣金。

（6）房地产销售人员的评价

销售人员的评价是企业对销售人员工作业绩考核与评估的反馈过程。加强对销售人员的评价在企业人员推销决策中具有重要意义。

1）要掌握和分析有关的情报资料。情报资料的最重要来源是销售报告。销售报告分为两类：一是销售人员的工作计划；二是访问报告记录。企业管理部门应尽可能从多个方面了解销售人员的工作绩效。

2）要建立评估的指标。评估指标要基本上能反映销售人员的销售绩效。主要有销售量增长情况、毛利润、每天平均访问次数及每次访问的平均时间、每次访问的平均费用、每百次访问收到订单的百分比、一定时期内新顾客的增加数及失去的顾客数目和销售费用占总成本的百分比等。

3）实施正式评估。企业在占有了足够的资料，确立了科学的标准之后，就可以正式评估。大体上有两种评估方式。一种方式是将各销售人员的绩效进行比较和排队。另一种方式是把销售人员目前的绩效同过去的绩效相比较。

（四）房地产销售促进

1. 房地产销售促进概念

房地产销售促进是营销活动的一个关键因素。房地产销售促进是指企业运用各种短期性的刺激工具，鼓励购买或销售企业产品或服务的一种促销方式。房地产销售促进的最大特点是即期效果明显。如果广告提供了购买的理由，销售促进则提供了购买的刺激。销售促进通常由开发商和中间商主导，开发商销售促进的目标可能是中间商和最终使用者，也可能是开发商自己的销售人员；中间商销售促进的目标是自己的销售人员或分销渠道的下一层潜在客户。房地产销售促进的工具有：消费者促销（优惠券、现金返回、价格减价、赠品、奖金、光顾奖励、免费试用、产品保证、产品陈列和示范）；交易促销（购买折让，广告和展示折让）以及业务和销售人员促销（贸易展览会，销售员竞赛和特定广告）。绝大多数组织都运用销售促进工具，这些组织包括开发商、分销商、贸易协会以及一些非营利机构。

2. 房地产销售促进的工具

常见的销售促进工具根据目标受众分为 3 类：组织用户或家庭用户、中间商以及开发商的销售团队（表 6-1）。

常见的销售促进工具 **表 6-1**

组织用户或家庭用户	中间商和他们的销售团队	开发商的销售团队
折价券 现金回扣 赠品 免费样品 销售竞赛和奖券 POP 陈列 产品示范 贸易展览和展示会 广告赠品	展览和展示会 POP 陈列 免费产品 广告折让 销售人员比赛 培训中间商的销售团队 产品示范 广告赠品	销售比赛 销售会议 销售培训手册 推广资料袋 产品示范

（1）销售促进主要工具

1）折扣。折扣在楼盘销售促进当中运用得最多。在楼盘促销当中，不同类型楼盘的折扣类促销方式、同一类型楼盘在销售期不同阶段的折扣方式往往各有不同的特点，使得折扣类促销这种传统的方式也有很多的变化。从楼型分类来看，豪宅、别墅这些档次比较高的楼型采取折扣的促销方式比较多，并且折扣的幅度也比较大。从促销时机来看，则主要集中在开盘的时候、节日的时候和展销会期间。

2）赠送。赠送类销售促进方式是楼盘促销当中常用的方法。几乎所有的楼盘在不同的时期当中都用到了这一促销方式，区别只是在于赠送什么和在什么时期推出什么样的赠送。从赠送的内容来看，赠送得最多的是装修、家具和家电，似乎楼盘连同装修、家具、家电一同出售已经成为房地产销售的一种习惯；从楼盘类型来看，豪宅、别墅楼型偏向于赠送豪华装修，采取的方式可能是赠送装修套餐。普通住宅楼型则较多的选择赠送价值相对低一点的家具、家电等。不少别墅型楼盘还推出赠送车位的促销。

3）节日促销方式。节日促销主要是指房产商把各种各样的促销形式形成组合集中到节日这一特殊的时间段来开展促销的做法。节日已经成为各大楼盘进行促销的黄金时间。从楼盘的角度来说，新推出楼盘和销售当中的楼盘，其节日促销的具体方式也有一些差别。新楼盘的节日促销主要是想利用节日人气集中的特点达到推广和宣传的目的。已处于销售当中的楼盘在节日会突然加大促销的力度，表现为加大折扣、增加赠送，突出加大对购房者的优惠，以达到增加成交量的目的。从节日促销的具体内容来看，价格策略是节日促销的主要特色。采取的手段包括：推出特价单位；各种各样的打折，比如新楼盘开售的前几位买家可获额外折扣，规定时间内成交可获折扣；以现金回赠买家等。开发商在节日期间采取发各式各样的赠送来吸引购房者：送豪华装修套餐、送物业管理费、送购房契约税、送家电家具、送电话初装费、管道煤气初装费等。选择在楼盘现场举办各种现场活动：现场抽奖活动、大型欢庆活动、免费接送看楼等。

4）概念促销方式。房产商为了把自己的楼盘特点突现出来，并与其他的楼盘区别开来，都偏好于进行各种各样的概念炒作。开发商除了利用传统的广告方法来推广其楼盘主题，也开始专门举办一些活动来进行推广，这也可以说是目前房地产促销当中的一个新的趋势。从概念促销的具体内容来看，不同楼型的楼盘采取的内容会有一些差别。普通楼型的楼盘倾向于通过专门举办一些活动来让购房者了解其楼盘，对于一些卫星城楼盘、社区楼盘来说，近年来在概念促销上又有了一些新的做法，其中“打教育牌”是目前最流行的做法。开发商抓住了消费者注重教育的心理，在开发的过程中就注重与名校进行合作，在楼盘社区内合办学校，在销售的时候以此来吸引住户。

5）展览会是由房地产业组织筹划主办的一种产品/企业展示活动。在有限空间和时间内，展览会让买卖双方见面并产生互动。房产商会如推出免费看楼车接送购房者，展销会现场赠送小礼品等方式来吸引人们的注意力。参展成本并不低，因此企业应该选择性地参展，并要求展览主办单位提供参观者的人口统计特点资料。

（2）影响选择销售促进工具的因素

房地产销售促进管理的主要工作是决策哪种销售促进工具可以帮助达成销售目标。影响选择销售促进工具的因素包括：

1）产品特点；

2）目标受众的特点；

3）销售促进工具的成本；

4）经济情况。

（3）试验、实施和控制房地产销售促进方案

房地产销售促进方案制定后一般要经过试验才予以实施。通过试验明确所选用的销售促进工具是否适当，刺激规模是否最佳，实施的方法效率如何等。

对于每一项销售促进工作都应该确定实施和控制计划。实施计划必须包括前置时间和销售延续时间。前置时间是从开始实施这种方案前所必需的准备时间，主要包括：最初的计划和设计工作，配合广告宣传的准备工作和销售点材料；通知现场推销人员；为个别分销店建立地区的配额；购买特别赠品或印刷包装材料等。销售延续时间是指从开始实施优惠措施起到大约95%的采取此优待办法的商品已经到达消费者手中为止的时间。在实施计划的制定及执行过程中，应有相应的监控机制作保障，应有专人负责控制事态的进展，一旦出现偏差或意外情况应及时予以纠正和解决。

（4）评估房地产销售促进效果

对房地产销售促进效果评估的方法依市场类型的不同而有所差异。开发商可用三种方法对促销的效果进行衡量：销售数据，消费者调查和实验。

销售数据评估。包括使用扫描器检查销售数据，它可用信息资源公司的计算机数据。营销者可分析各种类型的人对促销的态度，促销前的行为，购买促销产品的消费者后来对品牌或其他品牌的行为。一般而言，当销售促进活动能将竞争对手的顾客拉过来试一下较优的产品并使这些顾客永久地转换过来，那么这项促销是十分有效的。

消费者调查。用消费者调查去了解多少人记得这次促销，他们的看法如何，多少人从中得到好处，以及这次促销对于他们随后选择品牌行为的影响程度。

实验评估。这些实验可随着促销措施的属性如刺激价值、促销期间长短和分销中介等等的不同而异。

除了评估各种特定的促销费用方法外，管理层还应注意其他可能的成本问题。第一，促销活动可能会降低对品牌的长期忠诚度，因为更多的消费者会形成重视优待的倾向而不是重视广告的倾向。第二，促销费用实际上要比估计的更为昂贵。第三，其他的成本还包括一些特别的生产管理费、销售人员的额外工作费和手续费。第四，某些促销方式可以刺激零售商，但它们要求给予额外的交易折让，否则就不愿合作。

二、促销策略考虑的因素

一般来讲，房地产企业在实施促销组合决策时，需特别考虑以下因素：

（一）促销组合目标

确定最佳促销组合，首先需要确定房地产企业具体的促销组合目标[30]。在促进购买者对房地产企业及其产品的了解方面，广告的成本效益最好，人员推销居其次。购买者对企业及其产品的信任，在很大程度上受人员推销的影响，其次才是广告。广告、销售促进和宣传在建立购买者知晓方面，比人员推销的效益要好得多。购买者购房与否主要受推销访问的影响，销售促进则起辅助作用。

（二）推式与拉式战略

推式战略指利用推销人员与中间商将产品推入渠道，即企业将产品积极推到中间商手中，中间商又积极地将产品推向消费者。拉式战略则正好相反，是企业针对最终消费者，将大量资金投在广告及消费者促销活动上，促使消费者认知并进一步要求购买该产品，于是拉动了整个渠道系统。企业对推式战略和拉式战略的选择会影响用于各种促销组合工具的预算分配。

（三）产品的市场类型和产品生命周期阶段

在不同的产品市场类型中，同一种促销方式所产生的促销效果是不同的。在消费者市场上，广告是最主流的促销方式，其次是销售促进，之后是人员推销和公关宣传。而在产业市场上，人员推销成为最主流的促销方式，其次是销售促进，最后是广告和公关宣传。产生这种差异的根本原因在于消费者市场和产业市场在需求和购买行为上的差别。消费者市场人数多、分布广，采用广告形式能够迅速传播信息，说服消费者购买。产业市场采购集中，产品复杂，定制性强，专家购买，采用人员推销效果更好。

在产品生命周期的不同阶段，不同促销方式的效果也有所不同。在介绍期和成熟期，广告和销售促进是十分重要的促销组合因素。这是由于新产品初上市时消费者对其不认识、不了解，需要通过适当的广告和销售促进活动吸引广大消费者的注意。在成长期，口头传播变得重要了，宜于用人员推销取代广告和销售促进的主导地位，以降低成本。在成熟期，竞争对手日益增多，企业要保住已有的市场占有率，需要增加促销费用，诱发顾客重复购买的兴趣。在衰退期，企业应把促销规模降到最低限度，以保证足够的利润收入。在这一阶段，为保持顾客，企业只需少量广告活动即可，宣传活动可以全面停止，人员推销也可减至最小规模。

（四）经济前景

企业应随着经济前景的变化，及时改变促销组合。例如，在通货膨胀时期，购买者对价格反应十分敏感。在这种情况下，企业至少可采取如下对策：（1）提供信息咨询，帮助顾客知道如何明智地购买；（2）在沟通中特别强调产品价值与价格；（3）加强销售促进。

第四节 租售收入估算

一、销售进度计划

房地产项目租售计划包括确定拟租售的房地产类型、时间和相应的数量、租售价格、租售收入及收款方式。

租售房地产的类型和相应的数量，应在房地产项目可供租售的房地产类型、数量的基础上确定，并要考虑租售期内房地产市场可能发生的变化对租售数量的影响。

租售价格应根据房地产项目的特点确定，一般应选择在位置、规模、功能和档次等方面可比的交易实例，通过对其成交价格的分析与修正，最终得到房地产项目的租售价格。

确定租售价格要与开发商市场营销策略相一致，在考虑政治、经济、社会等宏观环境对项目租售价格的同时，还应对房地产市场供求状况进行分析，考虑已建成的、正在建设的以及潜在的竞争项目对房地产项目租售价格的影响。

确定收款方式应考虑房地产交易的付款习惯和惯例，以及分期付款的期数和各期付款的比例。

这一过程的实际工作，可参照表 6-2、表 6-3、表 6-4、表 6-5 进行。

房地产开发项目销售计划及收款计划表 **表 6-2**

单位：建筑面积（m^2），销售收入（元）

销售期间		第 1 期		第 2 期		……		第 N 期		合计
销售计划	面积									
	百分比									100%
收款计划	期间	百分比	销售收入	百分比	销售收入			百分比	销售收入	
	第 1 期									
	第 2 期									
	第 3 期									
	……									
	第 N 期									
总计										

房地产开发项目出租计划及出售收入计划表 **表 6-3**

单位：建筑面积（m^2），销售收入（元）

序号	项目名称	建设期			经营期				
		第 1 期	第 2 期	第 3 期	……	……	……	第 N—1 期	第 N 期
1	可出租建筑面积								
2	单位租金								

续表

序号	项目名称	建设期			经营期				
		第1期	第2期	第3期	……	……	……	第N—1期	第N期
3	可能毛租金收入								
4	出租率（%）								
5	有效毛租金收入								
6	销售收入								
7	转售成本及税费								
8	净转售收入								

房地产项目销售收入汇总表（全部出售方案）　　**表 6-4**

单位：建筑面积（m^2），售价（元/m^2）

项目	建筑面积（m^2）	售价（元/m^2）	2011年		2012年		2013年		合计
			上半年	下半年	上半年	下半年	上半年	下半年	
地上商业部分									
公寓楼部分									
地下商业部分									
地下车库部分									
总计									

房地产项目出租收入计划表（全部出租方案）　　**表 6-5**

单位：租金（元/m^2），收入（万元）

物业类型	初始租金（元/m^2）	年期	3	4	5	……	……	14	15	总计
		入住率								
地上商业部分		收入（万元）								
公寓楼部分										
地下商业部分										
地下车库部分										
其他面积										
总计										

二、销售收入估算

房地产项目的收入主要包括房地产产品的销售收入、租金收入、土地转让收入（以上统称租售收入）、配套设施销售收入和自营收入。

（一）租售收入

租售收入等于可供租售的房地产数量乘以单位租售价格。应注意可出售面积比例的变化对销售收入的影响；空置期（项目竣工后暂时找不到租户的时间）和出租率对租金收入的影响；以及由于规划设计的原因导致不能售出面积比例的增大对销售收入的影响。

（二）自营收入

自营收入是指开发企业以开发完成后的房地产为其进行商业和服务业等经营活动的载体，通过综合性的自营方式得到的收入。在进行自营收入估算时，应充分考虑目前已有的商业和服务业设施对房地产项目建成后产生的影响，以及未来商业、服务业市场可能发生的变化对房地产项目的影响。

在进行房地产投资项目财务分析时，应按期编制销售收入与经营税金及附加估算表、租金收入与经营税金及附加估算表、自营收入与经营税金及附加估算表。其表格形式见表 6-6～表 6-8。

销售收入与经营税金及附加估算表 **表 6-6**

单位：售价（元/m²），收入（万元）

序号	项　目	合计	1	2	3	……	N
1	销售收入						
1.1	可销售面积（m²）						
1.2	单位售价（元/m²）						
1.3	销售比例（%）						
2	经营税金及附加						
2.1	营业税						
2.2	城市维护建设税						
2.3	教育费附加						
……							

租金收入与经营税金及附加估算表 **表 6-7**

单位：租金（元/m²），收入（万元）

序号	项　目	合计	1	2	3	……	N
1	租金收入						
1.1	可出租面积（m²）						
1.2	单位租金（元/m²）						
1.3	出租率（%）						
2	经营税金及附加						
2.1	营业税						
2.2	城市维护建设税						
2.3	教育费附加						
……							
3	净转售收入						
3.1	转售价格						
3.2	转售成本						
3.3	转售税金						

自营收入与经营税金及附加估算表 **表 6-8**

单位：收入（万元）

序号	项　　目	合计	1	2	3	……	N
1	自营收入						
1.1	商业						
1.2	服务业						
1.3	其他						
2	经营税金及附加						
2.1	营业税						
2.2	城市维护建设税						
2.3	教育费附加						
……							

（三）估算案例

上面给出了销售收入汇总表、销售收入估算表等表格，说明了销售收入估算表中应有的基本信息，但在实际应用中要灵活使用。下面给出某房地产项目的销售收入估算实例，如表 6-9。

某房地产项目销售收入估算表 **表 6-9**

单位：万元

序号	项目名称	合计	第 1 年				第 2 年				第 3 年			
			1	2	3	4	5	6	7	8	9	10	11	12
1	销售收入	128152	0	0	6408	19223	19223	25630	19223	19223	6408	6408	6408	0
1.4	地上住宅建筑	108466	0	0	5423	16270	16270	21693	16270	16270	5423	5423	5423	0
1.4.1	销售面积	9.861	0.000	0.000	0.493	1.479	1.479	1.972	1.479	1.479	0.493	0.493	0.493	0.000
1.4.2	单位价格与均价	11000	11000	11000	11000	11000	11000	11000	11000	11000	11000	11000	11000	11000
1.4.3	销售进度	100.0%		0.0%	5.0%	15.0%	15.0%	20.0%	15.0%	15.0%	5.0%	5.0%	5.0%	0.0%
1.6	商业建筑	32813	0	0	0	0	0	0	0	1641	4922	11484	11484	3281
1.6.1	可售面积	1.313	0.000	0.000	0.000	0.000	0.000	0.000	0.000	0.066	0.197	0.459	0.459	0.131
1.6.2	单位价格与均价	25000	25000	25000	25000	25000	25000	25000	25000	25000	25000	25000	25000	25000
1.6.3	销售进度	100.0%				0.0%	0.0%	0.0%	0.0%	5.0%	15.0%	35.0%	35.0%	10.0%
1.7	地下储藏室	6260	0	0	313	939	939	1252	939	939	313	313	313	0
1.7.1	销售面积	1.565	0.000	0.000	0.078	0.235	0.235	0.313	0.235	0.235	0.078	0.078	0.078	0.000
1.7.2	单位价格与均价	4000	4000	4000	4000	4000	4000	4000	4000	4000	4000	4000	4000	4000
1.7.4	销售进度	100.0%	0.0%	0.0%	5.0%	15.0%	15.0%	20.0%	15.0%	15.0%	5.0%	5.0%	5.0%	0.0%
1.9	地下车库建筑	13427	0	0	671	2014	2014	2685	2014	2014	671	671	671	0
1.9.1	销售面积	3.357	0.000	0.000	0.168	0.504	0.504	0.671	0.504	0.504	0.168	0.168	0.168	0.000
1.9.2	销售价格	4000	4000	4000	4000	4000	4000	4000	4000	4000	4000	4000	4000	4000
1.9.3	销售进度	100%			5%	15%	15%	20%	15%	15%	5%	5%	5%	0%

第五节　定　价　案　例

一、一般楼盘定价的技术路线

1. 确定楼盘单价均价

（1）通过市场比较法，对类似项目进行比较，通过区位因素和个别因素的调整，获得该楼盘的各类型房屋的单价均价

（2）通过目标收益定价法确定期望利润目标下的各类房屋的单价均价

（3）通过需求定价法，针对客户的不同类型确定各类房屋的单价均价

（4）综合上述多种定价方法的结果形成各类房屋的均价单价

2. 确定各楼座单价均价

根据各个楼座在楼盘中的位置，在均价的基础上进行调整，基本原则是调价后的楼盘均价与上1步确定的楼盘单价均价持平或略微高一点。

假设原均价为 P_{a1}，楼座均价调整后的新均价为 P_{a2}，计算公式为：

$$P_{a1} = \sum P_i S_i / \sum S_i \geqslant P_{a2} \tag{6-3}$$

式中　P_i——第 i 个楼座的均价；

S_i——第 i 个楼座的售楼面积。

3. 确定楼座中各单位的单价

对某一楼座的各单元定价时，通常可以设定某一特征单位，单价为 X，考虑楼座位置、日照、噪音等价格影响因素对同一楼层的其他单位价格予以调整；再考虑垂直楼层差价，得到每个单位的单价，这个单价是在特征单位单价的基础上调整得到的。特征单位的选取最好是等于或接近楼盘均价的单位。各单位价格与面积的乘积得到各单位总价，楼座的所有单位的总价相加得到楼座总价，令其等于该楼座均价与楼座面积的乘积，可以求出特征单位价格 X 的值和各个销售单位的价格。

特征单位的价格接近楼盘均价但并不一定与均价持平（相等）。

4. 定价评估

对确定的价格的合理性进行评估，根据营销策略可以进行价格调整，重复前面的定价步骤。

5. 形成价格表

经过定价评估后的价格，形成价格表，价格表应便于销售使用和管理。

6. 提出价格实施建议，形成定价报告

根据营销策略的要求，提出价格实施过程中的建议，设定调价的条件、程序和销售过程中的反馈信息收集办法。

形成定价报告。说明定价考虑的因素和定价过程、价格表和价格实施策略建议等内容。

二、某房地产开发项目定价

某楼盘拟通过与类似楼盘价格比较确定其楼盘价格。思路是：对价格相关因素评价，获得各个楼盘的综合评价分数，然后通过线性回归得到价格预测模型。对拟定价楼盘进行综合评价，将评价结果代入评价模型预测楼盘价格。这种方法的准确度取决于楼盘相关因素的权重设置。一般通过德尔菲法确定相关因素及其权重。

1. 楼盘及环境简况

决定楼盘价值的高低主要取决于两个方面，地点和价格。抛开价格，先确定地段，经权衡该楼盘位于新老城区结合部，东部新经济圈的最前沿，是城市东扩的第一站，也将是CBD的新起点。距国际机场仅20分钟车程；东连高速外环路，周边的公交线路多达10多路，可以直达各大商场和旅游景点。拥有极为优越便利的交通条件。

2. 楼盘影响因素、指标及权重的确定

经过12位专家调查，选择了20个价格影响因素，分别为位置、价格、配套、物业管理、建筑质量、建筑形态、交通、城市规划、楼盘规模、朝向、外观、环境、环保、室内装饰、发展商信誉、付款方式、户型设计、销售情况、广告、停车位数量。并确定了其权重如表6-10。对这些因素的评价采用5级里克特量表方法，差、较差、一般、较好、好分别对应分值1、2、3、4、5分。填入表6-10所示的表中。

竞争楼盘比较表　　表6-10

序号	项目名称 / 因素	权重	楼盘A		楼盘B		楼盘C	
			得分	赋权分	得分	赋权分	得分	赋权分
1	位置	0.5						
2	价格	0.5						
3	配套	0.4						
4	物业管理	0.3						
5	建筑质量	0.3						
6	建筑形态	0.3						
7	交通	0.4						
8	城市规划	0.3						
9	楼盘规模	0.2						
10	朝向	0.4						
11	外观	0.2						
12	环境	0.3						
13	环保	0.2						
14	室内装饰	0.2						
15	发展商信誉	0.2						
16	付款方式	0.2						
17	户型设计	0.3						
18	销售情况	0.1						
19	广告	0.2						
20	停车位数量	0.1						

3. 楼盘分值判断与计算

为给凤凰城项目制定一个合理的价格，在项目周围选择 10 个与凤凰城项目具有可比意义的楼盘，请专家们按上述方法进行量化，将每个项目的各种因素的得分乘以各自的权重得到权分，最后再将权分相加求和，得到每个项目的得分。经过计算和整理得到表 6-11，在表中列出了各个竞争楼盘的得分和均价。

可比楼盘综合因素量化统计表（一）　　表 6-11

序号	项目名称／因素		泉城山水		海之韵		数码精英		梦里水乡		明湖山庄	
			得分	权分	得分	权分	得分	权分	得分	权分	得分	权分
1	位置	0.6	5	3	4	2.4	4	2.4	4	2.4	3	1.8
2	价格	0.4	5	2	3	1.2	4	1.6	4	1.6	4	1.6
3	配套	0.4	4	1.6	3	1.2	4	1.6	3	1.2	3	1.2
4	物业管理	0.2	4	0.8	2	0.4	3	0.6	3	0.6	3	0.6
5	建筑质量	0.2	4	0.8	3	0.6	4	0.8	3	0.6	4	0.8
6	建筑形态	0.3	5	1.5	3	0.9	4	1.2	4	1.2	4	1.2
7	交通	0.4	5	2	4	1.6	4	1.6	4	1.6	4	1.6
8	城市规划	0.3	4	1.2	3	0.9	4	1.2	3	0.9	4	1.2
9	楼盘规模	0.2	5	1	2	0.4	4	0.8	4	0.8	4	0.8
10	朝向	0.2	4	0.8	4	0.8	4	0.8	4	0.8	4	0.8
11	外观	0.1	4	0.4	2	0.2	3	0.3	3	0.3	3	0.3
12	环境	0.2	3	0.6	3	0.6	3	0.6	3	0.6	4	0.8
13	环保	0.2	2	0.4	5	1	4	0.8	3	0.6	2	0.4
14	室内装饰	0.2	2	0.4	4	0.8	3	0.6	3	0.6	2	0.4
15	发展商信誉	0.2	4	0.8	3	0.6	3	0.6	3	0.6	3	0.6
16	付款方式	0.2	3	0.6	3	0.6	3	0.6	3	0.6	3	0.6
17	户型设计	0.3	4	1.2	2	0.6	3	0.9	4	1.2	3	0.9
18	销售情况	0.1	4	0.4	3	0.3	4	0.4	4	0.4	3	0.3
19	广告	0.2	4	0.8	3	0.6	3	0.6	3	0.6	3	0.6
20	停车位数量	0.1	4	0.4	1	0.1	3	0.3	3	0.3	3	0.3
	项目评分			20.7		15.8		18.3		17.5		16.8
	项目均价			9500		6300		7800		6900		6500

可比楼盘综合因素量化统计表（二）　　表 6-12

序号	项目名称／因素		都市明郡		翡翠名邸		锦绣家园		碧国之城		居灵栖	
			得分	权分	得分	权分	得分	权分	得分	权分	得分	权分
1	位置	0.6	3	1.8	4	2.4	4	2.4	4	2.4	3	1.8
2	价格	0.4	3	1.2	4	1.6	4	1.6	5	2	3	1.2
3	配套	0.4	4	1.6	5	2	5	2	3	1.2	5	2
4	物业管理	0.2	3	0.6	3	0.6	4	0.8	3	0.6	4	0.8

续表

序号	项目名称 / 因素		都市明郡		翡翠名邸		锦绣家园		碧国之城		居灵栖	
			得分	权分	得分	权分	得分	权分	得分	权分	得分	权分
5	建筑质量	0.2	4	0.8	4	0.8	3	0.6	3	0.6	4	0.8
6	建筑形态	0.3	4	1.2	3	0.9	3	0.9	4	1.2	5	1.5
7	交通	0.4	3	1.2	3	1.2	4	1.6	5	2	4	1.6
8	城市规划	0.3	4	1.2	4	1.2	5	1.5	4	1.2	5	1.5
9	楼盘规模	0.2	4	0.8	3	0.6	4	0.8	3	0.6	5	1
10	朝向	0.2	4	0.8	4	0.8	4	0.8	4	0.8	4	0.8
11	外观	0.1	3	0.3	4	0.4	5	0.5	3	0.3	3	0.3
12	环境	0.2	5	1	4	0.8	4	0.8	5	1	3	0.6
13	环保	0.2	5	1	4	0.8	3	0.6	4	0.8	3	0.6
14	室内装饰	0.2	4	0.8	3	0.6	4	0.8	5	1	3	0.6
15	发展商信誉	0.2	3	0.6	3	0.6	3	0.6	3	0.6	4	0.8
16	付款方式	0.2	3	0.6	3	0.6	3	0.6	3	0.6	3	0.6
17	户型设计	0.3	3	0.9	4	1.2	5	1.5	4	1.2	4	1.2
18	销售情况	0.1	3	0.3	3	0.3	4	0.4	4	0.4	5	0.5
19	广告	0.2	3	0.6	5	1	4	0.8	5	1	4	0.8
20	停车位数量	0.1	3	0.3	3	0.3	4	0.4	3	0.3	4	0.4
	项目评分			17.6		18.7		20		19.8		19.4
	项目均价			7000		7500		9200		9000		8500

4. 楼价与分值相关分析

计　算　表　　　　**表 6-13**

原始数据				计算栏	
序号	楼盘名称	楼盘得分（X）	楼价（Y）	$X \cdot X$	$X \cdot Y$
1	泉城山水	20.7	9500	428.49	196650
2	海之韵	15.8	6300	249.64	99540
3	数码精英	18.3	7800	334.89	142740
4	梦里水乡	17.5	6900	306.25	120750
5	明湖山庄	16.8	6500	282.24	109200
6	都市名郡	17.6	7000	309.76	123200
7	翡翠名邸	18.7	7500	349.69	140250
8	锦绣家园	20	9200	400	184000
9	碧国之城	19.8	9000	392.04	178200
10	居灵栖	19.4	8500	376.36	164900
	合计	184.6	78200	3429.36	1459430
	平均	18.46	7820		

根据表中给出的原始数据，大致可判断楼价与楼盘得分因素分值近似呈直线相关。故将所要建立的回归方程设置为 $y = a + bx$。

根据公式

$$y = a + bx$$

$$b = \frac{\sum x_i y_i - \bar{x}\sum y_i}{\sum x_i^2 - \bar{x}\sum x_i}$$

$$a = \bar{y} - b\bar{x}$$

解方程中的参数 a 与 b，得

$$b = 732.67$$

$$a = -5705.17$$

经 12 位专家评价，凤凰城项目的综合评分为 20.20 分，试确定价格

$$Y = -5705.17 + 732.67X = -5705.17 + 732.67 \times 20.20 = 9094.85 \text{ 元}$$

（说明：本案例线性回归方法确定的预测模型通过了有关检验）。

第七章 融资方案研究

第一节 概 论

房地产开发投资是资金密集型的经济活动，同时又是一种高风险的商业行为。本章结合房地产开发融资的实践情况，将介绍房地产资金的来源、常见的房地产融资方式和房地产项目融资等内容，以期使读者对房地产融资有一个基本的认识。

一、房地产融资的概念

从广义概念上讲，房地产融资是指在房地产开发、流通及消费过程中，通过货币流通和信用渠道所进行的筹资、融资及相关金融服务的一系列金融活动的总称，包括资金的筹集、运用和清算。从狭义概念上将，房地产融资是指房地产企业及房地产项目直接和间接融资活动的总和，包括房地产信贷及资本市场融资等。

房地产开发活动的成功与否，除了土地资源的获取和良好的项目管理能力外，筹集资金的能力是房地产开发项目取得成功的关键因素。

二、房地产融资的类型

（一）从融资主体看，房地产融资分为企业融资和房地产项目融资

1. 企业融资

企业融资又称既有法人融资，以该企业的既有法人为主体进行的融资活动。将房地产项目看成是企业业务的一部分，企业为了满足自身经营中产生的流动资金需求而进行的融资过程。银行等外部资金拥有者决定是否进行投资或是否贷款时，主要是将企业作为一个整体，全盘审核资产负债及利润情况，并结合房地产企业的项目综合考虑，但对开发项目仅为一般性了解，并不限定资金用于哪些具体的房地产开发项目。这种不针对具体房地产开发项目的流动资金的融资方式，在现实中比较困难，特别是以房地产开发作为主营业务的房地产开发企业。因为《中国人民银行关于进一步加强房地产信贷业务管理的通知》，银发［2003］121号文件要求，商业银行对房地产开发企业申请的贷款，只能通过房地产开发贷款科目发放，严禁以房地产开发流动资金贷款及其他形式贷款科目发放，房地产开发开发贷款的发放又有很多限定，所以单纯以房地产为主营业务的企业，直接以开发贷款的名义获取银行借款是困难的。

房地产开发企业的融资方式包括股本融资、债权融资、信贷融资、信托融资、私募股权融资、海外融资等方式。这些方式获取的资金，基于资本的逐利性，在房地产市场好的形势下，都有可能用于房地产项目的开发。但有些方式周期很长、风险很大，不常采用或不用原来公司的名义去融资。

我国房地产开发企业的资金来源主要包括房地产开发企业、股东或关联方的自身积累和传统的外源资金。自身资金积累主要是指开发企业自身的资金和以企业为基础的股权融资、股权转让等方式，资金积累一般较为缓慢。

传统的外源融资主要是银行贷款、信托投资、承包商带资施工等，其中尤以银行贷款为主。为了规避风险，银行贷款的金额和使用都有严格的限制，如银行贷款不得用于股本权益性投资，不得用于缴纳土地出让金。如果申请银行贷款，则在开发商取得土地使用权且自有资金投入比例符合政策要求后，方可办理银行贷款、信托贷款融资。还款来源为房地产项目的销售收入。

2. 房地产项目融资

房地产项目融资是针对具体房地产项目的融资，通过测算房地产项目的现金流融资成本、设计合理的融资结构，以达到满足房地产开发商具体项目的融资需求。

由于房地产项目的资金渠道来源、项目类型及特点、融资环境及融资政策不同，房地产项目融资的方式也多种多样。从项目运作方式上看，可由多家投资者共同组成一家房地产项目公司，共同运作一个房地产项目，通过项目公司与其他投资者结合安排融资结构。在这种方式下，项目融资的债务风险和经营风险大部分限制在项目公司中，易实现追索权和非公司负债融资，可利用大股东的资信优势获得优惠的贷款条件，项目资产的所有权集中在项目公司，管理上较为灵活。

房地产项目融资也可以在论证项目融资的可行性、融资需求后，采用直接融资或间接融资的方式，将资金投入到项目中，项目投资方可获得对该房地产项目的收益权。由于此种类型的房地产融资项目的法律债权债务关系比较简单，便于以项目资产设定抵押担保权益，投资者的债务责任明确，因而在融资结构上较易被融资者接受。在实践中不断地出现融资创新，私募股权融资、PPP 融资等新的模式出现在房地产开发项目中。

（二）从融资渠道看，房地产融资分为直接融资和间接融资

1. 房地产直接融资

房地产直接融资是指房地产开发企业与拥有暂时闲置资金的单位（包括企业、机构和个人）相互之间直接进行协议融资，或者投资者在金融市场上购买开发企业发行的有价证券，将货币资金提供给房地产开发企业使用，从而完成资金融通过程。其特点是资金使用权和资金提供者直接实现资金融通，不经过中间媒介。

直接融资的资金来源包括：

1）商业信用融资：房地产开发企业与其他企业或个人发生的与房地产开发产品相

联系的资金融通方式。一种是提供商品的商业信用，如企业带资施工、房地产开发企业的应付账款等；另一类是提供货币的商业信用，如进行开发产品交易的预付定金、购房预付款等。

2）投资性商业信用：投入房地产企业的资金，目的是获得投资回报，主要是企业、机构或某些个人对房地产开发商的直接投资，除了股票，还包括私募股权融资、PPP 项目融资等。

3）消费信用融资：指房地产购买者及金融机构对房地产开发商以货币形式提供的信用，包括房地产购买者或金融机构以分期付款的形式向房地产开发商提供资金等；

上述融资过程中的融资工具主要有：公司债券、股票、抵押契约、借款合同、合伙投资股权或债务凭证。

2. 房地产间接融资

房地产间接融资主要是指拥有闲置资金的企业或个人，通过存款，购买银行、信托、保险等金融机构发行的有价证券，将其暂时闲置的资金提供给金融中介机构，然后再有这些金融机构以贷款方式或通过购买中介机构为房地产开发企业发行的有价证券，把资金提供给房地产公司使用，从而实现资金融通过程。房地产间接融资主要包括以下种类：

1）金融机构信用。向资金持有者提供金融机构信用，获得资金。

2）消费信用。银行向购房者提供的购房贷款，房地产开发商通过购房者贷款获得资金。

间接融资经过了资金的筹集和运用两个过程。

（三）从权债方面来看，房地产权益融资和房地产债务融资

1. 房地产权益融资

当房地产企业的资本金数量达不到启动项目所必需的资金数量要求时，就需要进行权益融资。房地产权益融资主要表现为房地产企业权益融资。房地产企业也可以为特定的房地产投资项目，即房地产项目公司进行融资。目前，许多房地产公司为规避风险，每个项目都会注册一个单独的房地产项目公司。房地产权益融资的特点是资金供给方或房地产权益投资者需要与房地产企业共同承担投资风险，分享房地产投资活动形成的可分配利润。

根据所有权的结构，房地产企业一般分为独资企业、一般合伙企业、有限责任合伙企业、有限责任公司、股份有限公司和房地产投资信托基金等类型，以后四种企业形式为主。不同类型的房地产企业，权益资本的融通方式有所不同。

（1）有限责任合伙企业和有限责任公司主要通过在私人市场上向私人投资者、机构投资者出售有限责任权益份额融通资金，由于该类股权投资的流动性较差、出售量有限，因此融资能力也有限。

（2）股份有限公司则主要通过在公开市场发行股票融通权益资本，该类股权投资

的流动性较好、面向大众投资者，因此融资能力较强。

（3）既有法人的项目资本金筹集渠道可分为内部资金和外部资金。内部资金有：企业的现金、未来经营中获得的可用于项目的资金、企业的资产变现、企业产权转让。外部资金有企业增资扩股、优先股等。

（4）新设法人的资本金：一是项目发起人和投资人按资本金额度提供足额资本金；二是由新设法人在资本市场上募集。新设法人进行资本金的募集形式主要有：

1）在资本市场上募集股本资金。在资本市场上募集股本金可以通过公募和私募两种方式。

2）合资合作。通过新设项目法人与新的投资者进行合资合作等多种形式，组建新的法人；或由新设项目法人的发起人和投资人与新的投资者进行资本整合，重新设立新的法人。通过这种方式募集资本金，往往要进行公司注册或变更登记。

2. 房地产债务融资

债务融资就是借钱做生意。很少有房地产企业完全使用自有资金进行房地产投资，充分利用财务杠杆的作用，通过债务融资提高企业的投资能力，是房地产企业的通行做法。

（1）债务融资的特点

债务融资的出资方不承担项目投资的风险，其所获得的报酬是融资协议中规定的贷款利息和相关费用。此外，相对于权益融资，房地产债务融资具有以下特点：

1）短期性。债务融资筹集的资金具有使用上的时间性，需要到期偿还。

2）可逆性。企业采用债务融资方式获得资金，负有到期还本付息的义务。

3）负担性。企业采用过债务融资方式获取资金，需支付债务利息，从而形成企业的固定负担。

4）流通性。如债券可以再流通市场上自由转让。

权益融资所得资金属于资本金，不需要还本付息，投资者的收益来自税后盈利的分配，也就是股利；债务融资形成的是企业的负债，需要还本付息，其支付的利息进入财务费用，可在税前扣除。

（2）债务融资的类型结构

企业债务主要包括银行信贷、商业信用、企业债券、租赁融资等类型。

1）银行信贷融资

房地产企业在从事房地产开发之前，必须拥有一定数额的股本金（或称“自有资金”）。股本金可以来源于企业的自有资金、合资伙伴的注入资金和通过发行股票从资本市场上募集的资金。根据目前金融管理部门的规定，房地产开发企业具备一定的股本金之后才可以向银行申请开发贷款。

按房地产开发贷款的使用性质不同可分为商品房开发贷款、经济适用房开发贷款和土地储备贷款三类。

商品房开发贷款是贷款人向借款人发放的用于建设商品房及其配套措施的贷款。

土地储备贷款是指向借款人发放的用于土地收购及土地前期开发、整理的贷款。土地储备贷款的借款人仅限于负责土地一级开发的机构。

经济适用房开发贷款是指贷款人向借款人发放的专门用于经济适用房开发建设的贷款。

《关于进一步加强房地产信贷业务管理的通知》（银发【2003】第121号文）规定，商业银行对房地产开发企业申请的贷款，只能通过房地产开发贷款科目发放，严禁以房地产开发流动资金贷款或其他形式贷款科目发放。

2）商业信用

商业信用是指工商企业之间相互提供的，与商品交易直接相联系的信用形式，包括企业之间以赊销分期付款等形式提供的信用，以及在商品交易的基础上产业资本循环过程中，各个企业相互依赖，但它们在生产时间和流通时间上往往存在着不一致，从而使商品运动和货币运动在时间上和空间上脱节。而通过企业之间相互提供商业信用，则可满足企业对资本的需要，从而保证整个社会再生产得以顺利进行。因此，商业信用本质上是基于主观上的诚信和客观上对承诺的兑现而产生的商业信赖和好评。

商业信用的重要工具是商业票据，是债权人为了确保自己的债权，要求债务者出具的书面债权凭证，分为期票和汇票两种。商业信用的优点是方便和及时，缺点是存在信用规模、信用方向、信用期限、授信对象等方面的局限性。

3）企业债券

根据我国《公司法》规定，股份有限公司、国有独资公司和两个以上的国有企业或其他两个以上的国有投资主体投资设立的有限责任公司，为筹集生产经营资金，可以依法发行公司债券。

企业债券代表着发债企业和投资者之间的一种债权债务关系，债券持有人是企业的债权人，债券持有人有权按期收回本息。企业债券是一种有价债券，通常存在着一个广泛交易的市场，投资者可以随时予以出售转让。企业债券风险与企业本身的经营状况直接相关。企业债券由于具有较大风险，其利率通常高于国债。

4）租赁融资

租赁融资是指实质上转移与资产所有权有关的全部或绝大部分风险和报酬的租赁。资产的所有权最终可以转移，也可以不转移。租赁融资作为一种债务融资方式，主要应用在大型设备租赁领域，因此又称为设备租赁。租赁融资在房地产领域的应用，主要是采用回租租赁或售后回租模式，即房地产企业在有融资需求、但又不希望放弃该房地产控制权的情况下，通过将房地产产权出售给投资者，再由投资者回租给房地产企业使用或租出经营的情况。售后回租模式通常有回购安排，即在约定的期限或条件下，房地产企业可以按约定的价格再购回该房地产资产。

三、房地产融资的特征

1. 开发资金需求量大，对外源性融资依赖性高

房地产是资本密集型行业，开发一个房地产项目动辄数亿，甚至数十亿。仅仅依靠企业自有资金，是不可能完成项目开发的，房地产开发商必须通过各种手段进行外源性融资，从今后的发展趋势看，我国房地产单纯依赖银行信贷的局面会有所缓和，但外源性融资所占的比例没有减少，只是在结构上日趋多元化。

2. 土地和房产的抵押是重要条件

房地产属于不动产，它附着于特定的地块。土地是稀缺性资源，随着经济的发展，对土地的需求不断增加，房地产的价值随之增大，土地和房地产的抵押成为金融机构欢迎的融资条件。

3. 资金面临较大的经济风险和财务风险

房地产企业与一般企业一样，在经营中面临着经济风险、营业风险和财务风险。

房地产业与宏观经济周期关联度强，行业波动非常明显；同时房地产产品事关国计民生，对房地产的促进或抑制是我国政府宏观调控的主要内容之一，因此房地产企业的经济风险很高。

我国金融体系不发达，金融结构单一，再加上房地产企业项目开发中巨额的开发投资需求及其市场的短期波动，必然要求企业进行负债融资，从相关统计资料来看，我国房地产企业的负债率很高，财务风险很大。房地产开发企业的财务风险和银行业的金融风险密切相连。

四、我国房地产融资现状

1. 融资结构单一，方式有限

我国房地产企业的资金来源主要是银行信贷、自筹资金和其他资金（主要是定金及预付款）三个方面，实际上前两个方面也来自于银行资金。

2. 信托融资等成为房地产融资的新渠道

近年来，我国房地产信托融资的比重在增加，已逐渐成为一个新的融资渠道。

房地产资本市场中，私人市场和公开市场的主要区别，在于这些资本投资是否可以公开交易。一如，房地产公司可以通过上市公开发行股票获得权益投资，而股票是可以在股票市场上公开交易的，因此上市融资渠道就属于公开市场融资；房地产公司也可以通过与私人投资者或机构投资者合作，通过转让部分企业股权给私人投资者或机构投资者来筹措权益投资，由于这些股权不能在市场上公开交易，因此这种权益融资就属于私人市场渠道。

3. 承包商成为开发商项目投资者

承包商最有能力承担建造过程中的风险，因此有投资实力的承包商将会和开发商

共同投资或合作开发完成房地产项目的开发，在获得工程承包利润的基础上，进而获取投资分红。

五、房地产企业的资金来源

房地产企业的一般性资金来源主要包括以下几个方面。

（一）企业自有资金

企业自有资金也称自有资本或权益资本，是企业依法长期拥有，自主调配使用的资金，包括注册资本金、资本公积、盈余公积和未分配利润部分。

（二）政府财政资金

财政资金流向的房地产项目，往往是房地产企业承揽政府拨款的投资项目、纳入国家或地方建设计划的建设项目。如部分城市中，政府财政拨款进行的经济适用房的建设、公共租赁住房的建设等。

（三）银行贷款

银行贷款是企业外源性资金的最主要来源。企业一般申请以下三种类型的贷款：

1. 流动资金贷款。用于满足企业临时性和季节性的资金需求，具有自偿性的特点。贷款期限一般不超过一年，以企业自身收入所产生的现金用于还款。目前，我国不允许商业银行向房地产开发企业发放流动资金贷款。

2. 固定资产贷款。为满足企业购买固定资产申请的贷款，期限较长，不具有自偿性，需要提供固定资产抵押及其他担保方式。

3. 开发贷款。针对房地产项目的房地产开发贷款，开发贷款一般采取抵押贷款方式，贷款金额一般不超过抵押物评估价值的60%，最高不超过70%，期限不超过3年。房地产企业可以用在建或者建成的房地产做抵押，从商业银行借入房地产开发贷款、土地储备贷款、经济适用房贷款等。

（四）股票、债券、信托、基金、租赁等多种筹资方式

房地产企业通过发行股票、债券等方式将个人和企事业单位闲置不用的资金集中起来，用于房地产企业的生产经营。募集资金的方式主要包括以下几种：(1) 发行股票；(2) 发行债券；(3) 合资联营；(4) 租赁筹资；(5) 商业信用。

如私募债券具有如下优点：发行成本低、对发债机构资格认定标准较低、可不需要提供担保、信息披露程度要求低、有利于建立与业内机构的战略合作。私募债券也有如下的缺点：只能向合格投资者发行，我国所谓合格投资者是指注册资本金要达到1000万元以上，或者经审计的净资产在2000万元以上的法人或投资组织；定向发行债券的流动性低，只能以协议转让的方式流通，只能在合格投资者之间进行。

（五）销售、预售资金

销售、预售资金无资金成本，资金回笼快，当融资成本很高的时候，这是获取资金的最有效办法。销售、预售资金包括首付购房款和购房者住房抵押贷款获得的资金。

第二节 PPP 融 资

一、PPP 融资的概念

PPP 模式（即 Public-Private-Partnership 的字母缩写），是指政府与私人组织之间，为了合作建设城市基础设施项目。或是为了提供某种公共物品和服务，以特许权协议为基础，彼此之间形成一种伙伴式的合作关系，并通过签署合同来明确双方的权利和义务，以确保合作的顺利完成，最终使合作各方达到比预期单独行动更为有利的结果。特许经营权是这类项目的一个主要特征。

PPP 模式将部分政府责任以特许经营权方式转移给社会主体（企业），政府与社会主体建立起“利益共享、风险共担、全程合作”的共同体关系，好的 PPP 项目应使政府的财政负担减轻，社会主体的投资风险减小。

二、主要内涵

1. PPP 是一种新型的项目融资模式

项目 PPP 融资是以项目为主体的融资活动，是项目融资的一种实现形式，主要根据项目的预期收益、资产以及政府扶持措施的力度可能达成的期望收益或者现金流，而不是项目投资人或发起人的资信来安排融资。项目经营的直接收益和通过政府扶持所转化的效益是偿还贷款的资金来源，项目公司的资产和政府给予的有限承诺是贷款的安全保障。

PPP 融资模式可以使民营资本更多地参与到项目中，以提高效率，降低风险。这也正是现行项目融资模式所欠缺的。政府的公共部门与民营企业以特许权协议为基础进行全程的合作，双方共同对项目运行的整个周期负责。将 PPP 方式的操作规则应用于使民营企业参与到城市轨道交通项目的确认、设计和可行性研究等前期工作中来，这不仅降低了民营企业的投资风险，而且能将民营企业在投资建设中更有效率的管理方法与技术引入项目中来，还能有效地实现对项目建设与运行的控制，从而有利于降低项目建设投资的风险，较好地保障国家与民营企业各方的利益。这对缩短项目建设周期，降低项目运作成本甚至资产负债率都有值得肯定的现实意义。

PPP 模式可以在一定程度上保证民营资本“有利可图”。私营部门的投资目标是寻求既能够还贷又有投资回报的项目，无利可图的基础设施项目是吸引不到民营资本的投入的。而采取 PPP 模式，政府可以给予私人投资者相应的政策扶持作为补偿，从而很好地解决了这个问题，如税收优惠、贷款担保、给予民营企业沿线土地优先开发权等。通过实施这些政策可提高民营资本投资城市轨道交通项目的积极性。

2. 项目公司是特许经营项目融资的主体也是各方不同利益的集中体现

项目主办人一般成立一家专门的特殊目的的实体即项目公司（Special Purpose Vehicle）来实施项目，是特殊经营项目融资的主体。项目的现金收入是偿还公司债务的来源，项目的资产是所有债务的抵押品，债权人只有有限追索权。SPV 是项目主办人母公司资产负债表外的融资，也是有有限追索权的融资。项目公司也是不同利益的各方的集中体现。政府的主要目的是吸引私营部门的资金投入到基础设施建设或其他公共服务的提供上，并尽早拥有项目的权益；私人部门是为了获得政府的资助、担保及减免优惠，从公共服务中获得长期稳定的利益，获得与自身专业相关的服务合同，实现项目利益的最大化；放贷的银行或其他金融机构是为了确保贷款本息的回收，实现其资本价值的最大化。项目的资本结构的变化主要涉及项目运营之前、运营阶段、移交之后三个阶段。

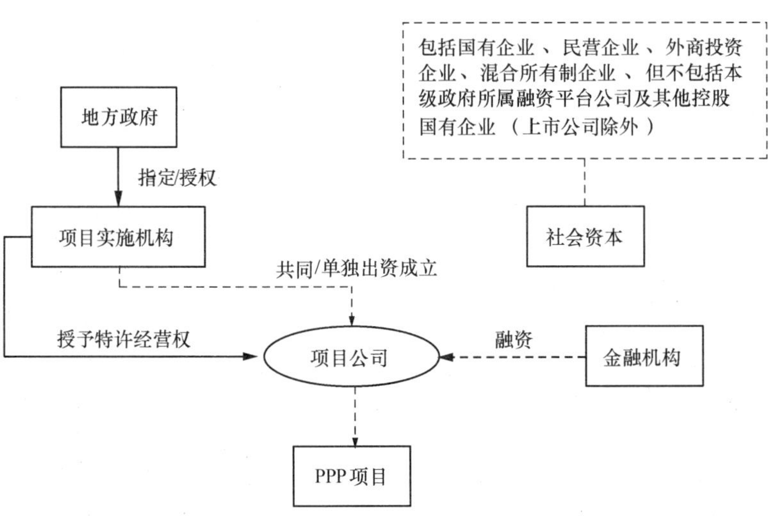

图 7-1　项目主要参与方与项目公司的关系

三、PPP 模式分类与物有所值

（一）模式分类

政府和社会资本合作（PPP）是政府采购和提供基础设施及公共服务的模式之一。在国内，根据私营部门的投资不同，将 PPP 项目分为外包（购买服务）、特许经营和私有化（股权合作）三大类[31]。

1. 外包类

外包类指政府投资，私营部门承包项目中的一项或者多项任务，主要运作模式包括委托运营（O&M）和管理合同（MC）。

2. 特许经营类

特许经营类则需要私营部门参与部分或者全部投资，通过一定的合作机制与公共部门分担项目风险，共享项目收益，运作模式主要包括转让—运营—移交（TOT）、改建—运营—移交（ROT）、建设—运营—移交（BOT）等。

3. 私有化类

私有化类的项目所有权永久归私营部门所有，私营部门承担的风险最大，主要运作模式为建设—拥有—运营（BOO）。

特许经营类项目能充分发挥双方各自的优势，节约整个项目的建设和经营成本，同时还能提高公共服务的质量。

采用 PPP 模式要进行三项基本评价，一是物有所值（Value for Money），二是承受能力（Affordbility）、风险分配（Risk Allocation）。后两者是回答能否使用 PPP 模式问题，前者是回答是否应当采用 PPP 模式问题，判断必要性。他们之间是相互联系的。2015 年 12 月财政部发布了物有所值计算指引，下面予以简单介绍。

（二）物有所值

1. 物有所值的概念

政府不能主观偏好某种采购模式，即不假设公共部门是最佳供给方，也不假设私营部门是最佳供给方，应科学评估不同的采购模式，将项目的全寿命周期考虑在内，比较那种模式更经济有效地提供基础设施及公共服务。物有所值 VFM（Value for Money）是指所花钱的价值，包含节约、效率和效果的含义，因此强调投入的成本和产出的效果之间的关系，效果相同比较哪种方案更节约，成本一样时比较哪种产出的效果更好。

2. 影响物有所值的因素

一般说来，这些因素影响 VFM：将风险分配给最有能力管控该风险并能够减轻风险影响的一方、从全生命周期的视角考虑成本、项目明确的功能要求、政府和社会资本有足够的专业技能能够在采购、建设、运营过程中使用、对采购模式及 PPP 提供的产品或服务有足够的激励作用，包括奖励和减免、社会资本的创新、设计、建设和运营一体化、竞争、合理的风险分担。

3. 风险的定量分析

有效的风险管理应该激励社会资本提供效率高、效果好的公共服务。转移给社会资本的风险太低会限制 VFM，同样转移的过多，必然导致社会资本更高的要价。原则上，政府承担法律、政策和最低需求风险，社会资本承担设计、建造、财务、运营维护等风险，政府和社会资本共同承担不可抗力风险。

（1）基于公式的风险定量分析。量化风险后果，对所有重要风险评估和量化风险后果，其次，评估风险发生的概率，最后，计算风险值确定风险成本。

（2）蒙特卡罗模拟。构造描述风险的概率过程、从已知概率分布中抽样，进行样本分析，获得估计量。蒙特卡罗可以对单个风险模拟，又可以对所有自留风险、所有可转移风险及所有共担风险进行模拟，获得自留风险、可转移风险或共担风险的总值。

四、PPP 相关法律法规

PPP 作为市场和政府合作的天然载体，受到了政府的高度重视。近几年，中国政府出台了很多规范 PPP 发展的重要文件。其中，最为重要的是 2015 年 5 月 19 日国务院办公厅转发财政部、发改委、人民银行《关于在公共服务领域推广政府和社会资本合作模式的指导意见》，意见明确了要在能源、交通运输、水利、环境保护、农业、科技、保障性安居工程、医疗、卫生、养老、教育、文化等公共服务领域广泛采用 PPP 模式，将政府和社会资本合作模式提升到了前所未有的战略高度。

下面是近两年来发布的与 PPP 有关的一些文件。

1. 核心文件：

2014 年 9 月 23 日，财政部分布《关于推广运用政府和社会资本模式有关问题的通知》；

2015 年 5 月 10 日，国务院办公厅发布《关于在公共服务领域推广政府和社会资本合作模式指导意见的通知》。

2. 基础性文件

2014 年 8 月 31 日，全国人大常委会发布《中华人民共和国预算法》（2014 修正）；

2014 年 9 月 26 日，国务院发布《关于深化预算管理制度改革的决定》。

3. 配套性文件

2013 年 12 月 19 日，财政部发布《政府采购非招标采购方式管理办法》；

2015 年 4 月 7 日，财政部发布关于印发《政府和社会资本合作项目财政承受能力论证指引》的通知。

4. 项目推介文件

2014 年 5 月 18 日，发改委发布《关于发布首批基础设施等领域鼓励社会投资项目的通知》；

2015 年 6 月 25 日，财政部发布《关于进一步做好政府和社会资本合作项目示范工作的通知》；

2015 年 12 月 18 日，财政部发布《关于印发 PPP 物有所值评价指引（试行）的通知》。

5. 特定领域推广文件

2015 年 2 月 13 日，财政部、住建部发布《关于市政公共领域开展政府和社会资本合作项目推介工作的通知》；

2015 年 5 月 19 日，发改委、财政部、水利部发布《关于开展社会资本参与重大水利工程建设运营第一批试点工作的通知》。

五、经典案例——国家体育场“鸟巢”项目[32]

（一）项目概况

项目名称：国家体育场“鸟巢”项目

项目性质：新建项目

投资规模：项目总投资为 313900 万元

建设进度：2003 年 12 月 24 日开工建设，2008 年 6 月 28 正式竣工。

下面对该项目从投资模式结构设计、融资模式结构设计、合同结构设计几个方面予以介绍，借此使读者能够举一反三，理解 PPP 项目融资模式设计中的主要工作，他们之间是相互影响的。

（二）PPP 项目投资模式结构设计

大型体育场具有规模经济特点，利用 PPP 融资模式有利于扩大项目的总体规模，降低成本。鸟巢的建设采取 PPP 融资模式的原因之一，就是政府部分意识到 PPP 模式在降低整个项目建设运营成本、减轻财政压力及提高赛后场馆运营效率等方面的优势，而社会资本中信方面也可以借助政府的优惠政策。

“鸟巢”项目的总投资为 313900 万元，其中北京市国有资产经营有限责任公司代表政府出资 58%，投资 182062 万元，中国中信集团联合体出资 42%。在中信集团联合体 42%的投资中，中信集团所占比例为 65%，北京城建集团 30%，美国金州公司 5%。而中信集团的投资又分为内资部分和外资部分，其中，内资部分占中信集团投资比例的 90%，外资部分仅占 10%。

从各投资方单独投资占比来看，中信集团的投资金额约 85695 万元（内资约为 77125 万元，外资约为 8570 万元），约占总投资的 27.3%；北京城建集团的投资金额约 39551 万元，约占总投资的 12.6%；美国金州公司的投资金额约 6592 万元，约占总投资的 2.1%。

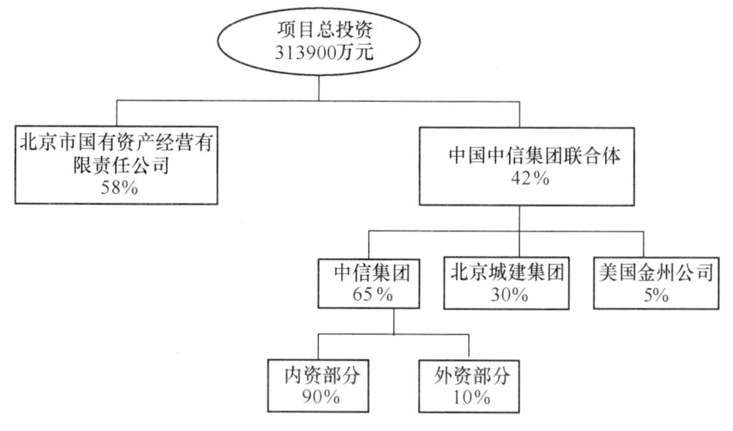

图 7-2　鸟巢项目投资结构

（三）PPP 项目融资模式结构设计

“鸟巢”的融资模式比较简单，分别由北京市国资委和中信联合体直接安排项目融资，投资者按比例出资用于项目建设，并直接承担对应比例的责任与义务。资金不足部分由国资委和中信联合体分别筹措，根据工程进度分批注入。体育场运营后的收入所得，根据与贷款银行之间的现金流量管理协议进入贷款银行监控账户，并遵循优先顺序的原则进行分配，即先支付工程照常运行所发生的资本开支、管理费用，然后按计划偿还债务，盈余资金按投资比例进行分配。

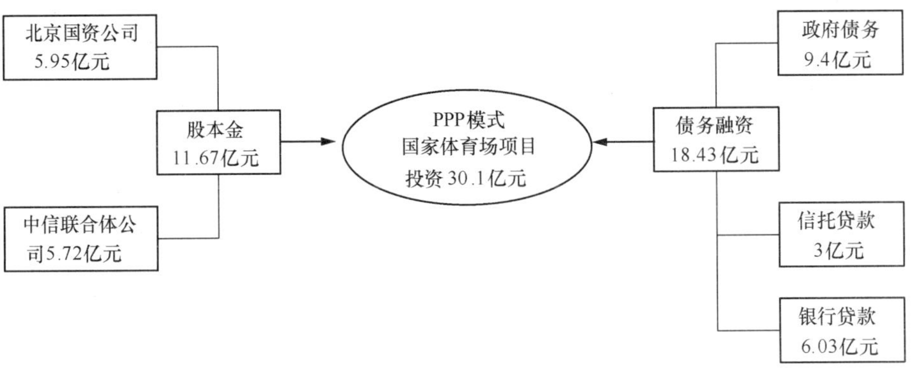

图 7-3　鸟巢项目融资结构

（四）PPP 项目合同结构设计

“鸟巢”项目的合同结构有三个关键的框架性协议，即特许权协议、国际体育场协议以及联营体协议。

2003 年 8 月 9 日，北京 2008 年奥运会主体育场——国家体育场举行项目签约仪式。中标人中国中信集团联合体分别与北京市人民政府、北京奥组委、北京市国有资产经营有限责任公司签署了《特许权协议》、《国家体育场协议》和《合作经营合同》三个合同协议。之后，联合体与代表北京市政府的国有资产有限责任公司公司组建了项目公司——国家体育场有限责任公司，且该公司注册为中外合营企业，以享受相关税收优惠。

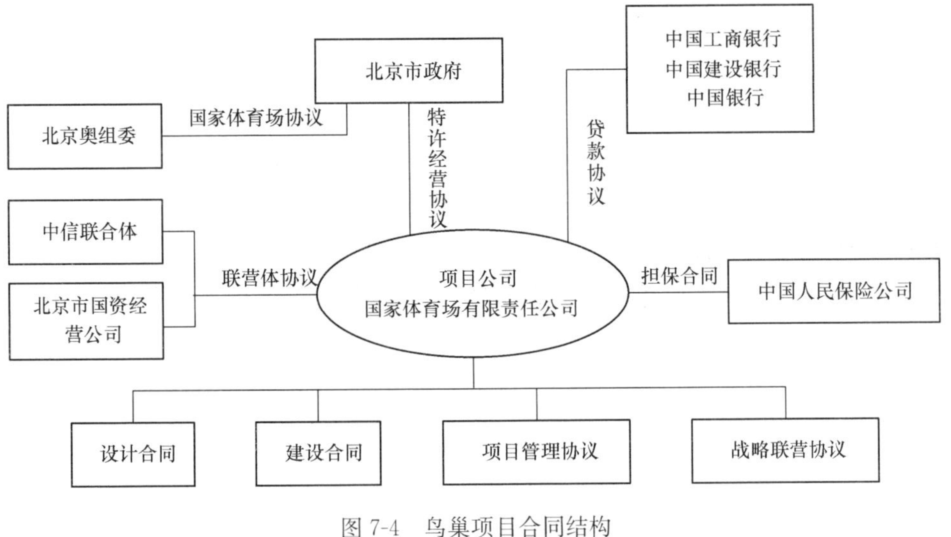

图 7-4　鸟巢项目合同结构

第三节 私募股权融资

私募股权投资（Private Equity，简称“PE”）是指通过私募形式对非上市企业进行的权益性投资（操作方式是增资扩股或股份转让的方式，获得非上市公司股份），并通过股份增值转让获利（上市、并购或管理层回购等方式，出售持股获利）。

私募股权基金起源于美国。20世纪末，有不少富有的私人银行家通过律师、会计师的介绍和安排，将资金投资于风险较大的石油、钢铁、铁路等新兴产业，这类投资完全是由投资者个人决策，没有专门的机构进行组织，这就是私募股权基金的雏形。

房地产开发融资必然要进入转型时代，包括房地产信托、企业债权、房地产股权私募基金、资产证券化，都应该是房地产金融的新型业态。私募股权的对象为机构投资者，风险承受能力较强。因此，私募股权基金也有望成为新的，也是较为行之有效的房地产融资途径。私募在中国是受严格限制的，因为私募很容易成为“非法集资”，两者的区别就是：是否面向一般大众集资，资金所有权是否发生转移，如果募集人数超过50人，并转移至个人账户，则定为非法集资，非法集资是极严重经济犯罪，如众所周知的浙江吴英案。

《关于规范房地产市场外资准入和管理的意见》（建住房〔2006〕171号）规定，外商投资设立房地产企业，投资总额超过1000万美元（含1000万美元）的，注册资本金不得低于投资总额的50%。外商投资房地产企业注册资本金未全部缴付的，未取得《国有土地使用证》的，或开发项目资本金未达到项目投资总额35%的，不得办理境内、境外贷款，外汇管理部门不予批准该企业的外汇借款结汇。外商投资房地产企业的中外投资各方，不得以任何形式在合同、章程、股权转让协议以及其他文件中，订立保证任何一方固定回报或变相固定回报的条款。这些规定，限制了外资投资房地产投资，为外资的进入和退出设置了更高的门槛。这些规定，使依赖金融生存的房地产企业，加大了对私募基金的需求。

中国PE的法律依据，一是国家发展和改革委等十部委联合起草的《创业投资企业管理暂行办法》（2005年11月15日发布，2006年3月1日实施）；二是《中华人民共和国合伙企业法》（2006年8月27日发布，2007年6月1日起施行）。

实践中有很多私募股权投资的例子。如天津鼎晖地产投资基金、复邦Ⅱ期基金以及金地和华润的多只地产私募基金。私募股权融资将成为房地产开发项目，特别是土地一级开发项目的重要融资途径。

第四节 信托融资

从资金信托的角度出发，房地产信托是指受托人（信托投资公司）遵循信托的基本原则，以自己的名义，将委托人委托的资金以贷款或入股的方式投向房地产业以获取收益，并将收益支付给收受益人的行为。

房地产信托有房地产财产信托和房地产资金信托两种形式。从财产信托的角度出发，房地产信托则指房地产物业的所有人作为委托人将其所有的物业给专门的信托机构经营管理，由信托机构将信托收益交付给受益人的行为。财产信托通常是指房地产企业作为委托人，以其所有的房地产委托信托公司设立自益信托，通过向社会投资者转让全部/部分信托受益权（凭证）使其成为最终受益人，从而获得相应的资金用于房地产项目的活动。

房地产资金信托与财产形式的房地产信托相比，更能满足资金密集型的房地产开发企业的资金需求。信托公司设立单一或集合资金信托计划募集社会资金，之后再根据信托合同的约定将资金以各种方式投向与房地产相关的活动，在这一过程中投资者既是委托人也是受益人。与其他模式相比，如上市、海外融资、企业债券、股权投资、产业基金等相比，虽然房地产信托融资本身也有诸如“200 份”、流通性、营销方式等方面的限制条件和缺陷，但信托的宏观环境相对其融资工具而言要宽松得多。

一、房地产信托融资的优势

房地产信托融资具有三大基本优势：

（1）信托融资创新空间宽广，同时具有巨大的灵活性。信托具备连接货币市场、资本市场和产业市场的综合性融资平台优势，通过一系列制度安排，实现企业或项目的组合融资。因此银行具有资金优势，信托具有制度优势和灵活的创新性。信托可以与银行互补互动。信托的供给方式十分灵活，可以针对房地产企业自身运营需求和具体项目设计个性化的信托产品，突出表现在信托对不同阶段、不同进度水平的项目都可以量身定做解决方案，从开发资金、流动资金到后期的消费资金，乃至一些特殊问题，如“烂尾楼”等都可以通过信托解决，增大市场供需双方的选择空间。

（2）信托具有财产隔离功能。信托公司的财产隔离功能主要体现在受现行法律、法规充分保护的信托财产的独立性上。信托设立以后，其财产处于“特殊状态”：他既能充分地体现委托人或受益人的“意愿”、“利益”和特殊目的，又不记在委托人的所有权益项下，独立与委托人的其他自有财产而存在；它名义上是为委托人所有，但又不失为委托人的自有财产。受托人对信托财产及对自有资产的处置方式迥然不同：受托人必须按信托文件的约定，为实现受益人的“最大利益”或“特殊目的”而努力，不得用信托财产为自身谋取利益；每一个信托隔离于受托人的自有财产和其他信托账户，甚至在出现受托人解散等阶段情况时，信托财产仍能保持其独立性，按约定或法院判定，由新的受托人承接。在我国，信托的财产隔离受到《中华人民共和国信托法》、《信托投资公司管理办法》、《资金信托管理暂行办法》“一法两规”强而有的支撑。

（3）相对银行贷款而言，房地产信托融资方式，可以不受通过银行贷款时企业自有资金不应低于开发项目总投资的约束，也能够弥补中国人民银行 121 号文规定的只有主体结构封顶才能按揭所造成的融资链的断裂。最近要求贷款类信托，房地产项目也要“四证”齐全，开发商具有二级资质，项目资本金比例达到国家最低要求等条件，导致信托贷款融资方式在减少。

二、房地产资金信托

2007 年以来，监管者在总结前期监管得失的基础上，整合数十件信托规范性文件，制定了较为系统，明确和更符合国际趋势及实践发展需求的信托公司经营管理和信托业务新规范，主要有“三规”的《信托公司管理办法》（2007 年）《信托公司集合资金信托计划管理办法》（2007 年制定，2009 年修订）和《信托公司净资本管理办法》（2010 年）到 2010 年 3 月三年过渡期结束，我国信托公司的数量减少到 50 多家并都换发了新的金融许可证。经过这次整顿，我国的信托公司逐步建立了净资本，风险资本监控体系，被定位为“受人之托，代人理财”的专业化金融机构，而不仅仅是融资通道或平台。

如果将房地产资金信托简单分类的话，可按负债关系划分为债务型信托和权益型信托，债务型信托是信托公司通过信托产品融集资金借贷给房地产企业，其优点是：操作简便，管理简单，收益比较稳定。其缺点是技术含量低，在常规领域开展此类业务又与商业银行具有强烈的重合性，信托公司劣势明显。显然，信托公司的优势和特色应在权益型信托业务方面。

1. 抵押贷款类信托

抵押贷款类信托产品是指信托公司通过质押资金使用方的公司财产或股权为基本贷款担保方式发行房地产信托产品后，将募集的资金提供给房地产公司使用。抵押贷款类的房地产信托，募集金额占全部房地产信托金额的 76.2%，以财产或股权担保方式的房地产信托前些年的主要信托融资模式。如中信信托公司 2010 年的君泰华府房地产信托贷款集合资金信托计划、北方信托公司 2011 年的平阳县昆阳镇北示范小区项目贷款集合资金信托计划。这种模式之所以总量大且容易成功是因为财产抵押是完全仿照银行贷款的模式设计的，成熟的信贷业务，容易获得各当事方的认可。

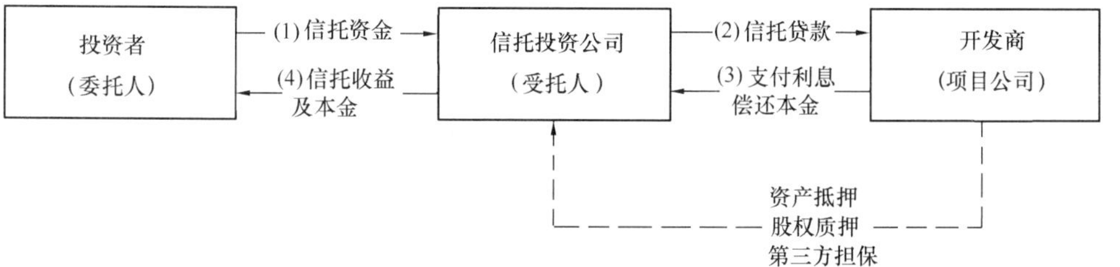

图 7-5　贷款型信托操作流程

这类项目的风险控制措施通常为：资产抵押（土地、房产等）并尽可能有抵押率；股权质押、第三方担保、为项目设立独立的账户等。

贷款的前提条件就是下文所说的“四、三、二”条件。

贷款信托的退出方式就是开发商支付利息、偿还本金。

近年来，随着对房地产信托监管的加强《中国银监会办公厅关于加强信托公司房地产、证券业务监管有关问题的通知》（银监办发［2008］265号文件），要求信托公司发放贷款的房地产开发项目应满足“四证”齐全、开发商或其控股股东具备二级资质，项目资本金比例达到国家最低要求的30%的条件，即所谓的“四、三、二条件”，相比银行贷款，信托贷款已无明显优势。因此，不少信托公司以减少采用贷款方式运用信托资金，转向了能够规避上述监管措施的股权投资类信托。

2. 股权投资类信托

该类信托是指投资公司通过将信托资金以股权方式，合资成立或者入股房地产企业，进而成为房地产企业股东或房地产项目所有者，直接参与房地产的开发、建设，并根据在房地产企业中所占的股份比例或房地产项目所有权情况，获得经营所得，作为信托投资收益来源。实践中出现了下面的两种情况。

（1）夹层信托。股权融资的另一种途径，在增加房地产企业的资本金，促使房地产企业达到银行融资的条件后，房地产企业申请银行贷款完成房地产开发，而信托资金股权再择机溢价退出，以获得的溢价偿付信托收益权的权益。实践中，“股权＋回购”、“夹层信托”、“假投资真融资”，就是将信托资金入股房地产公司，取得控制权地位，并约定一定期限后由开发商溢价回购。如西部信托投资公司2004年的“西安交大科技园配套住宅建设项目资金信托计划”，联华信托公司2005年的“联信·宝利七号中国优质房地产投资信托”等。

（2）大信托。2010年以来，随着监管层对信托公司更多地发挥主动管理职能，“夹层信托”的主导地位被“大信托”模式取代。所谓“大信托”，是将结构化设计引入信托资金募集的信托模式，即房地产开发商以存量资产，主要是开发商在房地产项目公司的股权，认购信托计划的劣后受益权部分，普通投资者则以现金认购优受益权部分，之后再根据信托合同的约定运用信托资金。在这种模式下，信托计划可以100%控制房地产项目公司，信托公司既保管项目公司的财务印章和监管其银行账户，避免开发商挪用资金；又向项目公司派驻特殊董事，拥有对重大事项的一票否决权，体现了信托公司主动管理职能，可以为其带来更高的收益。“大信托”已成为房地产信托的主流。如中信信托2009年的聚信汇金地产基金Ⅱ号集合信托计划、安信信托2011年的浙江金磊房地产开发有限公司股权投资信托计划等。

对项目的要求是股权简单、清晰、盈利能力强。

风险控制措施：向项目公司派出股东和财务经理、股权质押、第三方担保。

股权信托的退出方式：溢价股权回购。

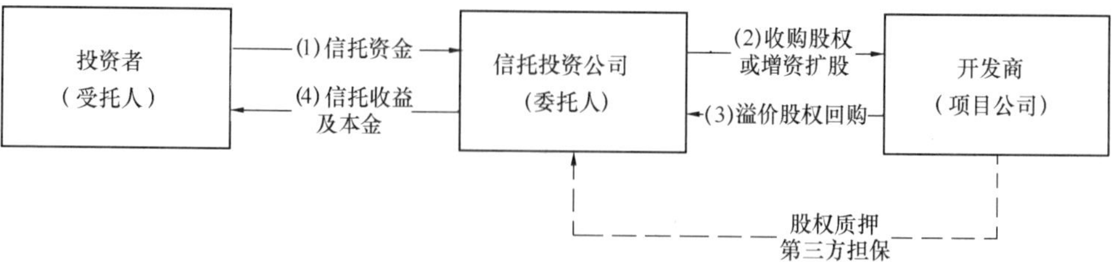

图 7-6　股权型信托的运作流程

3. 受益权转让模式

对于房地产开发公司以合法可售房屋交易为担保的房地产信托计划，信托公司可以通过购买资金需求方的商品（主要为期房），并将其预售登记后作为担保，或以收益性房地产的受益权转让为担保发行的资金信托计划。这种模式为很多多期开发项目的后期运作或多个房地产项目的运作，以及有良好的在售物业的房地产公司提供了融资条件。这种模式的风险主要在于：在建工程到竣工交付的阶段性风险；房屋销售的市场风险；权属登记的法律风险。

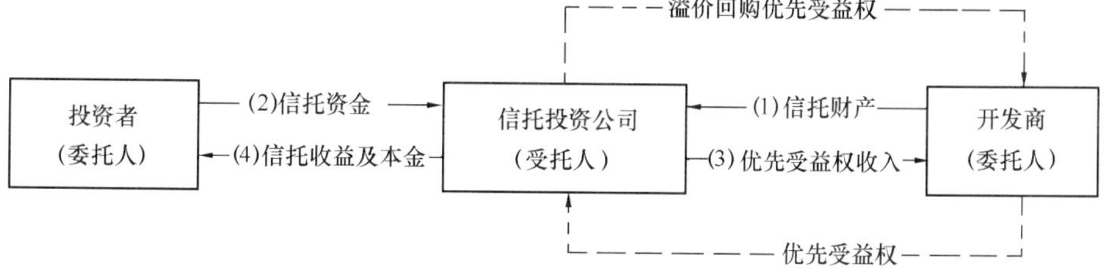

图 7-7　权益型信托的运作流程

4. 混合型信托

混合型信托是指信托公司采取权益型信托和债务型信托结合的方式介入房地产业务。它具备贷款类和股权类房产信托的基本特点，同时也有自身方案设计灵活、交易结构复杂的特色，综合运用股权、债权、购买收益权、购买物业等各种方式，取得信托资金，满足开发商对项目资金的需求。

信托公司与委托人在信托合同中对信托资金的使用方式加以明确的规定，受托人按照合同约定的比例，以股权投资和贷款融资的不同方式加以组合运用，具有较强的灵活性。

三、财产信托

这类信托属于受益权转让的一种。该类信托模式几乎等同于资产证券化产品。该类模式的信托，是将存量的持有性物业或出租性物业作为信托财产，将该类物业自身日常产生的租金收入或经营收入等稳定的现金流作为前提，发行财产受益权转让信托，房地产企业将信托受益权转让给投资者并取得相应对价实现融资，或者将受益权抵押进行债务融资。然后，将募集的信托资金交由该类物业所有人，按照信托合同约定的信托目的或投资方向加以运用。将固化、积压、沉淀的资产盘活、变现，因此具有极为强烈资产证券化功能，也是我国迄今房地产信托所有模式中，最接近国外发行的房地产信托基金（REITs）的一种信托产品。

财产信托的风险管控措施之一就是签订附条件的《商品房买卖合同》，并在房管局进行合同备案。

这类信托的财产是业已建成的正在运营中的收益性物业，由于产权清晰、收益稳定、风险可控，因而有可能成为公众投资工具，与国外发行的房地产信托基金（REITs）比较接近。

对信托基金的设立、运作加以全面规范的《房地产投资信托基金守则》是香港房地产投资信托基金的规范性文件。香港 REITs 采用信托方式，是集合投资计划的一种。香港 REITs 是以信托方式组成，主要投资于房地产项目的集体投资计划，旨在向持有人提供来自房地产租金收入的回报。香港 REITs 通过出售基金单位获得资金，根据基金文件的规定加以利用，在其投资组合内维持、管理和购入房地产。REITs 的基本特征如下：（1）专注投资于可产生定期租金收入的房地产项目；（2）限制频繁买卖房地产；（3）收入的大部分必须源自房地产项目的租金收入；（4）收入的绝大部分必须以定期股息方式分派给持有人；（5）在基金文件中明确规定最高负债额度；（6）关联交易必须获得持有人的批准；（7）上市义务。香港证券会认可房地产投资信托基金的一项条件，是该基金将会在证券会接纳的某个期间内在香港联合交易所上市。

2005 年 6 月，香港证券会对《房地产投资信托基金守则》进行了修订，其核心是取消 REITs 只可投资于香港房地产的限制。这也是“越秀基金 REITs”能在香港设立的前提条件。

第五节　个人贷款融资

销售收入是房地产开发投资的重要来源，购房者大部分都要借助于银行贷款达到购房目的。从这个意义上讲，购房贷款也是房地产项目融资的一个组成部分。在购房贷款中，个人住房贷款是最主要的部分。个人住房贷款分为公积金贷款和商业贷款，公积金利率较低，但对贷款额度、工程进度等有更严格的限制和要求，贷款审批手续也复杂一些，而商业贷款手续相对简捷，可以更快地让贷款资金到账。在房地产市场形势好的情况下，银行愿意尽快放贷、开发商愿意早日实现销售收入，银行与开发商目标一致，可以理解很多项目上出现销售人员不接受公积金贷款的原因了。

一、个人住房贷款的概念

个人住房贷款是指贷款人向借款人发放的用于购买各类住房的贷款。贷款人发放贷款时，借款人必须提供按担保，担保方式可采取抵押、质押或保证，也可以将以上两种或三种担保方式合并采用。当借款人不能按期偿还贷款本息时，贷款人有权依法处理其抵押物（质物）或由保证人承担连带责任偿还贷款本息。

二、个人住房贷款的种类

目前，个人住房抵押贷款品种归纳起来，主要有以下两类：

（1）政策性个人住房抵押贷款。为推进城镇住房制度改革，运用住房公积金、住房售房款和住房补贴存款，为房改单位的职工购买、建造、翻建和修葺自住住房而发放的贷款，主要包括个人住房公积金贷款和其他政策性个人住房贷款。

个人住房公积金贷款是指政府部门所属的住房资金管理中心运用房改资金，委托银行向购买自住房屋（含建造、大修）的住房公积金交存人和离退休职工发放的贷款。贷款人需由借款人提供财产抵押担保，或财产质押担保，或连带责任保证担保。

（2）自营性个人住房抵押贷款。是商业银行运用自身的本外币存款，自主发放的住房抵押贷款，也称住房按揭贷款。目前，自营性个人住房贷款品种主要包括个人住房贷款、个人住房装修贷款、个人商业用房贷款、二手房按揭贷款、个人住房抵押消费贷款和个人自建房贷款等品种。

三、贷款额度、期限和利率

个人住房抵押贷款的额度、期限和利率要根据中国人民银行有关规定和贷款银行的资本来源及成本、借款人的还款能力等因素确定。

（1）贷款额度

目前，贷款的最高额亮度为80%。借款人要在银行至少存够购房款的20%作为首付款，并有能力每月偿还一定金额的贷款时，才能获得银行贷款。

（2）贷款期限

目前，贷款期限最长为30年。目前，以10年～15年的贷款期限居多。

（3）贷款利率

个人住房贷款利率的调整由中国人民银行根据法定利率的调整相应进行调整，并单令公布。个人住房贷款利率调整时，对贷款期限在1年以上（含1年）的，遇利率调整，仍实行合同利率，不分段计息；对贷款期限在1年以上的，遇利率调整，于次年1月1日开始，执行新的利率。

四、贷款还款方式、还款额的计算及还款额的基本特性

根据中国人民银行规定，目前个人住房贷款的偿还方式为：借款期限为1年的，采用到期一次还本付息方式；贷款期限超过1年的，主要采用等额本息还款法和等额本金还款法两种基本的还款方式。

等额本金还款法就是在贷款期限内，每月以相等的额度平均偿还贷款本金。

为了方便介绍，我们引入一些常用的符号来表示在计算过程中的各个变量：

P——总贷款额；

n——总还款期数；

i——还款月利；

在第 t 个还款期内，$t=1$，2，3…，$n-1$，n；

A_t——月还款额；

AC_t——月还款额中的本金部分；

AI_t——月还款额中的利息部分；

P_t——在第 t 个还款期期末剩余本金。

（一）等额本息还款法

1. 等额本息还款法借款额与还款额计算方法

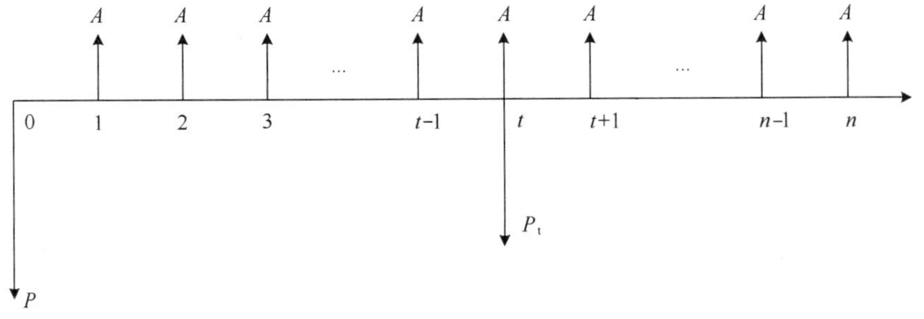

图 7-8　等额本息还款现金流量图

等额本息还款法就是在贷款期限内，每月以相等的额度偿还贷款本息。

$$P = A\frac{(1+i)^n-1}{i(1+i)^n} = \frac{A}{i}\left[1-\frac{1}{(1+i)^n}\right] \tag{7-1}$$

$$A = P\frac{i\cdot(1+i)^n}{(1+i)^n-1} = P\cdot i/\left[1-\frac{1}{(1+i)^n}\right] \tag{7-2}$$

2. 第 t 次还款后的剩余本金及第 t 次还款中的本息额

（1）第 t 次还款后剩余本金额的计算

观察现金流量图 7-8，我们可将 $n-t$ 替代式（7-2）中的 n，由公式 7-2 可以得到第 t 次还款后剩余本金的计算公式：

$$P_t = P\frac{(1+i)^n-(1+i)^t}{(1+i)^n-1} \tag{7-3}$$

（2）第 t 次还款中的本息额的计算

$$A = AI_t + AC_t \tag{7-4}$$

$$AI_t = P_{t-1}\cdot i = P\frac{(1+i)^n-(1+i)^{t-1}}{(1+i)^n-1}\cdot i \tag{7-5}$$

$$AC_t = P_{t-1} - P_t = P\frac{(1+i)^n-(1+i)^t}{(1+i)^n-1} - P\frac{(1+i)^n-(1+i)^{t-1}}{(1+i)^n-1}$$

$$AC_t = P\frac{(1+i)^t-(1+i)^{t-1}}{(1+i)^n-1} = P\frac{i\cdot(1+i)^{t-1}}{(1+i)^n-1} \tag{7-6}$$

当 $t=1$ 时，由公式 7-5 和公式 7-6 可得：

$$AI_1 = P\cdot i \tag{7-7}$$

$$AC_1 = \frac{P\cdot i}{(1+i)^n-1} \tag{7-8}$$

$$A = P\frac{i\cdot(1+i)^n}{(1+i)^n-1} = P\cdot i + \frac{P\cdot i}{(1+i)^n-1} = AI_1 + AC_1 \tag{7-9}$$

公式 7-7、7-8、7-9 也反映了第一次还款中的本金、利息之和是固定值 A。

AC_t \ AI_t的计算方法，对于项目现金回报率、投资回报率及物业运营过程中所得税的计算提供方便。

（3）等额本息还款法中利息与本金随时间变化的趋势

【例 7-1】假设贷款的本金 $P=1000000$ 元；还款期 $n=15$ 年×12 期/年=180 期；年利率 $i_0=6.8\%$，即计息月利率 $i=6.8\%/12=0.0567\%$。看作是以 t 为自变量的函数，作函数图像如图 7-9 所示。

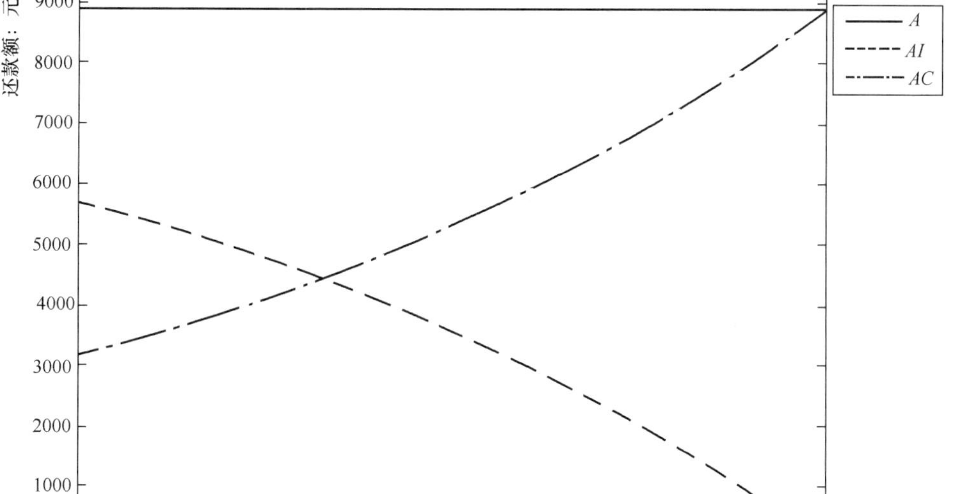

图 7-9　等额本息还款法还款金额构成及变化规律

3. 等额本息还款法计算实例

【例 7-2】张某于 2000 年 1 月 1 日以 60 万元购得一住宅，购房款中的 70%来自银行提供的固定年利率为 6%、期限为 15 年，按月等额本息偿还的个人住房抵押贷款。

现张某拟于2009年1月1日将此套住宅连同相关的抵押贷款债务转让给李某。根据李某的要求，银行为其重新安排了贷款方案：期限从2009年1月1日至2018年12月31日的等额本息还款，设新贷款的年利率为8%。请问：（1）张某的月还款额为多少？（2）李某的月还款额为多少？

解：（1）张某的贷款额=60×70%=42万元

总还款期=15×12=180月

月利率=6%/12=0.5%

月还款额 A=420 000×（A/P，0.5%，180）=3544.2元

（2）已还款期数=12×9=108月

剩余借款额

$$P_t = P\frac{(1+i)^n-(1+i)^t}{(1+i)^n-1} = 420\,000\frac{(1+0.5\%)^{180}-(1+0.5\%)^{108}}{(1+0.5\%)^{180}-1}$$

$$=213855.2(元)$$

（3）李某还款额

李某的新贷款的月利率=8%/12=0.67%

李某贷款还款期=12×10=120（月）

$$A' = P_t \times \left(\frac{A}{P},0.67\%,120\right) = 213855.2\times 0.67\%/\left[1-\frac{1}{(1+0.67\%)^{120}}\right]$$

=2595.1元。

（二）等额本金还款法

等额本金还款法的特点是等额还本，利息照付。

1. 每期偿还等额的本金和相应的利息

每次还款本金额　$$AC_t = \frac{P}{n} \tag{7-10}$$

每次还款的利息额　$$AI_t = \frac{(n-t+1)}{n}P\cdot i \tag{7-11}$$

2. 等额本息还款的还款额

第 t 次还款的还款额由偿还的利息及偿还的本金构成。

$$A_t = AI_t + AC_t \tag{7-12}$$

$$A_t = \frac{P}{n} + \frac{(n-t+1)}{n}P\cdot t \tag{7-13}$$

3. 等额本金还款中本息之间的关系

【例7-3】假设贷款的本金 P=1000000元；还款期 n=15年×12期/年=180期；年利率 $i0$=6.8%，即计息月利率 i=6.8%/12=0.0567%。看作是以 t 为自变量的函数，作函数图像7-10。

图7-10表明，最下面由高到低的斜线是所还利息随还款次数的变化曲线、中间的水平线是等额还本线、最上面的斜线是随还款次数不同，还款额的变化趋势，它是还

本线和付息线的叠加。

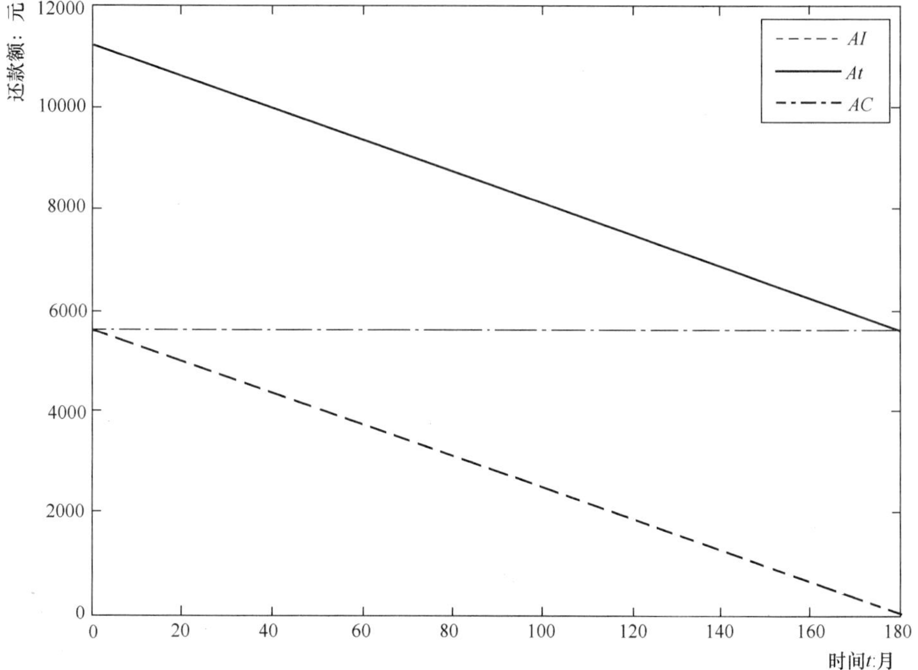

图 7-10　以 t 为自变量所作的函数图像

第八章　财　务　评　价

第一节　财务评价的常用指标

一、房地产项目财务评价概述

1. 财务评价的概念

财务评价是指根据国家现行财税制度、价格体系和项目评价的有关规定，从项目财务的角度，分析、计算项目直接发生的财务效益和费用，编制财务报表，计算财务评价指标，考察项目的盈利能力、清偿能力及外汇平衡等财务状况，据此判断项目的财务可行性。财务评价是房地产开发项目可行性研究的核心内容，无论对开发商还是对给房地产开发项目提供资金支持的金融机构都是十分重要的。

房地产开发项目的财务效益主要表现为生产经营过程中的经营收入，财务支出（费用）主要表现为开发建设项目总投资、经营成本和税金等各项支出。

2. 财务评价的一般步骤

财务评价在确定的项目建设方案、投资估算和融资方案的基础上进行，主要是利用有关基础数据，通过基本财务报表，计算财务评价指标和各项财务比率，进行财务分析，做出财务评价。财务评价大致可以分为以下四个步骤，如图 8-1 所示。

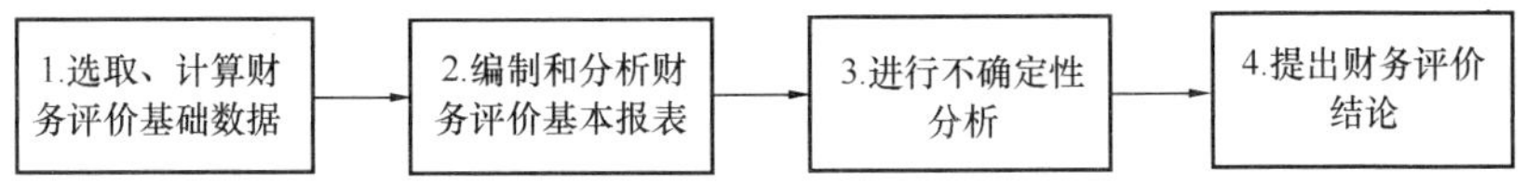

图 8-1　财务评价的一般步骤

（1）选取、计算财务评价基础数据

通过对投资项目所处的市场进行充分调研和投资方案分析，确定项目建设方案，拟定项目实施进度计划等，据此进行财务预测，选取适当的生产价格、费率、税率、利率、基准收益率、计算期等基础数据和参数，获取项目总投资、总成本费用、租售收入、税金、利润等一系列财务基础数据。在对这些财务数据进行分析、审查、鉴定和评估的基础上，完成财务评价辅助报表。

（2）编制和分析财务评价基本报表

将上述基础数据汇总，编制现金流量表、损益表、资金来源与运用表、资产负债表及外汇平衡表等财务评价基本报表，并对这些报表进行分析评价。在分析评价的过程中，不仅要审查基本报表的格式是否符合规范要求，还要审查所填列的数据是否准确并保持前后一致。然后利用各基本报表，直接计算出一系列财务评价的指标，包括反映项目的盈利能力、清偿能力和外汇平衡能力等静态和动态指标。

（3）进行不确定性分析

对于影响项目财务指标的主要因素还要进行不确定性分析，包括敏感性分析、盈亏平衡分析。

（4）提出财务评价结论

根据上述计算的财务评价静态和动态指标，以及不确定性分析的结果，将有关指标值与国家有关部门规定的基准值和目标值进行对比，得出项目在财务上是否可行的评价结论。

二、房地产开发项目财务评价指标

（一）房地产开发项目财务评价指标体系

一般而言，财务评价包括项目财务盈利能力分析和清偿能力分析，对于涉及外汇的项目有时还需要进行外汇平衡分析。房地产开发项目的财务状况是通过一系列财务评价指标反映出来的。财务评价指标有不同的分类，如可将其分为静态指标和动态评价指标。静态指标一般有静态投资回收期、投资利润率、投资利税率、资本金利润率、借款偿还期、资产负债率、流动比率和速动比率；动态指标一般有财务内部收益率、财务净现值、财务净现值率、财务投资回收期和动态投资回收期。

（二）房地产开发项目财务评价静态指标

所谓静态指标，就是在不考虑资金的时间价值前提下，对开发项目或方案的经济效果进行的经济计算与度量。财务评价主要有以下八个静态指标。

1. 投资回收期

投资回收期是指以项目的净收益来抵偿全部投资（包括固定资产投资和流动资金）所需的时间，是反映项目投资回收能力的重要指标。投资回收期自建设开始年算起，也可自建成后开始经营年算起。

投资回收期作为静态指标，其主要优点是概念明确、计算简单。用它来判断项目或方案的标准是回收资金速度越快越好，因此，在投资风险分析中有一定的作用。特别是在资金短缺、强调项目清偿能力的情况下，尤为重要。但该指标没有考虑项目回收资金以后的情况，不能评价项目计算期内的总收益和盈利能力，因此通常不能仅根据投资回收期的长短来判断项目的优劣，需要与其他指标结合使用。因此，投资回收期法是一种短期分析法，可作为评价房地产开发效益的辅助分析方法。

2. 投资利润率

投资利润率指项目达到设计生产或服务功能后的正常年份的年利润总额（或平均的利润总额）与项目总投资之比，亦即开发项目单位投资额所发生的盈利额，反映了开发资金在循环过程中增值的速度。

该方法适用于出租经营的房地产开发项目（如宾馆、商场、办公楼等）的投资分析。此时，年经营收入主要为租金收入，年总成本费用为出租物业在经营过程中按使用年限分期摊销和价值损耗，以及出租经营发生的管理费、维修费和其他相关费用。

投资利润率是描述投资项目获利的静态指标，适用于开发经营期短，规模不大的项目的经济评价，或作为项目评价的辅助分析指标。

3. 投资利税率

投资利税率是指房地产开发项目建设达到正常盈利年份时正常年度的年利税总额或投资计算期内的年平均利税与项目总投资的比率。

投资利税率指标值越大，说明项目的获利能力越大。在财务评价中，将投资利税率与房地产行业投资利税率相比，可以判别单位投资对国家和社会的贡献率水平是否达到房地产业的平均水平。

4. 资本金利润率

资本金利润率是指房地产开发项目建设达到正常营利年份时正常年度的年利税总额或投资计算期内的年平均利税与项目资本金的比率。它反映投入项目的资本金的盈利能力。

5. 借款偿还期

借款偿还期是指以项目投产后可用于还款的资金偿还固定资产投资国内借款本金和建设期利息所需要的期限（不包括已用自有资金支付的建设期利息和生产经营期应付利息，生产经营期利息列于总成本费用的财务费用）。

涉及外资的项目，其国内借款部分还本付息，应按已经明确的或预计可能的贷款偿还条件计算。当借款偿还期达到贷款机构的要求期限时，即认为项目具有清偿能力。

6. 资产负债率

资产负债率是反映开发项目用债权人提供自进行经营活动的能力，并反映债权人发放贷款的安全程度。此指标可以由资产负债表求得。

7. 流动比率

流动比率是反映流动资产在短期债务到期以前可以变为现金用于偿还流动负债的能力。

8. 速动比率

速度比率是反映项目流动资产中可以立即用于偿付流动负债的能力。

（三）房地产开发项目财务评价动态指标

1. 财务净现值

财务净现值（FNPV）也简称为净现值（NPV），是反映项目在计算期内获利能力的动态指标，是指按设定的贴现率，将各年的净现金流量折现到投资起点的现值代数和，以此反映项目在计算期内获利能力。

净现值可以通过现金流量表计算求得。当 FNPV≥0 时，表明该项目获利能力达到或超过贴现率要求的投资收益水平，应认为该项目在经济上是可取的；反之则不可取。

运用净现值法评价项目投资效益的一个重要问题是选择合适的贴现率。这是因为贴现率的微小变化可以引起净现值的较大的变动。未来现金流量的预测时间越长，贴现率变化影响就越大。投资者为了补偿各种风险和负担，将其不利的情况反映在贴现率上，即将各影响因素用一定的补偿率表示，其累加值为投资项目的贴现率[33]。

2. 财务净现值率

财务净现值率（FNPVR）是项目财务净现值与全部投资现值的比率，即单位投资的净现值，是反映项目效果的相对指标。财务净现值率可作为净现值的补充指标，它反映了净现值与总投资现值的关系。

3. 财务内部收益率

财务内部收益率（FIRR）也称内部收益率（IRR），是指项目在整个计算期内，各年净现金流量现值累计之和等于零时的折现率。它的经济含义是，项目在这样的折现率下，到项目寿命终了时，所有投资可以被完全收回。FIRR 是评价项目营利性的基本指标。这里的计算期，对房地产开发项目而言是指从购买土地使用权开始到项目全部售出为止的时间。

内部收益率表明项目投资所能支付的最高贷款利率。如果贷款利率高于内部收益率，项目投资就会面临亏损。因此所求出的内部收益率是可以接受贷款的最高利率。

内部收益率指标考虑了资金的时间价值，并且内部收益率不需要首先确定所要求的报酬率，该指标还可以表示投资项目的内在收益率，从而反映投资效率的高低。但是，内部收益率不能直观地显示项目投资获利数额的大小，相对计算较为复杂，一个投资项目可能有多个内部收益率。

4. 动态投资回收期

动态投资回收期指标一般用来评价开发完成后用于出租或经营的房地产开发项目。动态投资回收期同样要与基准动态投资回收期相比较，判断开发项目的投资回收能力，如果小于或等于，则项目在财务上是可以接受的。

与静态投资回收期相比，动态投资回收期的优点是考虑了现金收支的时间因素，能真正反映资金的回收时间。缺点是这一指标只强调投入资金的回收快慢，忽视了投入资本的营利能力，没有考虑投资回收以后的收益情况，计算也比较麻烦。因此，也只能作为评价投资项目的辅助指标。

第二节 财务评价指标计算

一、静态财务评价指标计算

（一）成本利润率与销售利润率

1. 成本利润率

成本利润率（RPC），是指开发利润占总开发成本的比率，是初步判断房地产开发项目财务可行性的一个经济评价指标。成本利润率的计算公式为：

$$RPC=\frac{GDV-TDC}{TDC}\times 100\%=\frac{DP}{TDC}\times 100\% \tag{8-1}$$

式中 RPC——成本利润率；

GDV——项目总开发价值；

TDC——项目总开发成本；

DP——开发利润。

计算项目总开发价值时，如果项目全部销售，则等于总销售收入扣除营业税金及附加后的净销售收入；当项目用于出租时，为项目在整个持有期内净营业收入和净转售收入。总销售收入的计算方法将在第六章中详细介绍。

项目总开发成本是开发项目在开发经营期内实际支出的成本，包括土地费用、勘察设计费和前期工程费、建筑安装工程费、基础设施建设费、公共配套设施建设费、其他工程费、开发期税费、管理费用、销售费用、财务费用、不可预见费等。

计算房地产开发项目的总开发价值和总开发成本时，可依据评估时的价格水平进行评估，因为在大多数情况下，项目的收入与成本支出受市场价格水平变动的影响大致相同，使项目收入的增长基本能抵消成本的增长。

开发利润实际是对开发商所承担的开发风险的回报。成本利润率一般与目标利润进行比较，超过目标利润率，则该项目在经济上是可以接受的。目标利润水平的高低，与项目所在的市场竞争状况、项目开发经营期的长度、开发项目的物业类型以及贷款利率水平相关。一般来说，对于一个开发期为 2 年的商品住宅开发项目，其目标成本利润率大体应该为 35%～45%。不同城市的成本利润率有较大的差别，二、三线城市的成本利润率处于相对较低的水平，有的在 25%左右。

成本利润率是经过开发经营期所获得的利润率，不是年利润率。成本利润率除以开发经营期的年数，也不等于年成本利润率。因为开发成本在开发经营期内逐渐发生，从这个意义上讲，成本利润率可以看成每年新增投资的成本利润率。

2. 销售利润率

销售利润率是衡量房地产开发项目单位销售收入盈利水平的指标。销售利润率的计算公式为：销售利润率＝销售利润/销售收入×100%。其中：销售收入为销售开发产品过程中取得的全部价款，包括现金、现金等价物及其他经济利益；销售利润等于开发项目销售收入扣除总开发成本和营业税金及附加，在数值上等于计算成本利润率时的开发商利润。与销售利润率相对应，销售利润用毛利润替代，可以得到销售毛利率，在成本不能准确统计之前，成为预征所得税的手段。

（二）投资利润率

投资利润率分为开发投资的投资利润率和置业投资的投资利润率。

开发投资的投资利润率是指开发项目年平均利润占开发项目总投资的比率。开发项目总投资与项目总开发成本的差异在于前者不含财务费用。

置业投资的投资利润率是指项目经营期一个正常年份的年利润总额或项目经营期内年平均利润总额与项目总投资的比率，它是考察项目单位投资盈利能力的静态指标。对经营期内各年的利润变化幅度较大的项目，应计算经营期内年平均利润与项目总投资的比率。

投资利润率的计算公式为：

$$投资利润率=\frac{年利润总额或年平均利润}{项目总投资}\times 100\% \quad (8\text{-}2)$$

投资利润率可以根据利润表中的有关数据计算求得。在财务评价中，将投资利润率与行业平均利润率对比，以判别项目单位投资盈利能力是否达到本行业的平均水平。

（三）资本金利润率和资本金净利润率

1. 资本金利润率

资本金利润率，是指项目经营期内一个正常年份利润总额或项目经营期内年平均利润总额与资本金的比率，它反映投入项目的资本金的盈利能力。资本金是投资者为房地产投资项目投入的资本金或权益资本。资本金利润率的计算公式为：

$$资本金利润率=\frac{年利润总额或年平均利润总额}{资本金}\times 100\% \quad (8\text{-}3)$$

2. 资本金净利润率

资本金净利润率，是指项目经营期内一个正常年份的税后利润总额或项目经营期内年平均税后利润总额与资本金的比率，它反映投入项目的资本金的盈利能力。其计算公式为：

$$资本金利润率=\frac{年税后利润总额或年平均税后利润总额}{资本金}\times 100\% \quad (8\text{-}4)$$

（四）静态投资回收期

静态投资回收期（P'_b），是指当不考虑现金流折现时，项目以净收益抵偿全部资金所需的时间。一般以年表示，对房地产投资项目来说，静态投资回收期自投资起点算起。其计算公式为：

$$\sum_{t=0}^{P'_{b}}(CI-CO)_{t}=0 \tag{8-5}$$

式中：错误！未找到引用源。——静态投资回收期。

静态投资回收期可以根据财务现金流量表中累计净现金流量求得，其详细计算公式为：

$$P'_{b}=(\text{累计净现金流量开始出现正值期数}-1)+\frac{\text{上期累计净现金流量的绝对值}}{\text{当期净现金流量}}\times 100\% \tag{8-6}$$

$$\text{当期净现金流量}=\text{年收益额}+\text{当期计提折旧}+\text{年无形资产摊销}-\text{年成本额} \tag{8-7}$$

上式得出的是以计算周期为单位的静态投资回收期，应该把它再换算成以年为单位的静态投资回收期。其中小数部分也可以折算成月数，以年和月表示，如 3 年零 9 个月或 3.75 年。

（五）现金回报率与投资回报率

现金回报率和投资回报率都是房地产置业投资过程中，投资者衡量投资绩效的指标，反映了置业投资项目的盈利能力。

1. 现金回报率

现金回报率是指房地产置业投资中，每年所获得的现金报酬与投资者初始投入的权益资本的比率。该指标反映了初始现金投资或首付款与年现金收入之间的关系，是表达投资绩效的指标。现金回报率指标非常简单明了，该回报率可以计算税前的，也可以计算税后的。

$$\text{税前现金回报率}=\frac{\text{税前现金流(净经营收入}-\text{还本付息)}}{\text{投资者的初始现金投资}} \tag{8-8}$$

$$\text{税后现金回报率}=\frac{\text{税后现金流(税前现金流}-\text{所得税)}}{\text{投资者的初始现金投资}} \tag{8-9}$$

2. 投资回报率

投资回报率用于衡量置业投资的投资回报能力。在房地产置业投资中，每年所获得的净收益与投资者初始投入的权益资本的比率称为投资回报率。与现金回报率相比较可以发现，投资回报率计算采用的现金收益为税后现金流，除了税后现金收益，投资回报的收益还包括还本付息中投资者获得的物业权益增加的价值，还可以考虑物业升值所带来的收益。该指标反映了初始权益投资与投资者获得的收益之比。

在不考虑物业增值收益时，

$$\text{投资回报率}=\frac{(\text{税后现金流量}+\text{投资者权益增加值})}{\text{权益投资数额}} \tag{8-10}$$

当考虑物业增值收益时，

$$\text{投资回报率}=\frac{(\text{税后现金流量}+\text{投资者权益增加值}+\text{物业增值收益})}{\text{权益投资数额}} \tag{8-11}$$

【例 8-1】某开发商以 5000 万元的价格获得一宗面积为 4000m² 土地的 50 年使用权，建筑容积率 5.5。建造费用为 4000 元/平方米，专业人员费用为建造费用的 8%，其他工程费为 500 万元，管理费用为土地费用、建造费用、专业人员费用和其他工程费用之和的 3.5%。市场推广、销售代理和营业税金及附加为销售收入的 0.5%、3% 和 5.6%。预计建成后的售价为 15000 元/m²。项目开发周期为 2.0 年、建造期为 1.5 年。土地费用在期初一次性投入。建造费用、专业人员费用和其他工程费用及管理费用在建造期内均匀投入；年贷款利率为 12%，按季度计息，融资费用为贷款利息的 10%。计算项目的成本利润率和销售利润率。

解：（1）项目开发价值

开发价值＝销售收入－销售税金及附加

＝15000×2.2×(1－5.6%)＝33000－1848＝31152 万元

（2）项目开发总成本费用

1）土地费用 5000 万元

2）建造费用 4000×2.2＝8800 万元

3）专业人员费用 8800×8%＝704 万元

4）其他工程费用 500 万元

5）管理费用(5000＋8800＋704＋500)×3.0%＝15004×3%＝450.12 万元

6）财务费用：以下三项之和＝1333.85＋969.38＋230.32＝2533.55 万元

① 土地利息 5000×$[(1+12\%/4)^{2\times4}-1]$＝1333.85 万元

② 建造费用、专业人员和其他工程费及管理费利息

(8800＋704＋500＋450.12)×$[(1+12\%/4)^{1.5\times4/2}-1]$＝969.38 万元

③ 融资费用＝(1333.85＋969.38)×10%＝230.32 万元

7）销售费用＝33000×(0.5%＋3%)＝1155 万元

（3）指标计算

项目总成本＝19142.67 万元

成本利润率＝(31152－19142.67)/19142.67×100%＝62.74%；

销售利润率＝(31152－19142.67)/33000×100%＝36.39%

在［例 8-1］中，项目建成后完成出售或在建设过程中就开始预售，这只是在房地产市场投资和使用需求旺盛时的情况，在市场较为平稳的条件下，开发商常常将开发建设完毕后的项目出租或经营，此时项目就变为开发商的长期投资。在这种情况下通过计算开发成本利润率对项目进行初步经济评价时，总开发价值和总开发成本的计算就有一些变化出现。

【例 8-2】某开发商在一个中等城市以 425 万元的价格购买了一块写字楼用地 50 年的使用权。该地块规划允许建筑面积为 4500m²，有效面积系数为 0.85。开发商通过市场研究了解到当前该地区中档写字楼的年净租金收入为 450 元/m²，银行同意提供

的贷款利率为15%的基础利率上浮2个百分点，按季度计息，融资费用为贷款利息的10%。开发商的造价工程师估算的中档写字楼的建造费用1000元/m^2，专业人员费用为建造费用的12.5%，其他工程费为60万元，管理费用为土地费用、建造费用、专业人员费用和其他工程费之和的3.0%，市场推广及出租代理费等销售费用为年净租金的20%，当前房地产的长期投资收益率为9.5%。项目开发周期为18个月，建造周期为12个月，试通过计算开发成本利润率对该项目进行初步评估。

解：

（1）项目总开发价值

1）项目可出租建筑面积：$4500\times0.85=3825m^2$

2）项目每年净租金收入：$3825\times450=172.125$万元

3）项目总开发价值：$P=172.125\times(P/A, 9.5\%, 48.5)=1789.63$万元

（2）项目总开发成本

1）土地费用：425万元

2）建造费用：$4500\times1000=450$万元

3）专业人员费用（建筑师、结构/造价/机电/监理工程师等费用）：

$$7450\times12.5\%=56.25\text{万元}$$

4）其他工程费：60万元

5）管理费用：$(425+450+56.25+60)\times3.0\%=29.74$万元

6）财务费用

① 土地费用利息：

$$425\times[(1+17\%/4)^{4\times1.5}-1]=120.56\text{万元}$$

② 建造费用/专业人员费用/其他工程费/管理费用利息：

$$(450+56.25+60+29.74)\times[(1+17\%/4)^{0.5\times4}-1]=51.74\text{万元}$$

③ 融资费用：$(120.56+51.74)\times10\%=17.23$万元

④ 财务费用总计：$120.56+51.74+17.23=189.53$万元

7）销售费用（市场推广及出租代理费）：$172.125\times20\%=34.43$万元

8）项目总开发成本：

$$425+450+56.25+60+29.74+189.53+34.43=1244.95\text{万元}$$

（3）开发利润（销售利润）：$1789.63-1244.95=544.68$万元

（4）开发成本利润率：$544.68/1244.95\times100\%=43.75\%$

【例8-3】设某房地产开发企业项目建成后，主要用于出租，年平均收益为720万元，设贷款利率为15%，并且每期投资都是在当年年初发生的，第一年投资1270万元，第二年投资1360万元，第三年投资120万元，项目建设4年后出租经营。试计算该项目的投资回收期。

解：

由于要考虑投资贷款利息，该项目的投资总额为：

项目投资额$=1270\times(1+0.15)^4+1360\times(1+0.15)^3+120\times(1+0.15)^2$

$=4448.33$(万元)

年平均收益额＝720（万元/年）

故该项目的投资回收期为：

投资回收期＝4448.33/7206.18（年）

二、动态财务评价指标计算

（一）财务净现值

财务净现值（$FNPV$），是指项目按行业的基准收益率或设定的目标收益率，将项目计算期内各年的净现金流量折算到投资活动起始点的现值之和，是房地产开发项目财务评价中的一个重要经济指标。房地产投资项目计算期的选取规则如表 8-1 所示。

房地产投资项目计算期的选取　　表 8-1

项目类型		计算期（开发经营期）界定
开发投资	出售	为项目开发期与销售期之和。开发期是从购买土地使用权开始到项目竣工验收的时间周期，包括准备期和建造期；销售期是从正式销售（含预售）开始到销售完毕的时间周期；当预售商品房时，开发期与销售期有部分时间重叠
	出租或自营	为开发期与经营期之和。经营期为预计出租经营或自营的时间周期；以土地使用权剩余年限和建筑物的经济寿命中较短的年限为最大值；为计算方便，也可视分析精度的要求，取 10～20 年
置业投资		为经营准备期和经营期之和。经营准备期为开业准备活动所占用的时间，从获取物业所有权（使用权）开始，到出租经营或自营活动正式开始截止；经营准备期的长短，与购入物业的初始装修状态等因素无关

基准收益率是净现值计算中反映资金时间价值的基准参数，是导致投资行为发生所要求的最低投资报酬率，称为最低要求收益率（$MARR$）。决定基准收益率大小的因素主要是资金成本和项目风险。

财务净现值的计算公式为：

$$FNPV=\sum_{t=0}^{n}(CI-CO)_t(1+i_c)^{-t}=\sum_{t=0}^{n}CI_t(1+i_c)^{-t}-\sum_{t=0}^{n}CO_t(1+i_c)^{-t} \quad (8\text{-}12)$$

式中：$FNPV$——项目在起始时间点的财务净现值；

i_c——基准收益率或设定的目标收益率；

CI——现金流入量；

CO——现金流出量；

$(CI-CO)$——项目在第 n 年的净现金流量；

$t=0$——项目开始进行的时间点；

n——计算期，即项目的开发或经营周期（年、半年、季度或月）。

如果 $FNPV$ 大于或等于 0，说明该项目的获利能力达到或超过了基准收益率的要求，因此在财务上是可以接受的。如果 $FNPV$ 小于 0，则项目不可接受。

（二）财务内部收益率

财务内部收益率（$FIRR$），是指项目在整个计算期内，各年净现金流量现值累计等于零时的折现率，是评估项目盈利性的基本目标。其计算公式为：

$$\sum_{t=0}^{n}(CI-CO)_t(1+FIRR)^{-t}=0 \tag{8-13}$$

财务内部收益率的经济含义是在项目寿命期内项目内部未回收投资每年的投资每年的净收益率。同时意味着，到项目寿命终了时，所有投资可以被完全收回。

财务内部收益率可以通过内插法求得。即先按目标收益率或基准收益率求得项目的财务净现值，如为正，则采用更高的折现率使净现值接近于零的正值和负值各一个，最后用内插法公式求出，内插法公式为

$$FIRR=i_1+\frac{NPV_2}{NPV_1+|NP_2|}\times(i_2-i_1) \tag{8-14}$$

式中：i_1——当净现值为接近于零的正值时的折现率；

i_2——当净现值为接近于零的负值时的折现率；

NPV_1——采用低折现率时净现值的正值；

NPV_2——采用高折现率时净现值的负值。

式中，i_1 和 i_2 之差不应超过 1%～2%，否则，i_1、i_2 和净现值之间不能近似于线性关系，从而使得所求的内部收益率失真（图 8-2）。

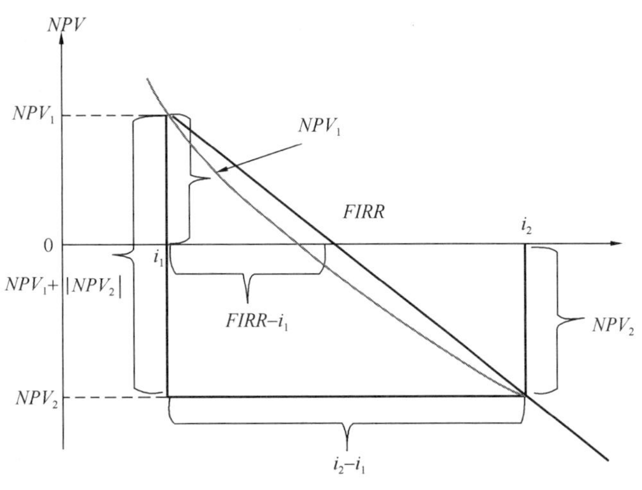

图 8-2 计算 FIRR 的试算内插法图示

内部收益率表明了项目投资所能支付的最高贷款利率。如果贷款利率高于内部收益率，项目投资就会面临亏损。因此所求出的内部收益率是可以接受贷款的最高利率。将所求出的内部收益率与行业基准收益率或目标收益率比较，当 $FIRR$ 大于或等于 i_c 时，则认为项目在财务上是可以接受

的。如果小于等于 i_c，则项目不可接受。

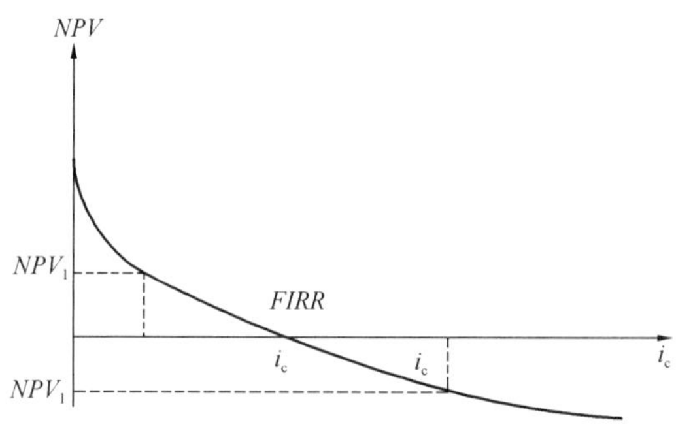

图 8-3　净现值与折现率的关系

当项目投资的现金流量具有一个内部收益率时，其财务净现值函数 $NPV(i)$。如图 8-3 所示。从图 8-3 中可以看出，当 i 值小于 $FIRR$ 时，对于所有的 i 值，NPV 都是正值；当 i 值大于 $FIRR$ 时，对于所有 i 值，NPV 都是负值。

值得注意的是，求解 $FIRR$ 的理论房产有 n 个解，这也就引发了对项目内部收益率唯一性的讨论。研究表明：对于常规的项目（净现金流量的正负号在项目寿命期内仅有一次变化）$FIRR$ 有唯一实数解；对于非常规项目（净现金流量的正负号在项目寿命期内有多次变化）计算 $FIRR$ 的方程可能有多个实数解，需根据 $FIRR$ 的经济含义对计算出的实数解进行检验，以确定是否能用 $FIRR$ 评价该项目。

（三）动态投资回收期

动态投资回收期（P_b），是指当考虑现金折现时，项目以净收益抵偿全部投资所需的时间，是反映开发项目投资回收能力的重要指标。对房地产投资项目来说，动态投资回收期自投资起始点算起，累计净现值等于零或出现正值的年份即为投资回收终止年份，其计算公式为：

$$\sum_{t=0}^{P_b}(CI-CO)_t(1+i)^{-t}=0 \tag{8-15}$$

式中，P_b——动态投资回收期。

动态投资回收期以年表示，其详细计算公式为：

$$P_b=(\text{累计净现金流量开始出现正值期数}-1)+\frac{\text{上期累计净现金流量现值的绝对值}}{\text{当期净现金流量现值}} \tag{8-16}$$

上式得出的是以计算周期为单位的动态投资回收期，应该再把它换算成以年为单位的动态投资回收期，其中的小数部分也可折算成月数，以年和月表示，例如 3 年零 9 个月或 3.75 年。

在项目财务评价中，动态投资回收期（P_b）与基准回收期（P_c）相比较，如果 $P_b \leqslant P_c$，则开发项目在财务上是可以接受的。动态投资会使其指标一般用于评价开发完结后用来出租经营或自营的房地产开发项目，也可以用来评价置业投资项目。

【例 8-4】已知某投资项目的净现金流量如下表所示。如果投资者目标收益率为 10%，求该投资项目的财务净现值。

现金流量表 **表 8-2**

单位：万元

年份	0	1	2	3	4	5
现金流入量		300	300	300	300	300
现金流出量	1000					
净现金流量	−1000	300	300	300	300	300

解：

因为 $i_c=10\%$，利用公式

$$FNPV=\sum_{t=0}^{n}(CI-CO)_t(1+i_c)^{-t}$$

该项目的财务净现值为：

$$FNPV=-1000+300\times(P/A,10\%,5)$$
$$=-1000+300\times3.791=137.24\text{ 万元}$$

【例 8-5】某投资者以 10000 元/m^{2}的价格购买了一栋建筑面积为 27000m^{2}的写字楼用于出租经营，该投资者在购买该写字楼的过程中，又支付了相当于购买价格 4%的契税、0.5%的手续费、0.5%的律师费用和 0.3%的其他费用。其中，相当于楼价 30%的购买投资和各种税费均由投资者的资本金（股本金）支付，相当于楼价 70%的购买资金来自期限为 15 年、固定利率为 7.5%、按年等额还款的商业抵押贷款。假设在该写字楼的出租经营期内，其月租金水平始终保值在 160 元/m^2，前三年的出租率分别为 65%、75%和 85%，从第四年出租率达到 95%，且在此后的出租经营期内始终保值该出租率。出租经营期间的运营费用为毛租金收入的 28%。如果购买投资发生在第 1 年的年初，每年的营业收入、运营费用和抵押贷款还本付息支出均发生在年末，整个出租经营期为 48 年，投资者全部投资和资本金的目标收益率分别为 10%和 14%。试计算该投资项目全部投资和资本金的财务净现值和财务内部收益率，并判断该项目的可行性。

解：

（1）写字楼购买总价：27000m^2×10000 元/m^2=27000 万元

（2）写字楼购买过程中的税费：

27000 万元×（4%+0.5%+0.5%+0.3%）=1431 万元

（3）投资者投入的资本金：27000 万元×30%+1431 万元=9531 万元

（4）抵押贷款金额：27000 万元×70%=18900 万元

（5）抵押贷款年还本付息额：

$$A=P\times\frac{i}{1-(1+i)^{-n}}=18900\text{ 万元}\times\frac{7.5\%}{1-(1+7.5\%)^{-15}}=2141.13\text{ 万元}$$

（6）项目投资现金流量表：

全部投资现金流量表 **表 8-3**

单位：万元

年份	0	1	2	3	4～15	16～48
1. 净经营收入		2426.1	2799.4	3172.6	3545.9	3545.9
可出租面积（m²）		27000	27000	27000	27000	27000
出租率		65%	75%	85%	95%	95%
月租金水平（元/m²）		160	160	160	160	160
营业收入（毛租金收入，万元）		3369.6	3888	4406.4	4924.8	4924.8
运营费用（万元）		943.5	1088.6	1233.8	1378.9	1378.9
2. 全部投资（万元）	−28431					
3. 全部投资净现金流量（万元）	−28431	2426.1	2799.4	3172.6	3545.9	3545.9

资本金现金流量表 **表 8-4**

单位：万元

年份	0	1	2	3	4～15	16～48
1. 净经营收入		2426.1	2799.4	3172.6	3545.9	3545.9
可出租面积（m²）		27000	27000	27000	27000	27000
出租率		65%	75%	85%	95%	95%
月租金水平（元/m²）		160	160	160	160	160
营业收入（毛租金收入，万元）		3369.6	3888	4406.4	4924.8	4924.8
运营费用（万元）		943.5	1088.6	1233.8	1378.9	1378.9
2. 投资及还贷现金流出	−9531	−2141.1	−2141.1	−2141.1	−2141.1	0
资本金投入（万元）	−9531					
抵押贷款还本付息（万元）		−2141.1	−2141.1	−2141.1	−2141.1	
3. 资本金净现金流量（万元）	−9531	285	658.2	1031.5	1404.7	3545.9

（7）全部投资财务内部收益率和净现值

1）求 $FNPV$。因为 $i_c=10\%$，故

$$FNPV=-28431.0+\frac{2426.1}{(1+10\%)}+\frac{2799.4}{(1+10\%)^2}+\frac{3172.6+\frac{3545.9}{10\%}\times\left[1-\frac{1}{(1+10\%)^{48-3}}\right]}{(1+10\%)^3}=4747.1\text{ 万元}$$

2）求 $FIRR$。

① 因为 $i_1=11\%$时，$NPV_1=1701.6$ 万元

② 设 $i_c=12\%$，则可以算出 $NPV_2=-870.7$ 万元

③ 所以

$$FIRR=11\%+1\%\times\frac{1701.6}{1701.6+870.7}=11.66\%$$

（8）资本金财务内部收益率和财务净现值

1）求 NPV_E。

因为 $i_{CE}=14\%$，故

$$FNPV=-9531.0+\frac{285.0}{(1+14\%)}+\frac{658.2}{(1+14\%)^2}+\frac{1031.5+\frac{1404.7}{14\%}\times\left[1-\frac{1}{(1+14\%)^{15-3}}\right]}{(1+14\%)^3}+\frac{\frac{3545.9}{14\%}\times\left[1-\frac{1}{(1+14\%)^{48-15}}\right]}{(1+14\%)^{15}}=789.8\text{万元}$$

2）求 $FIRR_E$。

① 因为 $i_{E1}=14\%$时，$NPV_1=789.8$ 万元

② 设 $i_{E2}=15\%$，则可以算出 $NPV_2=-224.3$ 万元

③ 所以

$$FIRR_E=14\%+1\%\times\frac{789.8}{789.8+224.3}=14.78\%$$

（9）因为 $FNPV=4747.1$ 万元>0，$FIRR=11.66\%>10\%$，故该项目从全投资的角度看可行。

因为 $FNPV_E=789.8$ 万元>0，$FIRR_E=14.78\%>14\%$，故该项从资本金投资的角度看也可行。

【例 8-6】已知某投资项目的净现金流量如下表 8-5 所示。求该投资项目的财务内部收益率。如果投资者目标收益率为 12%，求该投资项目的 FIRR 及动态投资回收期。

表 8-5

单位：万元

年份	0	1	2	3	4	5	6
现金流入量		300	300	350	400	400	600
现金流出量	1200						
净现金流量	−1200	300	300	350	400	400	600

解：

（1）项目现金流量

年份	0	1	2	3	4	5	6
现金流入量		300	300	350	400	400	600
现金流出量	1200						
净现金流量	−1200	300	300	350	400	400	600

(2) $NPV_1(i_1 = 20\%) = 15.47$ 万元

年份	0	1	2	3	4	5	6
净现值	−1200.00	250.00	208.33	202.55	192.90	160.75	200.94
累计净现值	−1200.00	−950.00	−741.67	−539.12	−346.22	−185.47	15.47

(3) $NPV_2(i_2 = 21\%) = -17.6$ 万元

年份	0	1	2	3	4	5	6
净现值	−1200.00	247.93	204.90	197.57	186.60	154.22	197.18
累计净现值	−1200.00	−952.07	−747.16	−549.60	−362.99	−208.78	−17.60

(4)

$$FIRR = 20\% + 1\% \times \frac{15.47}{15.47 + 17.60} = 20.47\%$$

(5) $NPV(i_c = 12\%) = 341.30$ 万元

年份	0	1	2	3	4	5	6
净现值	−1200.00	267.86	239.16	249.12	254.21	226.97	303.98
累计净现值	−1200.00	−932.14	−692.98	−443.86	−189.65	37.32	341.30

(6) 因为项目在第 5 年累计净现金流量现值出现正值，所以：

$$P_b = (\text{累计净现金流量开始出现正值期数} - 1) + \frac{\text{上期累计净现金流量现值的绝对值}}{\text{当期净现金流量现值}}$$

$$= (5-1) + \frac{189.65}{226.97} = 4.84(\text{年})$$

第三节　各种还本付息中本息计算

一、利息计算

(1) 项目现金流量

年份	0	1	2	3	4	5	6
现金流入量		300	300	350	400	400	600
现金流出量	1200						
净现金流量	−1200	300	300	350	400	400	600

(2) $NPV_1(i_1 = 20\%) = 15.47$ 万元

年份	0	1	2	3	4	5	6
净现值	−1200.00	250.00	208.33	202.55	192.90	160.75	200.94
累计净现值	−1200.00	−950.00	−741.67	−539.12	−346.22	−185.47	15.47

（3）$NPV_2(i_2=21\%)=-17.60$ 万元

年份	0	1	2	3	4	5	6
净现值	−1200.00	247.93	204.90	197.57	186.60	154.22	197.18
累计净现值	−1200.00	−952.07	−747.16	−549.60	−362.99	−208.78	−17.60

（4）

$$FIRR=20\%+1\%\times\frac{15.47}{15.47+17.60}=20.47\%$$

（5）$NPV(i_c=12\%)=341.30$ 万元

年份	0	1	2	3	4	5	6
净现值	−1200.00	267.86	239.16	249.12	254.21	226.97	303.98
累计净现值	−1200.00	−932.14	−692.98	−443.86	−189.65	37.32	341.30

（6）因为项目在第 5 年累计净现金流量现值出现正值，所以：

$$P_b=(\text{累计净现金流量开始出现正值期数}-1)+\frac{\text{上期累计净现金流量现值的绝对值}}{\text{当期净现金流量现值}}$$

$$=(5-1)+\frac{189.65}{226.97}=4.84(\text{年})$$

二、计算实例

【例 8-7】某项目在第一年年初已借款 8000 万元，随后在第一年、第二年、第三年的年中分别借款 2000 万元、4000 万元、2000 万元。借款年利率为 10%。项目的开发经营期为 6 年。以下是不同还款情况下的还本付息表，表中数字单位为万元。

（1）一次还本利息照付，见表 8-6。

一次还本利息照付的还本付息表　　表 8-6

项目	第 1 年	第 2 年	第 3 年	第 4 年	第 5 年	第 6 年
年初借款累计	8000.0	10000.0	14000.0	16000.0	16000.0	16000.0
本年借款	2000.0	4000.0	2000.0	0.0	0.0	0.0
本年应计利息	900.0	1200.0	1500.0	1600.0	1600.0	1600.0
本年还本付息	900.0	1200.0	1500.0	1600.0	1600.0	17600.0
本年还本	0.0	0.0	0.0	0.0	0.0	16000.0
本年付息	900.0	1200.0	1500.0	1600.0	1600.0	1600.0
年末借款累计	10000.0	14000.0	16000.0	16000.0	16000.0	0.0

（2）等额还本利息照付，见表 8-7

等额还本利息照付的还本付息表　　表 8-7

项目	第 1 年	第 2 年	第 3 年	第 4 年	第 5 年	第 6 年
年初借款累计	8000.0	10900.0	16190.0	19909.0	13272.7	6636.3
本年借款	2000.0	4000.0	2000.0	0.0	0.0	0.0
本年应计利息	900.0	1290.0	1719.0	1990.9	1327.3	663.6
本年还本付息	0.0	0.0	0.0	8627.2	7963.6	7300.0
本年还本	0.0	0.0	0.0	6636.3	6636.3	6636.3
本年付息	0.0	0.0	0.0	1990.9	1327.3	663.6
年末借款累计	10900.0	16190.0	19909.0	13272.7	6636.3	0.0

（3）等额还本付息，见表 8-8

等额本息还款的还本付息表　　表 8-8

项目	第 1 年	第 2 年	第 3 年	第 4 年	第 5 年	第 6 年
年初借款累计	8000.0	10900.0	16190.0	19909.0	13894.2	7277.9
本年借款	2000.0	4000.0	2000.0	0.0	0.0	0.0
本年应计利息	900.0	1290.0	1719.0	1990.9	1389.4	727.8
本年还本付息	0.0	0.0	0.0	8005.7	8005.7	8005.7
本年还本	0.0	0.0	0.0	6014.8	6616.3	7277.9
本年付息	0.0	0.0	0.0	1990.9	1389.4	727.8
年末借款累计	10900.0	16190.0	19909.0	13894.2	7277.9	0.0

（4）一次性偿付，见表 8-9

借款期末一次偿还全部本息的还本付息表　　表 8-9

项目	第 1 年	第 2 年	第 3 年	第 4 年	第 5 年	第 6 年
年初借款累计	8000.0	10900.0	16190.0	19909.0	21899.9	24089.9
本年借款	2000.0	4000.0	2000.0	0.0	0.0	0.0
本年应计利息	900.0	1290.0	1719.0	1990.9	2190.0	2409.0
本年还本付息	0.0	0.0	0.0	0.0	0.0	26498.9
本年还本	0.0	0.0	0.0	0.0	0.0	16000.0
本年付息	0.0	0.0	0.0	0.0	0.0	26498.9
年末借款累计	10900.0	16190.0	19909.0	21899.9	24089.9	0.0

（5）“气球法”，见表 8-10

表 8-10 所示的还款情况是，当年发生借款的第 1 年、第 2 年、第 3 年只偿还利息，在第 4 年、第 5 年和第 6 年，根据借贷双方的商定，借款方根据自己的能力分别偿还本息 5600 万元、9200 万元、4400 万元，并在第 6 年末（期末）完成还款。

"气球还款法"示例 1 的还本付息表 **表 8-10**

项目	第1年	第2年	第3年	第4年	第5年	第6年
年初借款累计	8000.0	10000.0	14000.0	16000.0	12000.0	4000.0
本年借款	2000.0	4000.0	2000.0	0.0	0.0	0.0
本年应计利息	900.0	1200.0	1500.0	1600.0	1200.0	400.0
本年还本付息	900.0	1200.0	1500.0	5600.0	9200.0	4400.0
本年还本	0.0	0.0	0.0	4000.0	8000.0	4000.0
本年付息	900.0	1200.0	1500.0	1600.0	1200.0	400.0
年末借款累计	10000.0	14000.0	16000.0	12000.0	4000.0	0.0

表 8-11 所示还款情况是，第 1 年年初有 16000 万的借款，从第 2 年开始还款，第 2—第 5 年为等额本息还款，还款额按 10 年期借款、利率为 10%情况的等额本息还款额 2603.9 万元进行偿还。第 6 年将剩余本息 10858 万元偿还完毕。

"气球还款法"示例 2 的还本付息表 **表 8-11**

项目	第1年	第2年	第3年	第4年	第5年	第6年
年初借款累计	16000.0	14996.1	13891.8	12677.0	11340.8	9870.9
本年借款	0.0	0.0	0.0	0.0	0.0	0.0
本年应计利息	1600.0	1499.6	1389.2	1267.7	1134.1	987.1
本年还本付息	2603.9	2603.9	2603.9	2603.9	2603.9	10858.0
本年还本	1003.9	1104.3	1214.8	1336.2	1469.8	9870.9
本年付息	1600.0	1499.6	1389.2	1267.7	1134.1	987.1
年末借款累计	14996.1	13891.8	12677.0	11340.8	9870.9	0.0

第四节 济南西客站缤纷城项目财务评价实例

一、项目背景

济南西部地区主要是农村，服务业发展空间很小，城镇化速度也很慢。城市高铁西客站的落户将为西部片区发展成为西部新城提供良好的机遇。未来的西客站片区将以济南西客站为依托规划建设。2014 年建成后，将带来巨大的人流、物流和资金流，并将带动形成高密度的人口聚集地带。据预测，济南高铁站的旅客发送量 2015 年达到 1924 万，2020 年达到 2507 万，巨大的客流无疑会带来巨大的商机，该区域必将成为济南市一个新的经济和商业活跃区。

按照新近出台的《济南西客站片区核心区城市设计深化整合方案》，西客站片区核心区位于西客站片区中轴线的西端。项目的定位：以西客站建设为契机，充分发挥"综合交通枢纽"对城市发展的催化作用，引领西部新城的建设。济南西客站片区核心区不仅是一个交通枢纽，还将是一个枢纽型商业商务中心区，并将发展成为提升济南地位和形象的综合性城市副中心。

拟建项目属于西客站片区核心区的最重要建筑之一，它的建成和运营将成为西客站片区核心区建成和全面运营的标志。

二、项目拟建规模

根据济南市规划行政主管部门的要求，本项目由地上和地下一层、地下二层共三个地块构成，三块用地面积分别为35521平方米、63505平方米、61351平方米，共160377平方米（约16.04公顷）；项目拟建总建筑面积208770平方米，其中地上110115平方米，地下98655平方米。总停车泊位数1026辆，地上20辆，地下1006辆。建筑容积率3.10（地上），建筑密度19%。项目工期：2011年4月至2014年4月，历时3年。

拟建方案主要经济技术指标见表8-12。

拟建方案主要经济技术指标 **表8-12**

序号	项目	单位	指标	规划条件
一	总用地面积	m^2	160377	
(一)	地上建设用地面积	m^2	35521	数据来自土地出让合同
(二)	地下一层用地面积	m^2	63505	数据来自土地出让合同
(三)	地下二层用地面积	m^2	61351	数据来自土地出让合同
二	总建筑面积	m^2	208770	
（一）地上建筑面积		m^2	110115	
	公建建筑面积	m^2	110115	
其中	①酒店建筑	m^2	28482	
	②办公商务	m^2	33713	
	③商业营业	m^2	47920	
（二）地下建筑面积		m^2	98655	
其中	①地下一层面积	m^2	46093	
	北综合体地下一层	m^2	29331	
	T形广场地下一层	m^2	16762	
	②地下二层建筑面积	m^2	52562	
	北综合体地下二层	m^2	30800	
	T形广场地下二层	m^2	21762	
三	地上容积率		3.10	地上容积率≤3.1
四	地下容积率			
(一)	地下一层容积率		0.73	地下容积率≤1.0
(二)	地下二层容积率		0.86	地下容积率≤1.0
五	建筑密度	%	19	主管部门审批决定
六	绿地率	%		主管部门审批决定
七	停车位	个	1026	主管部门审批决定

注：因地下一层、二层土地上修有救难通道，致使地下容积率小于1.0

三、投资估算和资金筹措

（一）项目投资估算

1. 估算依据

（1）山东省综合预算定额；

（2）济南地区材料预算价格；

（3）以往开发项目的经验数据；

（4）其他企业开发的类似工程造价；

（5）现行投资估算的有关规定。

2. 估算范围

本项目投资估算范围包括：一期、二期工程所需工程费用、其他费用、预备费等，工程费用包括建安工程费和设备购置费。

3. 估算说明

（1）建设单位管理费：按前期费用与工程费用的6%计算，

（2）城市建设综合配套费：一般为每平方米246元，学校、托幼、车库等按照济政发［2003］3号文件进行减免；

（3）劳保统筹费：原则上按工程费用的2.6%计算，但考虑工程实际情况予以适当折减。

4. 费用估算

（1）土地费用的估算

土地费用总额估算值为37828万元。其中出让金36712万元，契税1101万元。

（2）前期工程费估算

前期工程费包括规划设计及可行性研究、环评，三通一平费等。共计385万元。其中，规划、设计、可研、环评等294万元。

（3）基础设施工程费

各项费用的估计，参照了已有案例。共计3497万元。

基础设施费，包括供电工程、供水工程、燃气工程、暖气工程、排污工程、小区道路工程、小区绿化工程等。其构成如下表8-13。

基础设施建设费估算表 **表8-13**

单位：万元

序号	项目名称	金额
1.3	基础设施建设费	
1.3.1	供电工程	2097
1.3.2	供水工程	168
1.3.3	供气工程	126
1.3.4	供暖工程	0
1.3.5	排污费用	377

续表

序号	项目名称	金额
1.3.6	小区道路费用	238
1.3.7	小区绿化、小品费用	355
1.3.8	路灯工程	30
1.3.9	环卫设施	105
	合计	3497

（4）建筑安装工程费

这是项目总投资中的最大费用。各项费用合计为63210万元。

包括地上住宅建筑、地上底商建筑、地下储藏室、地上其他可售公建、地下其他可售公建、地下车库等建筑的建筑安装工程费。

（5）非经营性配套设施费

非经营性配套设施指不能或不宜对外经营的配套设施，其费用估计为48万元。具体包括公共厕所、地上停车设施等。

（6）开发期税费

各项费用之和估计为6957万元。其中人防易地建设费405万元（假设自建70%），城市建设综合配套费4830万元，劳保统筹基金1388万元。

人防易地建设费、城市建设综合配套费、劳保基金是开发期税费的最大构成项目。

（7）其他费用估算

其他费用总和估计为1568万元。

主要包括工程招标代理费用、交易管理费用、项目监理、项目管理费用、施工图标底编审费用等。具体构成见表8-14。

其他费用估算表 **表8-14**

单位：万元

序号	项目名称	金额
1.9	其他费用	
1.9.1	临时用地、道路占用费	15
1.9.2	临建费用	50
1.9.3	施工图标底编审、造价审核费	233
1.9.4	招标代理、交易管理等费用	80
1.9.5	总包管理费	67
1.9.6	工程监督费	47
1.9.7	工程监理费	534
1.9.8	项目管理费	467
1.9.9	竣工图编制费	15
1.9.10	工程保险费	60
	合计	1568

（8）不可预见费（预备费）

不可预见费，即预备费（包括基本预备费和涨价预备费），共3351万元。

（9）开发期财务费用

本项目借款 63771 万元，财务费用估算为 4232 万元，房地产开发贷款按年利率为 5.4%计算。

(10) 项目总投资估算表

项目总投资 128904 万元。由开发建设投资和经营资金两部分构成。

开发建设投资 127849 万元。开发建设投资由建筑安装工程费、基础设施工程费、公共配套设施费（前三者常合称之为工程费）；土地使用权费用、管理费用、销售费用、工程监督监理与造价咨询费用、综合配套费等相关税费（亦合称工程其他费）；预备费用；财务费用等构成。

经营资金，即流动资金，1055 万元。见表 8-15。

项目总投资估算表　　**表 8-15**

单位：万元

序号	项目名称	总投资	所占总投资百分比	估算说明
1	开发建设总投资	127849	99.2%	
1.1	土地费用	37828	29.3%	
1.2	前期工程费	385	0.3%	
1.3	基础设施建设费	3497	2.7%	
1.4	建筑安装工程费	63210	49.0%	
1.5	公共配套设施建设费	48	0.0%	
1.6	管理费用	4028	3.1%	前期与工程费用和的 6%
1.7	销售费用	2744	2.1%	销售收入 1.5%
1.8	开发期税费	6957	5.4%	含配套费用人防费等
1.9	其他费用	1568	1.2%	
1.10	不可预见费	3351	2.6%	
1.11	财务费用	4232	3.3%	长期借款按 5.40%利率
2	经营费用	1055	0.8%	
3	项目总投资	128904	100.0%	
3.1	开发产品	127849	99.2%	
3.2	固定资产投资	0	0.0%	
3.3	经营费用	1055	0.8%	

（二）资金筹措

本项目总投资 128904 万元。

全部投资将通过资本金（包括土地费用和货币资本金）、银行借款、销（预）售收入来构成。

表 8-16 是项目资本金投入额 39814 万元（包括土地费用和货币资本金），即资本金率约为 30.89%时的投资计划及资金筹措表。总投资 128904 万元来自资本金 39814 万元、借贷资金 63771 万元、销售收入 25319 万元。

在这个资金筹措方案中，项目的资金结构是：

资本金：借贷资金：销售收入＝30.89：49.47：19.64。

表 8-17 为项目的资金来源与运用现金流量表

表 8-18 为借贷资金的还本付息表

表 8-16

投资计划与资金筹措表

单位：万元

序号	项目名称	合计	第 1 年				第 2 年				第 3 年			
			1	2	3	4	5	6	7	8	9	10	11	12
一	项目总投资	128904	20357	37252	25005	16150	12437	6213	6168	1175	466	3564	73	44
1	项目开发建设投资	127849	19602	36952	25005	16150	12437	6213	6168	1175	466	3564	73	44
1.1	土地费用	37828	18371	19457	0	0	0	0	0	0	0	0	0	0
1.2	前期工程费	385	77	77	116	116	0	0	0	0	0	0	0	0
1.3	基础设施建设费	3497	0	175	699	699	699	350	350	350	175	0	0	0
1.4	建筑安装工程费	63210	632	12642	21491	12642	6321	3161	3161	0	0	3161	0	0
1.5	公共配套设施费	48	0	10	12	12	5	8	0	0	0	0	0	0
1.6	管理费用	4028	443	443	443	403	604	604	604	161	121	121	40	40
1.7	销售费用	2744	0	0	494	494	494	494	549	110	55	27	27	0
1.8	开发期税费	6957	49	3017	124	150	2633	476	476	18	0	15	0	0
1.9	其他费用	1568	0	502	376	345	345	0	0	0	0	0	0	0
1.10	不可预见费	3351	30	510	840	603	508	260	289	39	23	240	5	3
1.11	财务费用	4232	0	120	409	687	828	861	739	496	91	0	0	0
2	经营资金	1055	755	300										
二	资金筹措	128904	20357	37252	25005	16150	12437	6213	6168	1175	466	3564	73	44
1	资本金	39814	20357	19457	0	0	0	0	0	0	0	0	0	0
1.1	土地使用权资金	37828	18371	19457	0	0	0	0	0	0	0	0	0	0
1.2	其他资本金投入	1986	1986	0	0	0	0	0	0	0	0	0	0	0
2	借贷资金	63771	0	17795	25005	16150	4821	0	0	0	0	0	0	0
3	预售及销售收入	25319	0	0	0	0	7616	6213	6168	1175	466	3564	73	44

表 8-17

资金来源与运用现金流量表

单位：万元

序号	项目名称	合计	2010年				2011年				2012年			
			1	2	3	4	5	6	7	8	9	10	11	12
1	资金来源	387259	20357	37252	25005	16150	13967	18292	27439	36585	36585	27439	18292	10201
1.1	销售收入	182925	0	0	0	0	9146	18292	27439	36585	36585	27439	18292	9146
1.4	权益资金	39814	20357	19457	0	0	0	0	0	0	0	0	0	0
1.4.1	土地使用权	0	18371	19457	0	0	0	0	0	0	0	0	0	0
1.4.2	资本金其他投入	1986	1986	0	0	0	0	0	0	0	0	0	0	0
1.5	银行借款	63771	0	17795	25005	16150	4821	0	0	0	0	0	0	0
1.5.1	银行长期借款	63771	0	17795	25005	16150	4821	0	0	0	0	0	0	0
1.7	回收经营资金	1055											0	1055
2	资金运用	216060	20357	37252	25005	16150	13039	16488	27527	36093	12280	7360	2628	1881
2.1	开发建设投资（不含利息）	123616	19602	36832	24596	15463	11609	5352	5429	678	375	3564	73	44
2.2	经营资金	1055	755	300	0	0	0	0	0	0	0	0	0	0
2.5	经营税金及附加	10207	0	0	0	0	510	1021	1531	2041	2041	1531	1021	510
2.6	土地增值税	2576	0	0	0	0	91	183	274	366	366	274	183	838
2.7	所得税	10602	0	0	0	0	0	72	1554	2511	2636	1990	1351	489
2.9	长期借款本息偿还	68003	0	120	409	687	828	9861	18739	30496	6862	0	0	0
2.9.1	长期借款还本	63771		0	0	0	0	9000	18000	30000	6771	0	0	0
2.9.2	长期借款付息	4232	0	120	409	687	828	861	739	496	91	0	0	0
3	盈余资金		0	0	0	0	928	1805	−89	492	24305	20079	15665	8320
4	累计盈余资金		0	0	0	0	928	2733	2644	3136	27441	47520	63185	71505

借款还本付息表 **表 8-18**

单位：万元

序号	项目名称	合计	第1年				第2年				第3年			
			1	2	3	4	5	6	7	8	9	10	11	12
1	期初借款累计		0	0	17795	42800	58950	63771	54771	36771	6771	0	0	0
2	本期借款支用	63771	0	17795	25005	16150	4821	0	0	0	0	0	0	0
3	本期应计利息	4232	0	120	409	687	828	861	739	496	91	0	0	0
4	本期还本付息	68003	0	120	409	687	828	9861	18739	30496	6862	0	0	0
4.1	还本	63771	0	0	0	0	0	9000	18000	30000	6771	0	0	0
4.2	付息	4232	0	120	409	687	828	861	739	496	91	0	0	0
5	期末借款累计		0	17795	42800	58950	63771	54771	36771	6771	0	0	0	0

四、财务评价

1. 测算依据

1）《建设项目经济评价方法与参数》（第三版）

2）《房地产开发项目经济评价方法》（中国计划出版社 2000 年版）

2. 基本数据假定

1）项目计算期。项目从实施到销售完毕按 3 年计算，比较符合大型房地产公司的开发速度，计算时间以季度为单位，更 12 个周期。

2）项目财务基准收益率。全部投资 12%；资本金投资 15%。

3）有关税率：

（1）销售税金及附加

①营业税税率 5%；

②城市维护建设税为营业税的 7%；

③教育费附加为营业税的 3%。

（2）土地增值税

按规定已转让房地产的土地增值额为计税依据，实行四级超率累进税率。实际操作中，税务部门按销售收入的 1%预征，并很可能成为土地增值税的最终征收结果。本项目就按预征额计征。

（3）所得税

按所得税法的规定，企业所得税按所得额 25%计征。

（4）销售价格

根据本项目所处的地理位置和周边环境，参照类似房地产的销售情况，预测本项目的销售价格如下。

（1）商业营业用房价格为 16000 元/平方米；

(2) 商务办公价格为8500元/平方米；

(3) 酒店用房价格为7000元/平方米；

(4) 地下商业用房和车库的价格分别为8800元/平方米、5000元/平方米。

3. 销售收入

销售收入及经营税金及附加估计见表8-19。除了销售收入外，表中还包括各类建筑总销售面积及各计算期的销售面积、各期销售价格及销售均价等信息。

总销售收入182925万元。

销售收入及税金估算表 **表8-19**

单位：万元

序号	项目名称	合计	第1年				第2年				第3年			
			1	2	3	4	5	6	7	8	9	10	11	12
1	销售收入	182925	0	0	0	0	9146	18292	27439	36585	36585	27439	18292	9146
(1)	商业地块销售收入	182925	0	0	0	0	9146	18292	27439	36585	36585	27439	18292	9146
1.1	地上建筑-商业营业	76672	0	0	0	0	3834	7667	11501	15334	15334	11501	7667	3834
1.1.1	销售面积(16000元/m²)	4.79	0.00	0.00	0.00	0.00	0.24	0.48	0.72	0.96	0.96	0.72	0.48	0.24
1.2	地上建筑-办公商务	28656	0	0	0	0	1433	2866	4298	5731	5731	4298	2866	1433
1.2.1	销售面积(8500元/m²)	3.37	0.00	0.00	0.00	0.00	0.17	0.34	0.51	0.67	0.67	0.51	0.34	0.17
1.3	地下建筑-车库	30539	0	0	0	0	1527	3054	4581	6108	6108	4581	3054	1527
1.3.1	销售面积(5000元/m²)	6.11	0.00	0.00	0.00	0.00	0.31	0.61	0.92	1.22	1.22	0.92	0.61	0.31
1.4	地上建筑-酒店	19937	0	0	0	0	997	1994	2991	3987	3987	2991	1994	997
1.4.1	销售面积(7000元/m²)	2.85	0.00	0.00	0.00	0.00	0.14	0.28	0.43	0.57	0.57	0.43	0.28	0.14
1.5	其他建筑	27121	0	0	0	0	1356	2712	4068	5424	5424	4068	2712	1356
1.5.1	销售面积(8800元/m²)	3.08	0.00	0.00	0.00	0.00	0.15	0.31	0.46	0.62	0.62	0.46	0.31	0.15
2	销售税金及附加等	10207	0	0	0	0	510	1021	1531	2041	2041	1531	1021	510
2.1	营业税	9146	0	0	0	0	457	915	1372	1829	1829	1372	915	457
2.2	城市维护建设税	640	0	0	0	0	32	64	96	128	128	96	64	32
2.3	教育费附加	274	0	0	0	0	14	27	41	55	55	41	27	14
2.4	地方教育费附加	91	0	0	0	0	5	9	14	18	18	14	9	5
2.5	交易印花税	55	0	0	0	0	3	5	8	11	11	8	5	3

4. 损益表

考虑采用集团管控模式，项目公司仅开发某个具体项目的事实，项目损益表中不对利润进行分配。

所得税按25%估计。土地增值税也按预征额估计。

利润总额42409万元，税后利润31807万元。

销售利润率：税前23.18%、税后17.39%。

投资利润率：税前33.20%、税后24.90%

详细信息见表 8-20

利润表 **表 8-20**

单位：万元

序号	项目名称	合计	第 1 年				第 2 年				第 3 年			
			1	2	3	4	5	6	7	8	9	10	11	12
1	经营收入	182925	0	0	0	0	9146	18292	27439	36585	36585	27439	18292	9146
1.1	销售收入	182925	0	0	0	0	9146	18292	27439	36585	36585	27439	18292	9146
2	总成本费用	127732	443	563	1346	1584	7768	13643	19418	24134	23634	17674	11684	5842
2.1	商品房成本费用	127732	443	563	1346	1584	776	13643	19418	24134	23634	17674	11684	5842
2.1.1	销售成本	116836	0	0	0	0	5842	11684	17525	23367	23367	17525	11684	5842
2.1.2	期间费用	11005	443	563	1346	1584	1927	1959	1892	767	267	148	68	40
5	经营税金及附加	10207	0	0	0	0	510	1021	1531	2041	2041	1531	1021	510
6	土地增值税	2576	0	0	0	0	91	183	274	366	366	274	183	838
7	利润总额	42409	−443	−563	−1346	−1584	776	3446	6215	10043	10543	7960	5405	1956
8	25%税率应交所得税	10602	0	0	0	0	0	72	1554	2511	2636	1990	1351	489
9	税后利润	31807	−443	−563	−1346	−1584	776	3375	4662	7532	7908	5970	4054	1467

5. 现金流量表

(1) 全部投资现金流量表

年度内部收益率为 20.78%，满足内部收益率 12%的要求。净现值 11827 万元，大于 0。项目在财务方面可行。见表 8-21

全部投资现金流量表 **表 8-21**

单位：万元

序号	项目名称	合计	第 1 年				第 2 年				第 3 年			
			1	2	3	4	1	2	3	4	1	2	3	4
1	现金流入	182925	0	0	0	0	9146	18292	27439	36585	36585	27439	18292	9146
1.1	销售收入	182925	0	0	0	0	9146	18292	27439	36585	36585	27439	18292	9146
1.7	回收经营资金	1055	0	0	0	0	0	0	0	0	0	0	0	1055
2	现金流出	148057	20357	37132	24596	15463	12211	6627	8788	5597	5418	7360	2628	1881
2.1	开发建设投资（不含利息）	123616	19602	36832	24596	15463	11609	5352	5429	678	375	3564	73	44
2.2	经营资金	1055	755	300										
2.5	经营税金及附加	10207	0	0	0	0	510	1021	1531	2041	2041	1531	1021	510
2.6	土地增值税	2576	0	0	0	0	91	183	274	366	366	274	183	838
2.7	所得税	10602	0	0	0	0	0	72	1554	2511	2636	1990	1351	489
3	净现金流量	34868	−20357	−37132	−24596	−15463	−3064	11666	18651	30988	31167	20079	15665	7265
4	累计净现金流量		−20357	−57490	−82086	−97549	−100613	−88947	−70297	−39308	−8141	11938	27603	34868
计算指标	内部收益率（IRR）　季度收益率 ＝ 4.83%　年度收益率 ＝ 20.78% 财务净现值（NPV）　＝ 11827 万元　按年基准收益率 ＝12.00% 计算 静态投资回收期　＝ 9.41 季度　＝ 2.35 年													

（2）资本金现金流量表

内部收益率达到54%，财务杠杆作用明显。收益率远高于期望收益率15%的要求，项目具有较可观的收益能力。见表8-22

资本金现金流量表 **表 8-22**

单位：万元

序号	项目名称	合计	第1年				第2年				第3年			
			1	2	3	4	1	2	3	4	1	2	3	4
1	现金流入	183980	0	0	0	0	9146	18292	27439	36585	36585	27439	18292	10201
1.1	销售收入	182925	0	0	0	0	9146	18292	27439	36585	36585	27439	18292	9146
1.7	回收经营资金	1055	0	0	0	0	0	0	0	0	0	0	0	1055
2	现金流出	132258	21112	19877	409	687	1430	11136	22099	35415	11906	3795	2555	1838
2.1	资本金	39814	20357	19457	0	0	0	0	0	0	0	0	0	0
2.2	经营资金	1055	755	300	0	0	0	0	0	0	0	0	0	0
2.5	经营税金及附加	10207	0	0	0	0	510	1021	1531	2041	2041	1531	1021	510
2.6	土地增值税	2576	0	0	0	0	91	183	274	366	366	274	183	838
2.7	所得税	10602	0	0	0	0	0	72	1554	2511	2636	1990	1351	489
2.8	长期借款本息偿还	68003	0	120	409	687	828	9861	18739	30496	6862	0	0	0
3	净现金流量	51721	−21112	−19877	−409	−687	7716	7156	5340	1170	24679	23643	15738	8364
4	累计净现金流量		−21112	−40989	−41398	−42085	−34369	−27213	−21873	−20702	3977	27620	43358	51721
计算指标	内部收益率	季度收益率 ＝ 11.40%					年度收益率 ＝ 54.00%							
	财务净现值	＝ 28366 万元					按年基准收益率 ＝15.00% 计算							
	静态投资回收期	＝ 8.84 季度					＝ 2.21 年							

（3）国民经济评价现金流量表

经济内部收益率48.34%，超过经济内部收益率10%。国民经济评价见表8-23。

国民经济费用和效益现金流量表 **表 8-23**

单位：万元

序号	项目名称	合计	第1年				第2年				第3年			
			1	2	3	4	1	2	3	4	1	2	3	4
1	效益流量	202378	0	0	0	0	9146	18292	27439	36585	38425	31118	23812	17560
2	费用流量	119993	22457	20071	29079	18115	12739	6059	6118	745	411	4083	102	59
3	效益费用净流量	82339	−22457	−20071	−29079	−18115	−3592	12233	21320	35840	38014	27035	23710	17502
4	累计净效益流量		−22457	−42529	−71608	−89723	−93316	−81082	−59762	−23922	14092	41128	64838	82339
计算指标	内部收益率	季经济收益率 ＝10.36%					年度经济收益率 ＝48.34%							
	财务净现值	＝ 53845 万元					按年基准经济收益率＝10.00%计算							
	静态投资回收期	＝ 8.67 季度					＝ 2.17 年							

6. 偿债能力

项目借款 63771 万元，还款资金为房地产销售收入。项目的还款安排见还本付息表，即表 8-4-7。

7. 不确定性分析

所谓不确定性分析，主要包括敏感性分析和盈亏平衡分析。

通过敏感性分析可以发现，开发投资、工程费用（含建安工程费用、基础设施建设费用、公共配套设施费用）、销售收入是影响项目财务指标的敏感性因素。

列出了开发投资变化 －10％、0％、10％，销售收入变化－10％、0％、10％以及工程费用变化－10％、0％、10％时的内部收益率（全部投资）、投资利润率、盈亏平衡点、税后利润等的变化。

三个敏感因素中，开发投资、销售收入是更敏感的因素。因此在项目管理中要千方百计控制投资和提高销售收入。

8. 结论

财务评价的结果表明，项目具有财务可行性。

不确定性分析的结果表明，在项目管理中要千方百计控制投资和提高销售收入。为此，要制定明确以控制投资和提高售价为目标的项目管理策略。

第九章 风 险 管 理

房地产开发投资是一个动态的过程，具有周期长、资金投入量大等特点，整个过程中不确定的因素很多。我们在可行性研究阶段，就要分析一些不确定因素对项目可能造成的影响，分析可能出现的风险，尽量使得项目经济评价的结果更加真实可靠，从而为开发投资的决策提供更科学的依据。本章介绍风险与不确定性的概念特征，阐述敏感性分析、盈亏平衡分析和风险分析的基本原理和主要方法。

第一节 概 述

一、关于风险的定义

我们经常可以看到类似这样的风险定义："在投资决策活动中，风险可以被认为是决策的实际结局可能偏离它的期望结局的程度"、"风险是投资者不能收到期望的或要求的投资收益率的偶然性或可能性"、"风险是相对于期望收益或可能收益的方差"。

总之，风险是不能实现预期收益的可能性，这种可能性的大小，可用实际收益与期望收益的方差来衡量。

二、不确定性与风险

不确定性是与确定性相对的一个概念，指某一事件、活动能够在未来发生，或者不发生，其发生时间、内容及其结果的概率是未知的。

美国经济学家弗兰克·奈特首先将风险与不确定性区分开来，他认为风险是介于确定性与不确定性之间的一种状态，其出现的可能性是可以知道的，而不确定性的概率是未知的。因此，基于概率的风险分析以及未知概率的不确定性分析是不同的两种决策分析方法。

不确定性与风险的区别

表 9-1

区　别	风　险	不确定性
可否量化	可以量化，风险分析可以采用概率分析方法	不可以量化，不确定性分析只能进行假设分析
可否保险	可以保险	不可以保险
概率可获得性	发生概率是可知的，或是可以测定的	发生概率未知
影响大小	可以量化，可以防范并得到有效降低	代表不可知事件，因而有更大的影响

三、不确定性分析与风险分析

不确定性分析是对影响项目的不确定性因素进行分析，测算他们的增减变化对项目效益的影响，找出最主要的敏感因素及其临界点的过程。风险分析是识别风险因素、估计风险概率、评价风险影响、制定风险对策的过程。

不确定性分析与风险分析的区别与联系如下。

相同点：两者的目的是共同的，都是识别、分析、评价影响项目的主要因素，防范不利影响，提高项目的成功率。

不同点：分析方法不同。不确定性分析对投资项目受不确定性因素的影响进行分析，并粗略地了解项目的抗风险能力，其主要方法是敏感性分析和盈亏平衡分析；风险分析对投资项目的风险因素和风险程度进行识别和判断，主要方法有概率树分析、蒙特卡洛模拟等。

联系：敏感性分析可以得知影响项目效益的敏感因素和敏感程度，但不知这种影响发生的可能性，如需得知可能性，就必须借助于概率分析。敏感性分析所找出的敏感因素又可以作为概率分析风险因素的确定依据。

第二节　不确定性分析的方法

房地产投资前期财务评价过程中，对投资的收入、投资的成本费用、税金及发生的时间等大部分参数都是估算的，财务评价的结果是投资决策的重要依据，因此，投资的准确与否会影响投资决策的成败。但是由于房地产投资财务评价采用的参数，大部分都是未来发生的，未来的环境因素是在不断改变的，企业的资源能力也在变化，对未来数据的准确估算是困难的。因此对房地产投资财务评价中参数取值的变化对财务评价结果的影响进行研究，判断项目评价指标对不确定性因素的敏感程度，对于投资决策和风险管理具有非常重要的意义。

房地产投资的不确定性分析，是识别风险、判断主要风险的一种分析方法。通过计算和分析各种不确定因素的变动对投资项目经济效果的影响程度，分析可能的风险和主要风险，并对风险大小进行判断、确定项目的可行性，进而提出对不确定性因素进行风险管理的建议。

房地产投资不确定性分析的方法主要有二种：盈亏平衡分析、敏感性分析。

一、盈亏平衡分析

（一）盈亏平衡分析的概念

盈亏平衡分析（Break-Even Analysis）又称保本点分析或本量利分析法，是根据产品的产量或销量、成本、利润之间的相互制约关系的综合分析，用来预测利润，控制成本，判断经营状况的一种数学分析方法。随着相关因素的变化，企业的盈利与亏损会有一个转折点，称为盈亏平衡点（Break-Even Point，BEP）。在此点，销售收入（扣除销售税金及附加）等于总成本费用，即盈亏平衡。

如果考虑房地产销售的税金及附加（t 为单位产品税金），可以得到盈亏平衡状态下的销售量和一定收益目标下（E 为目标收益）的销售量前者称为保本点销售量，后者称为目标利润下的临界点销售量。

$$Q^* = \frac{F}{P-V-t} \tag{9-1}$$

$$Q_E = \frac{F+E}{P-V-t} \tag{9-2}$$

（二）线性盈亏平衡的条件

进行线性盈亏平衡分析时要符合以下四个条件：

（1）产量等于销售量，即当年生产的产品（扣除自用量）当年完成销售。

（2）产量变化，单位可变成本不变，从而总成本费用是产量的线性函数。

（3）产量变化，产品售价不变，从而销售收入是销售量的线性函数。

（4）只生产单一产品，或者生产多种产品，但可以换算为单一产品计算，也即不同产品负荷率的变化是一致的。

（三）简单应用

【例 9-1】某房地产开发商拟投资一房地产开发项目，该项目固定成本为 12000 万元，单位可变成本为 4000 元，项目建成后预计售价为 8500 元/平方米，销售税金约为 500 元/平方米，开发商拟获利 8000 万元。使计算项目保本点的开发量和实现目标利润的开发量。

可以得到盈亏平衡点开发量：

$$Q^* = \frac{F}{P-V-t} = \frac{12000}{0.85-0.40-0.05} = 30000\text{m}^2$$

目标利润开发量：

$$Q_E = \frac{F+E}{P-V-t} = \frac{12000+8000}{0.85-0.40-0.05} = 50000\text{m}^2$$

可见，该项目开发 30000 平方米才能保本，要盈利 8000 万元，就需要开发 50000 平方米。需要指出，房地产项目中，划分固定成本和可变成本是比较困难的，实际应用中，应具体问题具体分析。

（四）房地产开发项目盈亏平衡分析

房地产开发项目通过盈亏平衡分析提供一下参数供决策时参考。

1. 最高土地取得价格

确定销售额和其他费用不变的情况下，项目能够承受的最高土地价格。为获取土地使用权提供支持。

2. 最高工程费用

预定销售额下，要满足预期的开发利润要求，所能承受的最高工程费用。

3. 最低租售价格

项目最低可接受利润下，产品应有的价格。

4. 最低租售数量

在预定的租售价格下，要达到可接受的最低盈利水平时，所需要的销售量或出租率。

5. 最高运营费用率

在可接受利润下，项目能承受的最高运营费率。最高运用费率越高，说明项目承担风险的能力越大。

二、敏感性分析

（一）敏感性分析的含义和目的

敏感性分析是指从众多不确定性因素中找出对投资项目经济效益有重要影响的敏感性因素，并分析测算这些因素的变化对财务评价指标影响程度和敏感性程度，进而判断项目承受风险能力的一种不确定性分析方法。

敏感性分析的目的在于：

1. 找出影响项目财务评价指标变动的敏感性因素。财务评价指标的选择主要是内部收益率、财务净现值、利润率等。

2. 确定不确定性因素变动引起项目经济效益变动的范围或极限值，分析判断项目承受风险的能力。

3. 比较其他投资方案的敏感性，以便在主要财务指标相似的情况下，从中选出敏感性小，抗风险能力强的投资方案

（二）敏感性分析的方法和步骤

1. 确定用于敏感性分析的财务评价指标。通常采用的指标为内部收益率、财务净现值、开发利润、利润率等指标。

2. 选择不确定因素，计算其变化范围。

3. 分析计算不确定性因素变动时，相应的评价指标的变动值，确定敏感度。

4. 找出比较敏感的不确定性因素，进行更深入的计算分析。

5. 将计算的结果用表格或图形表示，表达不确定性因素变动引起的指标的变动。

（三）案例分析

某城市国际花都项目关于售价和建造费用变动的敏感性分析表　　表 9-2

序号	项目	基本方案	销售收入			建造费用		
			－10%	0%	10%	－10%	0%	10%
1	内部收益率	12.2%	6.4%	12.2%	17.9%	16.0%	12.2%	8.9%
2	投资回收期	2.69	2.74	2.69	2.64	2.66	2.69	2.72

续表

序号	项目	基本方案	销售收入			建造费用		
			－10%	0%	10%	－10%	0%	10%
3	销售利润率	17.2%	9.4%	17.2%	23.8%	21.6%	17.2%	13.1%
4	投资利润率	22.7%	11.2%	22.7%	34.5%	30.3%	22.7%	16.4%
5	税后利润	31821	10284	31821	53858	43201	31821	21201
6	盈亏平衡点	76.0%	84.3%	76.0%	69.2%	71.5%	76.0%	80.5%

从敏感性分析表中可以看出，建造费用和销售收入对于内部收益率、投资利润率、税后利润来说，都是敏感性因素，是项目管理中需要严加管控的因素。同时可以看到，与建造费用相比较，销售收入是盈利能力指标更为敏感的因素。

第三节 风险分析的方法

一、专家调查法

专家调查法是基于专家的知识、经验和直觉，发现项目潜在风险的分析方法。它适用于风险分析的全过程，包括风险识别、风险估计、风险评价与风险对策研究。由于专家调查法比一般的经验识别法更具客观性，因此应用更为广泛。专家调查法有很多，其中头脑风暴法、德尔菲法、风险识别调查表、风险对照检查表和风险评价表是最常用的几种方法。

采用专家调查法时，专家应有合理的规模，人数一般应在10～20位左右。专家的人数取决于项目的特点、规模、复杂程度和风险的性质而定，没有绝对的规定。

（一）头脑风暴法

也称非交锋式会议，是指每个与会专家都可以独立地、任意地发表意见，但不相互争论，不批评他人意见，也不带发言稿，以便充分发挥灵感，鼓励创造性思维。

（二）德尔菲法

德尔菲法（Delphi Method）系以一系列问卷向各类专家征询意见，依据所有专家对原问卷的答复，再拟订下一份问卷，再次向各类专家征询意见，直到大多数专家的意见看法趋于一致并得出结论。此法预测通常较适合做长期预测，其主要步骤如下：

（1）成立一个团体委员会确定问题及设计研究问卷。

（2）选择专家匿名质问预测。

（3）把质问的问题回答收回做成结果。

（4）反复再预测，把问题重新修整再做预测，如此反复预测至少两次以上。

德尔菲法本质上是一种反馈匿名函询法。其做法是，在对所要预测的问题征得专家的意见之后，进行整理、归纳、统计，再匿名反馈给专家，再次征求意见，再集中，再反馈，直至得到稳定的意见。其过程如下：匿名征求专家意见——归纳、统计——匿名反馈——归纳、统计……若干轮后，停止。总之，它是一种利用函询形式的集体匿名思想交流过程。

（三）风险识别调查表

风险识别调查表，主要定性描述风险的来源与类型、风险特征、对项目目标的影响等，典型的风险识别调查表如表 9-3 所示。

风险识别调查表 **表 9-3**

项目名称	
风险类型	
风险描述	
风险对项目目标的影响（费用、进度、质量、环境等）	
风险的来源、特征	

编号： 时间：

（四）风险对照检查表

风险对照检查表是一种规范化的定性风险分析工具，具有系统、全面、简单、快捷、高效等优点，容易集中专家的智慧和意见，不容易遗漏主要风险；对风险分析人员有启发思路、开拓思路的作用。对照检查表的设计和确定是建立在众多类似项目经验基础上的，需要大量类似项目的数据。而对于新的项目或完全不同环境下的项目，则难以适应。

二、风险概率估计

风险概率估计包括客观概率估计和主观概率估计。在项目评价中，风险概率估计中较常用的是正态分布、三角形分布、贝塔分布等概率分布形式，由项目评价人员或专家进行估计。

（一）客观概率估计

客观概率是实际发生的概率，可以根据历史统计数据或是大量的试验来推定。有两种方法：一是将一个事件分解为若干子事件，通过计算子事件的概率来获得主要事件的概率；

二是通过足够多的试验，统计出事件的概率。客观概率估计是指应用客观概率对项目风险进行的估计，它利用同一事件，或是类似事件的数据资料，计算出客观概率。客观概率估计法最大的缺点是需要足够的信息，但通常是不可得的。客观概率只能用于完全可重复事件，因而并不适用于大部分现实事件。

（二）主观概率估计

主观概率是基于个人经验、预感或直觉而估算出来的概率，是一种个人的主观判断，反映了人们对风险现象的一种测度。主观概率估计是基于经验、知识或类似事件比较的专家推断概率。当有效统计数据不足或是不可能进行试验时，主观概率是唯一选择。主观概率专家估计的具体步骤：

（1）根据需要调查问题的性质组成专家组。专家组成员由熟悉该风险因素的现状和发展趋势的专家、有经验的工作人员组成。

（2）查某一变量可能出现的状态数或状态范围和各种状态出现的概率或变量发生在状态范围内的概率，由每个专家独立使用书面形式反映出来。

（3）整理专家组成员意见，计算专家意见的期望值和意见分歧情况，反馈给专家组。

（4）专家组讨论并分析意见分歧的原因。重新独立填写变量可能出现的状态或状态范围和各种状态出现的概率或变量发生在状态范围内的概率，如此重复进行，直至专家意见分歧程度满足要求值为止。这个过程最多经历三个循环，否则不利于获得专家们的真实意见。

三、概率树分析

概率分析是借助现代计算技术，运用概率论和数理统计原理进行概率分析，求得风险因素取值的概率分布，并计算期望值、方差或标准差和离散系数，表明项目的风险程度。概率分析的步骤如下：

（1）列出各种欲考虑的不确定因素。例如销售价格、销售量、投资和经营成本等，均可作为不确定因素。需要注意的是，所选取的几个不确定因素应是互相独立的。

（2）设想各不确定因素可能发生的情况，即其数值发生变化的几种情况。

（3）分别确定各种可能发生情况产生的可能性，即概率。各不确定因素的各种可能发生情况出现的概率之和必须等于1。

（4）计算目标值的期望值。

可根据方案的具体情况选择适当的方法。假若采用净现值为目标值，则一种方法是，将各年净现金流量所包含的各不确定因素在各可能情况下的数值与其概率分别相乘后再相加，得到各年净现金流量的期望值，然后求得净现值的期望值。另一种方法是直接计算净现值的期望值。

（5）求出目标值大于或等于零的累计概率。

对于单个方案的概率分析应求出净现值大于或等于零的概率，由该概率值的大小可以估计方案承受风险的程度，该概率值越接近1，说明技术方案的风险越小，反之，方案的风险越大。可以列表求得净现值大于或等于零的概率。

四、蒙特卡洛模拟

当在项目评价中输入的随机变量个数多于三个，每个输入变量可能出现三个以上以至无限多种状态时（如连续随机变量），就不能用理论计算法进行风险分析，这时就必须采用蒙特卡洛模拟技术[34]。这种方法的原理是用随机抽样的方法抽取一组输入变量的数值，并根据这组输入变量的数值计算项目评价指标，抽样计算足够多的次数可获得评价指标的概率分布，并计算出累计概率分布、期望值、方差、标准差，计算项目由可行转变为不可行的概率，从而估计项目投资所承担的风险。

（一）蒙特卡洛模拟的程序

（1）确定风险分析所采用的评价指标，如净现值、内部收益率等。

（2）确定．对项目评价指标有重要影响的输入变量。

（3）经调查确定输入变量的概率分布。

（4）为各输入变量独立抽取随机数。

（5）由抽得的随机数转化为各输入变量的抽样值。

（6）根据抽得的各输入随机变量的抽样值组成一组项目评价基础数据。

（7）根据抽样值组成基础数据计算出评价指标值。

（8）重复第四步到第七步，直至预定模拟次数。

（9）整理模拟结果所得评价指标的期望值、方差、标准差和期望值的概率分布，绘制累计概率图。

（10）计算项目由可行转变为不可行的概率。

（二）应用蒙特卡洛模拟法时应注意的问题

（1）在运用蒙特卡洛模拟法时，假设输入变量之间是相互独立的，在风险分析中会遇到输入变量的分解程度问题。输入变量分解得越细，输入变量个数也就越多，模拟结果的可靠性也就越高。变量分解过细往往造成变量之间有相关性，就可能导致错误的结论。为避免此问题，可采用以下办法处理。

1）限制输入变量的分解程度。

2）限制不确定变量个数。模拟中只选取对评价指标有重大影响的关键变量，其他变量保持在期望值上。

3）进一步搜集有关信息，确定变量之间的相关性，建立函数关系。

（2）蒙特卡洛法的模拟次数。

从理论上讲，模拟次数越多越正确，但实际上一般应在200～500次之间为宜。

第四节　房地产项目投资开发的风险管理

美国系统工程研究所（SEI）的认为风险管理过程包括：风险识别、风险分析（风险估计与风险评价）、风险规划或计划（风险管理的流程与措施）、风险跟踪及控制（风险监控）等环节。

一、风险识别

识别可能存在的风险，可从潜在事件及其产生的后果、潜在后果及其产生的原因来检查风险，正反两方面识别风险，形成风险列表。识别风险是风险管理前提。

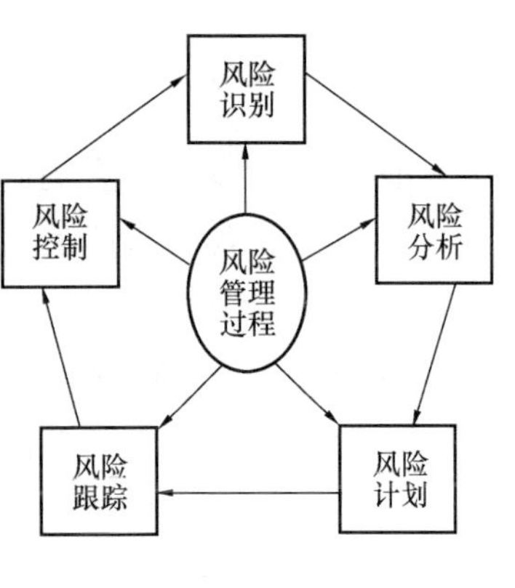

图 9-1　项目风险管理过程

（一）风险识别的依据

风险存在于完成项目任务的过程中，由于某些因素的影响，存在不能实现项目的目标的可能性。识别风险从项目的目标和定义、项目实现的路径计划、项目的约束和假设，项目的历史资料等方面着手。

风险识别的依据：项目定义、项目实施计划、风险管理规划（计划）、历史资料、风险分类、项目约束与假设。

（二）项目识别工具

风险识别的工具有：流程图、风险检查表（广泛性）、SWOT 分析法、专家调查法、头脑风暴法、情景分析法。

如情景分析法，是假定某种现象或某种趋势将持续到未来的前提下，对预测对象可能出现的情况或引起的后果作出预测的方法，这种方法在假定某种风险出现的情况下，识别后续风险，具有使用价值。

流程图法，利用管控项目的各种流程图来检查控制实际运作是否恰当，控制执行知否有效，业务处理或信息处理逻辑是否正确的方法，这种方法可以找出潜在的风险。

头脑风暴法和专家调查法是在缺乏历史资料情况下的常用方法。

项目后评价的经验应当借鉴，这是识别风险的重要途径。运用“逆向思维”方法来审视项目，寻找可能导致项目“不可行”的风险因素。

在有历史经验的情况下，风险检查表是识别常规项目风险常用的表格。

风险检查表示例　　表 9-4

风险因素	可能的原因	可能的影响	可能性		
			高	中	低
项目进度	资金不足	进度延误		√	
	设计变更			√	
	施工能力不足				√
	…				
投资估算	工程量估计不准	投资超支	√		
	设备价格变化			√	
	材料价格变动				√
	土地成本增加			√	
	…				
项目管理	项目复杂程度高				√
	业主缺乏经验	影响质量		√	
	可行性研究深度不足				√
	…				

（三）结果

通过各种识别工具，识别出开发项目的风险，形成风险列表。

二、风险分析（风险估计与评价）

估计风险发生产生的后果影响、风险出现的概率、确定风险值的大小，进行风险排序。进而对各个阶段的风险大小乃至整个项目风险的大小进行评价．

（一）风险估计

1. 风险估计的过程

在项目风险识别的基础上，应用定性和定量的分析方法估计项目中各个风险发生的可能性和破坏程度的大小，并按潜在危险的大小进行排序的过程。

2. 风险估计过程目标：

风险估计的目标就是对已辨识的风险，确定风险发生的概率及其后果、排列风险应对的优先顺序（初步的）。

（1）尽量用成本收益的方式估计各种风险的后果。这样做的目的是便于比较和判断风险的大小。对于难于定量表达的，用定性描述。有些定性问题，经过深入的研究和分解，随着研究的深入，掌握的信息越来越多，定性问题有可能转化为定量问题。

（2）确定风险发生的可能性。即判断风险因素发生的概率。

（3）确定风险的影响。判断影响的大小。

（4）确定项目风险排列顺序及影响分析。按风险影响的大小进行初步的排序。

3. 风险估计

（1）风险估计的方法

风险概率估计方法、专家调查法、盈亏平衡分析法、敏感性分析法、静态投资指标法、动态投资指标法、贝叶斯概率法、蒙特卡罗模拟风险估计方法等。

（2）风险概率估计

为了确定风险发生的可能性，可以通过专家调查方法确定。为了提高专家调查的效率，可以将风险划分为五个档次，在调查时由专家选择某项风险发生的概率。如

1）很高。风险发生的概率在81%～100%，表示风险很有可能发生，用S表示；

2）较高。风险发生的概率在61%～80%，表示发生的可能性较大，用H表示；

3）中等。风险发生的概率在41%～60%，表示发生的可能性一般，用M表示；

4）较低。风险发生的概率在21%～40%，意即不可能发生，用L表示；

5）很低。风险发生的概率在21%～40%，意即非常不可能发生，用N表示。

实际操作中，风险概率区间的划分不一定是等分的，如划分为（0.0，0.1）、（0.1，0.2）、（0.2，0.4）、（0.4，0.8），（0.8，1）。

（3）风险影响

按照风险发生后对项目影响的大小，可以划分为5个影响等级，如下：

1）严重影响。一旦发生，将导致项目的失败，可用字母 S 表示；>20%的费用增加、进度延迟、范围更改；

2）较大影响。一旦风险发生，将导致项目目标值较大偏离，可用字母 H 表示；10%～20%的费用增加、进度延迟、范围更改；

3）中等影响。一旦风险发生，对项目的目标造成中度影响，但仍可部分达到，可用字母 M 表示。如 5%～10%的费用增加、进度延迟、范围更改；

4）较小影响。一旦风险发生，对项目部分目标受到较小影响，但不影响整体目标，可用字母 L 表示。如小于 5%的费用增加、进度延迟、范围更改；

5）可忽略影响。一旦风险发生，对项目对应部分目标影响可忽略，不会影响整体目标，可用字母 N 表示。如不明显的费用增加、进度延迟、范围更改。

同样，相应的质量影响从严重到轻微，也可以划分为以下五个等级：项目因质量不能使用、客户不能接受质量下降、经客户同意的质量下降、不得不进行质量下降、不明显的质量下降。

风险影响程度高低的划分标准示例 **表 9-5**

项目目标	很低 0.05	低 0.1	一般 0.2	高 0.4	很高 0.8
费用	不明显的费用增加	<5%的费用增加	5%～10%的费用增加	10%～20%的费用增加	>20%的费用增加
进度	不明显的进度增加	<5%的进度延迟	5%～10%的进度延迟	10%～20%的进度延迟	>20%的进度延迟
范围	不明显的范围更改	<5%的范围更改	5%～10%的范围更改	10%～20%的范围更改	>20%的范围更改
质量	不明显的质量下降	不得不进行质量下降	经客户同意的质量下降	客户不能接受质量下降	项目因质量不能使用

（二）风险评价

1. 项目风险评价的含义

在项目风险识别和估计的基础上，整体上考虑项目所面临的各个风险、各风险的相互作用以及对项目总体的影响，项目主体能否承担这些风险等。

2. 风险评价的原则

（1）风险权衡原则

（2）风险处理成本最低原则

（3）社会费用最小原则

（4）风险成本/收益比原则

3. 风险评价的方法

描述风险有两个变量。一是事件发生的概率或可能性 P（Probability），二是事件发生后对项目目标的影响 I（Impact），风险的大小可能一个二元函数表示。

R（P，I）＝ P×I

定性方法：主管评价法和德尔菲法

定量方法：综合评价法、蒙特卡罗模拟法、概率期望值分析法。

其他方法：风险评价矩阵，也叫风险概率—影响矩阵

4. 评价的结果

风险评价的结果为风险规划服务的。

（1）包括单个风险因素的评价和整个项目的风险等级评价。确定单个风险因素的风险等级和整个项目的风险等级。

（2）形成风险评价表。风险表可以按阶段、还可以按项目的费用风险、进度风险、质量风险、法规政策风险等类别单独排列。风险表中可以包括风险的名称、风险因素、风险发生的可能性、风险发生的后果与影响、风险的程度等级、应对措施建议等。

（3）风险管理策略。重要风险的分析和评价、提出风险应对的策略等。

5. 风险程度等级。根据对风险发生的可能性和后果影响估计的基础上，确定风险程度等级。可以分为以下五级。

（1）微小风险。发生的可能性小，发生后造成的损失较小，对项目的影响很小。

（2）较小风险。风险发生的可能性较小，或者发生后的损失较小。

（3）一般风险。发生的可能性不大或者发生的损失不大，不影响项目的可行性。

（4）较大风险。风险发生的可能性较大，或者发生造成的损失较大，但损失是可以承受的，必须采取一定的防范措施。

（5）重大风险。风险发生的可能性大，发生后造成的损失大，将使项目由可行变为不可行，需要严加防范或规避的风险。

按照本章风险发生可能性的 5 级分类，风险影响程度的 5 级分类及风险等级的 5 级分类，可以将风险评价的结果，即由发生概率和影响程度共同决定的风险等级可以用概率—影响矩阵来表示，风险等级同样可以分为 5 级分类，由高到低为 S、H、M、L、N。

风险评价的结果可以用风险评价表 9-6 表示

影响程度 \ 发生概率	很低	较低	中等	较高	很高
严重	M	H	H	S	S
较大	L	M	H	H	S
中等	L	L	M	H	H
较小	N	L	L	M	H
可忽略	N	N	L	L	M

图 9-2　风险概率—影响矩阵

风险评价表示例　　表 9-6

风险因素的名称	可能性	影响性	风险等级	风险策略	应对措施说明
市场风险					
市场需求量					
竞争能力					
价格					
…					
工程风险					
地质条件					
施工能力					
水资源					
投资与融资风险					
汇率					
利率					
投资					
工期					
配套条件					
水、电、气配套条件					
交通运输配套条件					
其他配套工程					
…					

三、风险规划或计划

根据风险的来源和性质、项目承受风险的能力、项目参与者承受风险的能力制定相应的风险应对计划。选择的措施包括：可规避性、可转移性、可减轻性、可接受性。

风险计划的内容还包括识别的风险及其描述、发生的概率、风险值的大小、风险应对负责人、应对策略和措施、应急计划等。

（一）规划和设计项目风险管理的过程

包括定义项目组成员及风险管理行动方案及方式、选择适合的风险管理方法、确定风险判断的依据等。是风险管理的指导性纲领。

（二）风险应对的主要策略

1. 策略类型

主要有以下策略：回避、减轻、转移、接受。

回避，就是面对不可承受的风险，在可行性研究课决策阶段否决项目。

减轻，就是把发生的可能性和影响降低到可以接受的范围内。实践中采取预防、控制等措施。

转移：将项目业主可能面临的风险转移给他人承担，包括保险转移和非保险转移。如购买工程保险、保修由承包商负责等。

接受：就是将风险发生后的损失留给项目业主自己承担。这种措施可以是主动的，也可以是被动的。如常用的应急措施就是主动接受风险、应对风险的例子。

2. 策略原则

风险管理过程应贯穿于项目的全过程，在项目的构思与筛选阶段、项目的可研与决策阶段，就应该树立起风险意识，主动管理项目风险，包括否决项目达到规避风险的目的。

对策应有针对性是指不同的风险的应对措施不同，不同行业的风险应对策略也不同，必须有的放矢地制定风险应对策略。

对策应有可行性，指对策在经济上、技术上、政策法规方面必须具有可行性。

（三）规划过程的结果

风险管理计划。

（四）技术和工具

（1）表格法：风险核对表、风险管理表。

（2）工具：工作分解结构：WBS。

四、风险监控

跟踪风险条件的变化和对后果的影响、根据变化的情况及时调整风险应对计划、已发生并解决的风险调整出去、新的风险增加进来，从而进入风险管理的下一个循环。

（一）目标

定期报告项目的风险状态、保持项目风险的可视化

（二）技术与工具

1. 技术：审核检查、监视单、项目风险报告、费用偏差分析法等。

2. 工具：直方图、因果分析图、帕累托图等。

第五节　敏感性分析案例

一、案例背景

某市新建一座化工企业，计划投资 3000 万元，建设期 3 年，考虑设备有形损耗和无形损耗，生产期定为 15 年，项目报废时，残值与清理费正好相等。投资者的要求是项目的投资收益率不低于 10%，基准收益率为 8%，其他数据见表 9-7。

某化工企业新建项目基本情况表　　**表 9-7**

单位：万元

年份	投资成本	销售收入	生产成本	净现金流量	10%贴现系数	净现值
1	500			−500	0.9091	−454.55
2	1500			−1500	0.8264	−1239.60
3	1000	200	140	−940	0.7513	−706.22

续表

年份	投资成本	销售收入	生产成本	净现金流量	10%贴现系数	净现值
4		3000	2600	400	0.6830	273.20
5		5000	4500	500	0.6209	310.45
6～15		6000	5400	600	3.8153	2289.18
合计	3000	68200	61240	3960		472.46

问题：通过敏感性分析决定该项目是否可行以及应采取的措施。

二、计算分析

第一步：预测正常年份的各项收入与支出，以目标收益率为基准收益率，计算出基本情况下的净现值和内部报酬率。

由表 9-7 可见基本情况下的净现值为 472.46 万元。

内部收益率有试算法和内推法两种，用内推法进行计算。当贴现率为 10%时，由表 9-7 可知净现值为 472.46 万元；当贴现率为 15%时，同理可计算出净现值为-212.56 万元。由此可得内部收益率：

$$内部收益率 = R_1 + (R_2 - R_1)\frac{NPV_1}{NPV_1 + |NPV_2|}$$

$$= 10\% + (15\% - 10\%)\frac{472.46}{472.46 + |-212.56|} = 13.414\%$$

即内部收益率为 13.414%。

第二步：进行投资成本增加的敏感性分析

假定第一年投资成本上升了总成本的 15%，在此条件下计算净现值和内部收益率。

投资成本增加 15%的敏感性分析表 **表 9-8**

单位：万元

年份	投资成本	销售收入	生产成本	净现金流量	10%贴现系数	净现值
1	950			−950	0.9091	−863.65
2	1500			−1500	0.8264	−1239.60
3	1000	200	140	−940	0.7513	−706.22
4		3000	2600	400	0.6830	273.20
5		5000	4500	500	0.6209	310.45
6～15		6000	5400	600	3.8153	2289.18
合计	3450	68200	61240	3510		63.36

由表 9-8 可见当投资成本上升了 15%后，净现值变为 63.36 万元。

当贴现率为 12%时，净现值为−251.59 万元，由内推法可得内部收益率：

$$内部收益率 = R_1 + (R_2 - R_1)\frac{NPV_1}{NPV_1 + |NPV_2|}$$

$$= 10\% + (12\% - 10\%)\frac{63.36}{63.36 + |-251.59|} = 10.42\%$$

即内部收益率为 10.42%。

第三步：进行项目建设周期延长的敏感性分析

现假定项目建设周期由于意外事故延长一年，并由此导致总投资增加 100 万元（第 1、2、3 和 4 年分别为 500、1400、900 和 300 万元），其余条件不变。在此条件下计算净现值和内部收益率。

由表 9-9 可见当工期延长一年后，净现值变为 85.94 万元。

当贴现率为 12%时，净现值为-205.05 万元，由内推法可得内部收益率：

$$内部收益率 = R_1 + (R_2 - R_1)\frac{NPV_1}{NPV_1 + |NPV_2|}$$

$$= 10\% + (12\% - 10\%)\frac{85.94}{85.94 + |-205.05|} = 10.59\%$$

即内部收益率为 10.59%。

建设周期延长一年的敏感性分析表 **表 9-9**

单位：万元

年份	投资成本	销售收入	生产成本	净现金流量	10%贴现系数	净现值
1	500			−500	0.9091	−454.55
2	1400			−1400	0.8264	−1156.96
3	900			−900	0.7513	−676.17
4	300	200	140	−240	0.6830	−163.92
5		3000	2600	400	0.6209	248.36
6～15		6000	5400	600	3.8153	2289.18
合计	3100	63200	65740	3360		85.94

第四步：进行生产成本增加的敏感性分析

现假定项目投产后第 6～15 年生产成本上升 5%，其余条件不变。在此条件下计算净现值和内部收益率。

生产成本上升 5%的敏感性分析表 **表 9-10**

单位：万元

年份	投资成本	销售收入	生产成本	净现金流量	10%贴现系数	净现值
1	500			−500	0.9091	−454.55
2	1500			−1500	0.8264	−1239.60
3	1000	200	140	−940	0.7513	−706.22
4		3000	2600	400	0.6830	273.20
5		5000	4500	500	0.6209	310.45
6～15		6000	5670	330	3.8153	1259.05
合计	3000	68200	63940	1260		−557.67

由表 9-10 可见当成本上升 5%后，净现值变为−557.67 万元。

当贴现率为 5%时，净现值为 68.73 万元，由内推法可得内部收益率：

$$内部收益率 = R_1 + (R_2 - R_1)\frac{NPV_1}{NPV_1 + |NPV_2|}$$

$$=5\% + (10\% - 5\%)\frac{68.73}{68.73 + |-557.67|} = 5.55\%$$

即内部收益率为5.55%。

第五步：进行价格下降的敏感性分析

现假定项目投产后第6～15年产品销售价格下降了5%，其余条件不变。在此条件下计算净现值和内部收益率。

产品价格下降5%的敏感性分析表 **表9-11**

单位：万元

年份	投资成本	销售收入	生产成本	净现金流量	10%贴现系数	净现值
1	500			−500	0.9091	−454.55
2	1500			−1500	0.8264	−1239.60
3	1000	200	140	−940	0.7513	−706.22
4		3000	2600	400	0.6830	273.20
5		5000	4500	500	0.6209	310.45
6～15		5700	5400	300	3.8153	1144.5
合计	3000	65200	61240	960		−672.22

由表9-11可见当价格下降5%后，净现值变为−672.22万元。

当贴现率为5%时，净现值为129.23万元，由内推法可得内部收益率：

$$内部收益率 = R_1 + (R_2 - R_1)\frac{NPV_1}{NPV_1 + |NPV_2|}$$

$$=5\% + (10\% - 5\%)\frac{129.23}{129.23 + |-672.22|} = 5.81\%$$

即内部收益率为5.81%。

第六步：对整个项目的敏感性分析进行汇总对比

某化工厂四个主要因素敏感性分析汇总表 **表9-12**

序号	敏感因素	净现值（万元）	与基本情况的差异（万元）	内部收益率（%）	与基本情况差异（百分点）
0	基本情况	472.46	0	13.41	0
1	投资成本增加15%	63.36	−409.10	10.40	−3.01
2	建设周期延长一年	85.94	−386.52	10.59	−2.82
3	生产成本增加5%	−557.67	−1030.13	5.55	−7.86
4	销售价格下降5%	−672.22	−1144.68	5.81	−7.6

结论：当投资成本增加15%或建设周期延长一年时，净现值仍为正，仍能实现投资者期望的收益率；当未来生产成本增加5%或产品价格下降5%时，净现值变为负值，内部收益率低于基准收益率8%，不能实现投资者的期望，亦即项目效益对后两种因素更为敏感。

从总体上讲，该项目风险太大，应放弃。

第十章　房地产企业运营管理

第一节　概　　述

一、运营管理相关概念

（一）运营管理的含义

运营管理是一门生机勃勃并应用广泛的学科。在当今社会，不断发展的生产力使得大量生产要素转移到商业、交通运输、房地产、通信、公共事业、保险、金融和其他服务性行业和领域，传统的有形产品生产的概念已经不能反映和概括服务业所表现出来的生产形式。因此，随着服务业的兴起，生产的概念进一步扩展，逐步容纳了非制造的服务业领域，不仅包括了有形产品的制造，而且包括了无形服务的提供。

西方学者把与工厂联系在一起的有形产品的生产称为"production"或"manufacturing"，而将提供服务的活动称为"operations"。趋势是将两者均称为"运营"，生产管理也就演化为运营管理（operations management）[35]。

本书中所说的运营管理是指对运营过程的计划、组织、实施、控制等与产品生产和服务创造密切相关的各项工作的协同管理过程，目的是提高产品和服务的竞争力。运营管理是现代企业管理科学中最活跃的一个分支，也是新思想、新理论大量涌现的一个分支。

（二）运营管理是对企业价值链的管理

现代运营管理的范围已从传统的制造业企业扩大到非制造业。其研究内容也已不局限于生产过程的计划、组织与控制，而是扩大到包括运营战略的制定、运营系统设计以及运营系统运行等多个层次的内容。把运营战略、新产品开发、产品设计、采购供应、生产制造、产品配送直至售后服务看作一个完整的"价值链"，对其进行集成管理[36]。

运营管理对企业价值链的管理，通过对企业价值链上各项活动进行分析和设计，强化主要业务流程，协调企业活动并不断优化，从而创造和提供增值的产品和服务，在满足客户价值需求的同时降低产品和服务成本，获得和提高企业竞争优势，提高企业运营管理效率。

（三）运营管理体系

战略、组织、流程是运营管理的三大要素。在社会实践中，大到一个企业，小到一个部门，都可以从这三个方面入手，进行管理建设，对应的建立战略流程、组织流程、运作流程三大流程体系，来保障三要素的落实。

1. 战略与战略流程

任何企业的运营管理，都需要一个制定战略的过程。在战略方面，需要建立战略管理流程，将战略目标分解，关联到人员流程和运营流程，使战略进入执行体系。

2. 组织与人员管理流程

组织是企业运营管理体系中最重要的因素，战略能否得以有效执行，很大程度上取决于组织体系。组织管理最重要的任务是把合适的人放在合适的岗位上，并控制整体的平衡性。

一个成熟的组织需要通过多种途径，立体灌输执行力文化。同时，组织运行中的调控主要涉及组织调整（人员进出、职务升降、岗位调整）、组织激励、组织平衡、职能边界调整等事务，这些就需要通过人员流程来解决。人员流程主要为企业的组织体系管理建立规范的调控机制。

3. 运营流程

依据战略流程输出的职能战略，各业务部门需要建立自己的资源计划（包括人力资源和财务资源）、职能计划和项目计划，其中人力资源计划进入人员流程，财务资源计划进入财务预算执行体系，职能和项目计划进入运营跟踪体系，同时和绩效考核体系挂钩，通过绩效考核体系保障执行。

运营流程中涉及业务流程和项目流程。对于运营体系，业务流程是非常关键的，业务流程决定了职能部门的协作机制，一切职能部门的建设和组织设计都应该是围绕业务流程来进行。同时流程相对是比较固定的，企业在流程固化的同时不能死板，需要灵活机动地解决问题的能力，需要跨部门的资源组织能力，这就需要项目流程来解决跨职能部门的执行问题。项目流程建立了跨部门协调资源的机制，为企业的运营体系建立资源横向协调的方法，增强企业资源调度的灵活机动能力。

（四）运营管理对企业的意义

运营管理是企业管理的基本职能之一，运营管理绩效的好坏对于企业有非常重要的意义，主要体现在以下几个方面。

第一，在一个企业内的各项活动中，运营活动是其创造价值、服务社会和获取利润的主要环节。

第二，在绝大多数企业组织中，运营职能往往占用了组织的绝大部分财力、设备和人力资源。因此，运营管理绩效的好坏对一个组织的成功与否起着至关重要的作用。

第三，在市场竞争环境下，企业的组织结构、营销策略、资本运营都有可能成为企业成功的关键要素之一，但是从市场的角度来说，消费者和用户只关心企业所提供的产品和服务对他们的效用。因此，企业和企业之间的竞争最终必须体现在企业所提供的产品和服务上，而企业产品和服务的竞争力，很大程度上取决于运营管理的绩效，即如何降低成本、控制质量、保证进度和提供个性化服务。

二、房地产企业的运营管理

中国房地产行业经过二十多年的发展，正处于向品牌化、规模化、规范化运作的转型时期，一些房地产开发企业进行着大规模的跨地域扩张，优胜劣汰的进程加快，企业之间的分化重组加剧，行业集中度快速提升，公司的管理幅度迅速加大，企业业务间关联的复杂性急速增加，企业管理者的关注焦点也正在发生着变化。如何通过高效的运营管理，最大限度的整合资源，提高项目附加值和利润率，实现企业有质量的持续增长，给房地产企业管理提出了更高的要求。

（一）房地产运营管理含义

运营管理可视作“规模的监控者，利润的发动机”，总则是：关注战略，规划长远；反馈动态，预测未来；分析现状，支持决策。

房地产运营管理是指在一定条件下，对企业资源运用过程的计划、组织、监督、控制，以在满足客户价值需求的同时，降低产品和服务成本，从而提高企业竞争优势，达到企业经营目标。

房地产企业运营管理的宗旨在于控制、规范公司及所属各个项目的建设与管理活动，而运营管理的落实又依赖于管理体系的确立。因此，研究房地产运营管理体系，特别要综合考察房地产开发企业的运营战略、组织设计、业务流程和绩效考核各方面的调控关系。运营体系没有最好，只有最适合，每个企业必需根据自己的文化、组织结构以及发展状况设置相对应的体系，切勿盲目照搬。

（二）房地产开发的价值链

1. 房地产业价值链

中国的房地产业在外部环境变动和市场政策变化的情况下，其发展可大致分为实物供给、房改、市场化三大阶段。尤其近几年，在国家经济新常态的背景下，房地产业的价值链也由传统的价值链向新型价值链转换，例如财综［2009］74号文件《关于进一步加强土地出让收支管理的通知》中规范了土地出让收入分期缴纳行为：缴纳全部土地出让价款的期限原则上不超过一年，首次缴纳比例不得低于全部土地出让价款的50%，该政策的出台导致房地产项目的开发不能以土地作为抵押取得开发贷款，对资金的要求提高了。具体的房地产价值链变动主要从项目核准、资金获取、工程建设、预销售、交付及物业方面阐述，如图10-1所示。

各个房地产公司沿着企业价值链转变的脉络，着力通过高效的运营管理体系，实现企业的全面管控与协同运营，降低和控制项目成本，控制运营风险，提升竞争力。

房地产企业的价值链构成遵循价值链理论的基本结构，即整个价值链系统由基本活动和辅助活动两部分组成。在确认房地产企业价值链的过程中，首先要将企业的各项价值活动分别归入基本价值链中所显示的基本价值活动和辅助价值活动的类型中

	获地与项目核	设计与融资获	工程建设	预销售	交付及物业
传统价值链	通过协议出让等方式低价获得土地	以土地为抵押获得银行资金设计没有足够投资	施工开始阶段由施工单位垫付进行	宽松的预售条件可及早的回笼资金及还贷	产品供不应求，售后服务流于形式，价值易实现
外部环境变动和市场政策变化					
新型价值链	获取土地要经过市场研究和定位，通过招拍挂取得土地	完全依靠自有资金获取土地，并利用自有资金达到项	请专门机构对工程质量、投资进行有效的控制	企业文化和品牌管理、人力资源管理、全营销管理	客户服务物业管理是增值服务

图 10-1　房地产企业传统价值链向新型价值链演变

去。作为房地产企业运行不可缺少的部分，房地产开发还需要一些重要的支持系统：信息支持系统、资金支持系统、法律支持系统、技术支持系统，这些系统的支持作用贯穿房地产开发的全过程。较为直观的房地产企业价值链依据波特价值链模型构建，如图 10-2 所示。

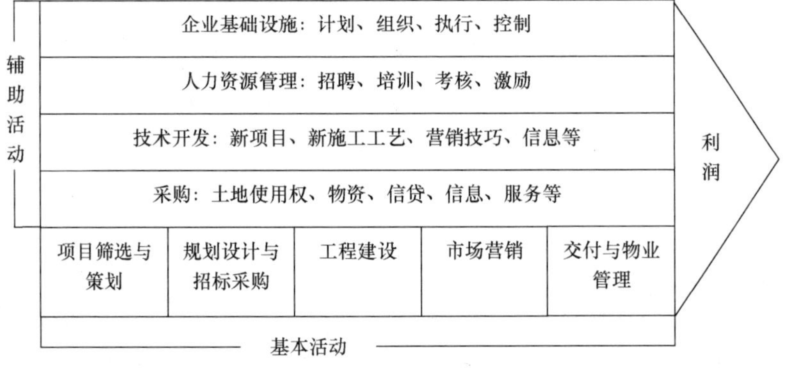

图 10-2　房地产企业价值链

2. 房地产运营管理内容

战略、组织、流程是运营管理的三大要素，任何一个房地产企业在制定运营管理体系是要充分考虑这三大主题，并结合房地产企业价值链以及企业的实际特点，应从运营战略体系设计、组织体系设计、运作流程体系设计和绩效评价体系设计四方面，提出房地产企业的运营管理体系方案。

房地产企业运营管理体系设计要应体现科学性、发展性、理论与实际相结合等特点，具体应遵循以下各原则：

第一，有利于房地产企业的可持续发展；

第二，有利于房地产企业战略发展目标的实现；

第三，有利于房地产企业现行发展阶段的组织管理；

第四，有利于加强房地产企业的执行力；

第五，有利于加强房地产企业管理决策的科学性。

第二节　房地产企业运营模式

房地产企业运营管理模式主要分为外部管控模式和内部部管控模式，其中外部管控模式主要通过“金字塔”式模型结构简单阐述公司总部、区域公司及城市公司的关系；内部管控模式通过结构模式图将战略、组织、流程及绩效评价四部分综合管理。

一、外部管控模式

“金字塔”式结构是常用的外部管控模式的典型结构。这种模式通过授予总部、区域公司、城市公司或项目公司充分的决策权力，对外界的变化做出迅速的反应，保证企业享受对资源的支配权同时保证战略的执行力。

该模式常用于房地产发展初期或是物业类型复杂、发展较快的公司，产品线涵盖住宅、商铺、别墅、酒店，楼盘有高、中、低档，集团总部集中管理难度相当大，因此这个时期的管理模式是分权型的。该模式对各个城市的子公司充分授权，基本把项目操作的关键环节，如产品方案、施工组织、营销企划等决策权放到一线项目公司手中。随着近年来市场调控政策频出，房地产业形势已经发生了改变，国家开始收紧银根，调整市场产品结构，企业从强调规模、速度转向品牌、利润，构建体系竞争力。

二、内部管控模式

（一）模式结构图

房地产企业的内部运营管理模式主要针对房地产价值链，基于战略、组织、流程三个要素，同时结合房地产企业特点增设绩效评估，建立管控模式，如图 10-3 所示。

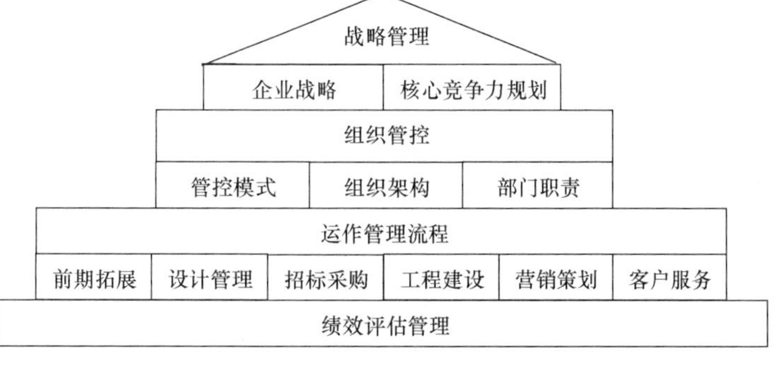

图 10-3　房地产企业运营管理

（二）战略管理

1. 新常态下房地产业战略管理

房地产企业的战略规划必须充分考虑公司的发展愿景、核心价值观和企业宗旨，同时在国家市场环境以及政策变化的背景下予以调整和优化。

目前国家新常态背景下，经济运行灵活多变，经济增长与结构不断优化。房地产企业也应顺应市场局势，合理修订公司战略规划，适时调整转型，以创新获取差异化优势，以品质赢得竞争市场，以管控取得领先成本，同时重点产业及区域市场，形成规模化的企业价值体系。房地产企业战略优化可以趋于产业转型方向，可以发展轻资产战略模式、“地产＋X产业”模式。在这一背景下，已有成功的案例供各个房地产企业参考。

2014年，包括万科、保利地产、世茂房地产在内的龙头企业相继提出了“轻资产”发展的战略转型。万科宣布发展的小股操盘、社区服务等业务；保利地产发展房地产基金业务以及养老社区运营平台。

2. 核心竞争力战略规划

新常态下，房地产企业要突出自身核心竞争力，必须要形成资源专业化和特色化，注重产品品质，做出自己的特色，形成核心竞争力。房地产开发商在产品开发方面，要把握品质，注重细分市场，合适的产品需由合理的消费人群去买，开拓灵活的市场经营方式；在区域市场选择方面，要深入调研市场情况以及宏观政策背景，同时积极合理的做出市场预测；产业价值链优化方面，企业应根据住宅产业发展的规律来定位产业方向，例如住宅精装化是住宅产业发展的必然，所以成立自己的住宅装饰企业就显得十分重要了。同时企业要积极拓展养老地产、旅游地产等业态。

3. 战略管理的作用

良好的企业战略是房地产企业成功的根本保证，其作用主要表现为以下几个方面。

第一，企业战略是对房地产企业的总体构成、延展规模和变化规律的认识，有助于重大战略决策的制定，为战略决策及发展打下良好基础，能够有效提高房地产企业的市场竞争能力。

第二，战略管理为房地产企业战略目标、发展模式的定制以及核心能力的培养和实施，提供有效的保证。

第三，战略管理可以加深管理者们对组织的激励系统、结构及成员行为有一个清醒的实质性认识和理解，便于房地产企业积极发掘和调动生产力，为战略计划的有效实施提供相应的品质保证。

第四，良好的战略管理有助于房地产企业战略抉择与实施，是发展中企业实现目标的可靠保证，是缓解和延续产生危机企业生命力的有效良药。

（三）组织管理

1. 组织结构

组织管理是“管什么”的问题。基于对战略和公司定位的理解分析，明确公司核心竞争力的基础之上，建立有效的组织架构，匹配公司的组织结构，以及赖以运作的授权体系即明确权责以实现运作的条理性，是管理组织运营三要素（人、流程、产品）的基础。

经济新常态的环境背景对房地产企业提出了敏捷生产的要求，对组织结构提出了扁平化的需求，它通过减少管理层次、压缩职能部门和机构，使企业的决策层和操作层之间的中间管理层级尽可能减少，以便使企业快速地将决策权延至企业生产、营销的最前线，从而为提高企业效率而建立起来的富有弹性的新型管理模式。下面是某房地产公司扁平化组织结构图，如图 10-4 所示。需要指出，这种管理需要信息化管理系统及平台管理系统作技术保障。

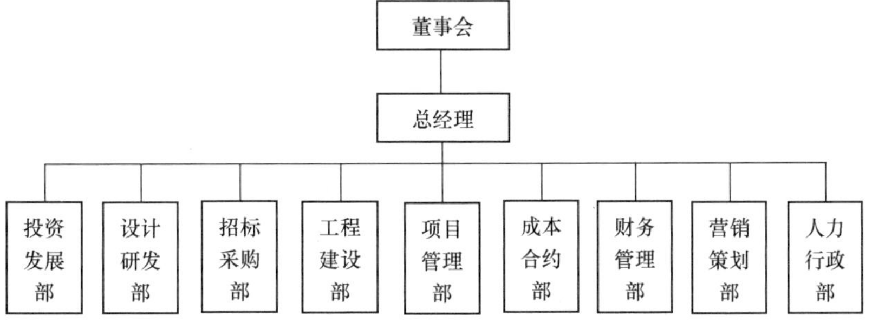

图 10-4　某房地产公司组织结构图

2. 各部门职责

（1）各部门通用职责

各部门的通用职责主要有 4 个方面：制度与流程管理，计划管理，部门日常工作管理，其他工作。其中制度与流程管理：负责编制、修订以及执行公司行政、人力资源、财务等各项通用规章制度、流程。计划管理：负责参与公司战略规划编制、实施监控、评估和调整计划，落实对应的职能战略；参与编制、会签项目关键节点计划及项目总体性控制计划。部门日常工作：主要负责提出本部门人力资源需求及招聘申请；确认公司及本部门的绩效目标；负责本专业各种统计报表统计、汇总及上报工作；负责部门对应单位，如政府、公众、合作方等公共关系及公众信息处理。其他工作：为补充类工作，主要是对突发工作的协同处理情况。

（2）各部门对应职责

投资发展部：针对公司的战略发展规划，该部门要及时进行宏观经济、产业、法律、政策等信息收集；进行定期或不定期的行业研究以及对手和标杆企业研究，制定合理的投资发展战略，把握投资机会，并进行投资管理。

设计研发部：该部门主要负责产品设计研发、设计管理、规划编制、设计变更管理、设计图纸管理、设计单位选择与管理、招标管理、材料设备选型、合同管理和成本管理。

招标采购部：该部门主要负责工程招投标、施工单位确定、材料采购、供应商管理、合同管理、资料管理等。

工程建设部：该部门主要负责项目的施工管理。

项目管理部：该部门主要负责各项目开工准备工作、现场协调、样板间施工管理、工程进度管理、工程质量管理、安全文明施工、计划变工及现场签证、工程验收管理、工程供方管理、招标管理、合同管理、成本管理、资料管理和工程技术质量管理。

成本合约部：该部门主要负责成本管理、变更管理、预结算管理、合同管理。

财务管理部：该部门主要负责成本管理、资金管理、税务管理、会计核算财务结算、财务分析和审计与风险管理。

营销管理部：该部门主要负责产品销售阶段的市场调研、可行性研究、项目定位、项目推广、推广执行、品牌管理、销售管理、招商及资产管理。

人力行政部：该部门主要负责行政类工作和人力资源类工作，其中行政类包括绩效管理、会议管理、公文信息与文档管理、知识管理、资产管理、公关与接待管理、后勤管理、法务管理、信息化建设、企业文化建设和党团工作；人力资源类主要包括人力资源规划、岗位管理、招聘管理、培训管理、薪酬福利管理和员工职业发展管理。

（四）运作管理流程

这是“如何管”的问题。基于房地产价值链的运营管理体系的梳理完善与优化，以期达到规范化、精细化的管理效果。本部分结合房地产企业的组织结构，根据房地产企业的价值链以及流程层次性质，将房地产企业流程分为：战略流程、运营流程、管理支持流程，在此基础上建立房地产公司的运作管理流程，如图 10-5 所示。

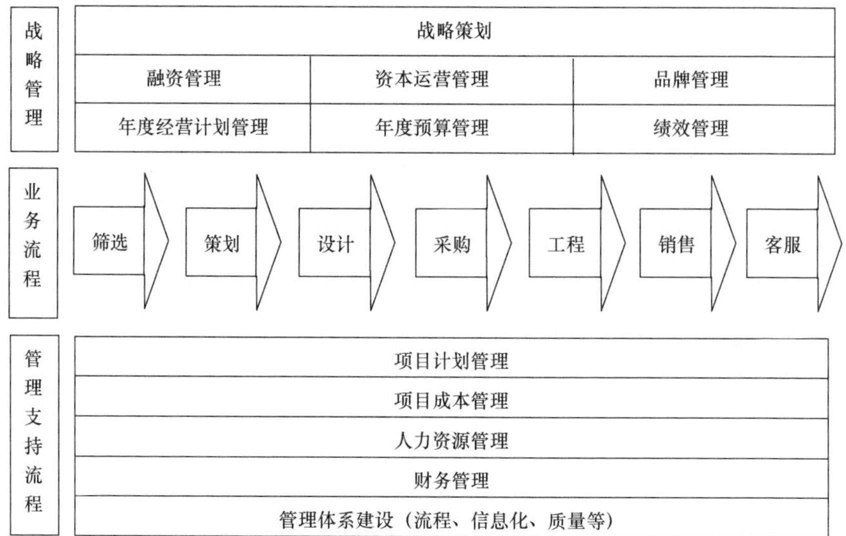

图 10-5　房地产企业运作管理流程

（五）绩效评估管理

绩效评估管理是“效果如何”的问题。通过绩效评价体系，完善监督激励机制，促进不断改善，激励员工发挥潜力，促进管控和流程体系的执行。本部分通过对房地产行业及房地产开发企业的特点分析，结合企业内部战略与组织架构和主要运营体系，总结了影响绩效的关键因素，并借鉴平衡积分卡，构建了房地产企业运营绩效评价指标体系，如图 10-6 所示。

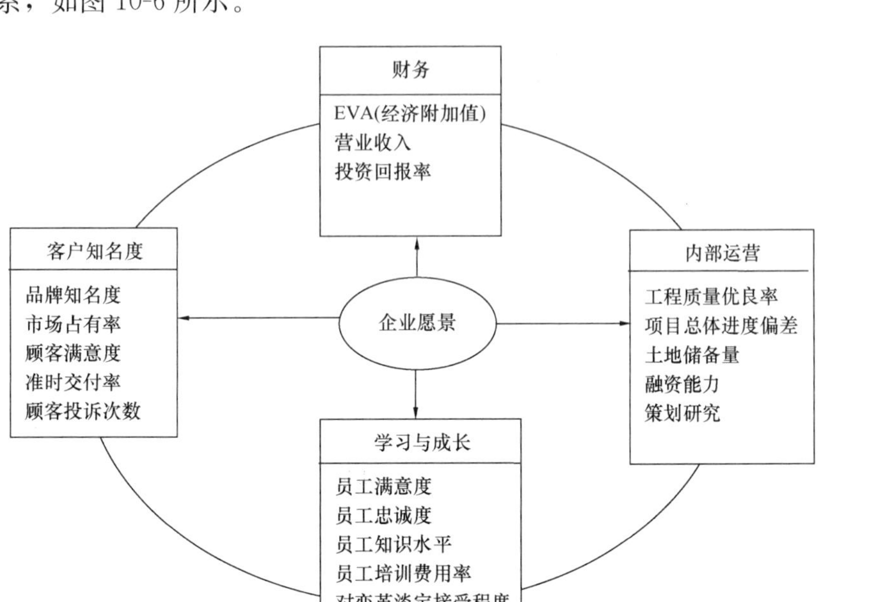

图 10-6　房地产企业运营绩效评价指标体系

第三节　规模经济与房地产运营管理

一、规模经济理论

（一）规模经济理论的概念

从经济学说史的角度看，亚当・斯密是规模经济理论的创始人。亚当・斯密在《国富论》中指出："劳动生产上最大的增进，以及运用劳动时所表现的更大的熟练、技巧和判断力，似乎都是分工的结果"。

真正意义的规模经济理论起源于美国，它揭示的是大批量生产的经济性规模。典型代表人物首推阿尔弗雷德・马歇尔（AlfredMarshal1）。他在《经济学原理》一书中提出："大规模生产的利益在工业上表现得最为清楚。大工厂的利益在于：专门机构的使用与改革、采购与销售、专门技术和经营管理工作的进一步划分。"

规模经济通常是指通过扩大生产规模而引起经济效益增加的现象，它反映的是生产要素的集中程度同经济效益之间的关系。规模经济理论是指在一特定时期内，企业产品绝对量增加时，其单位成本下降，即扩大经营规模可以降低平均成本，从而提高利润水平。

（二）规模经济的效应

规模经济的实现会带给企业很多正面效应。它使得企业生产规模扩大，生产效率提高，实现规模报酬递增。具体表现为：生产规模扩大以后，企业能够利用更先进的技术和机器设备等生产要素；随着对较多的人力和机器的使用，企业内部的生产分工能够更合理和专业化；人数较多的技术培训和具有一定规模的生产经营管理，也都可以节约成本。

但同时规模经济的实现也会带个企业一些负面效应。企业随着规模的继续扩大，生产的各个方面难以得到协调，从而降低了生产效率。企业规模经济的实现会受到企业研发能力、组织能力、财务能力、管控能力、营销能力等企业内部因素的制约；同时还会收到市场容量、政策变动等外部因素的制约。

（三）规模经济的类型

按照规模经济的产生的效应划分，规模经济共分为以下三种类型。

（1）规模内部经济：指一经济实体在规模变化时由自己内部所引起的收益增加。

（2）规模外部经济：指整个行业（生产部门）规模变化而使个别经济实体的收益增加。如：行业规模扩大后，可降低整个行业内各公司、企业的生产成本，使之获得相应收益。

（3）规模结构经济：各种不同规模经济实体之间的联系和配比，形成一定的规模结构经济。如：企业规模结构、经济联合体规模结构、城乡规模结构等。

（四）企业规模经济对运营管理的要求

企业为追求利润最大化，可以通过实现生产中的规模经济的有效途径，即通过购并活动使其资产、管理能力等得到最有效的利用，产生规模经济；但生产规模一旦超出了最优状态，就会出现规模不经济。同时根据规模经济对企业的综合效应，可以看到一个企业若想实现规模经济利润，必须综合考虑多种因素，这就要求企业需要更加完善的运营管理体系来支撑规模经济的实现。

一个好的运营管理体系可以综合考虑企业的市场背景、发展战略、管理能力、财务实力、组织能力、风险控制力等因素，在可行的情况下促使企业规模经济利润的实现。

二、房地产规模经济

（一）房地产规模经济的必要性

目前，国内的房地产开发企业数量极其庞大，但经营管理水平参差不齐，多数企业还依然把企业的快速盈利能力作为重点，忽视社会责任和品牌培育，没有长远的战略规划，这样就导致了企业发展不平衡，如图 10-7 所示。

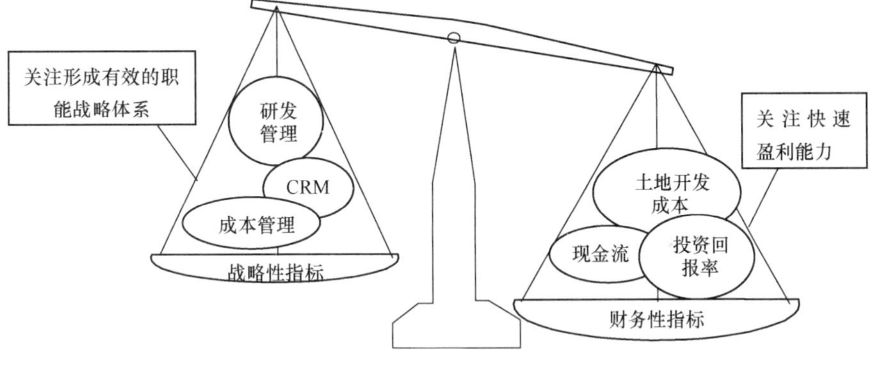

图 10-7　部分房地产企业价值天平

经过近年的发展，全国房地产市场已经趋于成熟。但是面对行业的激烈竞争，房地产企业如何利用规模经济效应。尽量减少国家政策调控及市场的变化对企业的冲击，是关乎我国经济发展的重要问题，房地产业实现规模经济是房地产业发展到一定阶段的必然要求。

房地产开发已经由小规模、低质量、低水平的自由开发向适度规模、高质量、高水平的综合开发发展。综合开发对企业资金实力、技术实力、管理能力提出了很高的要求，客观上要求开发企业必须形成规模，追求规模效应。同时对于房地产企业，追求利润与市场份额是企业生存和成长过程中彰显于外部环境的基本指示，也是衡量企业发展潜力的必要参考，这也为房地产企业实现规模经济提供了基本动力。

（二）房地产规模经济概念

房地产企业规模经济主要是指当企业在市场份额及规模扩大时，其产品的平均成本降低。这个可以理解为房地产企业的市场份额越大，其品牌效应与规模效应越大，其拥有的基底越大，越容易降低与其他单位的合作风险，同时会降低生产成本，使得单位产品的成本降低。

任一企业发展的基本方向是成长为大企业并继续保持大企业的市场地位和优势，而追求规模经济，是企业成长为并保持大企业地位的基本衡量标准。

总之，房地产规模经济是相对的，即本企业相对于主要对手而表现出来的规模经济。规模经济也是变动的，从一个规模到另一个规模，其优势是相对于对手而言的，不是固定不变的。所以我们认为只要企业在成长过程中向着提升规模效应的方向在努力，就是走在持续地追求规模经济的正确道路上。

（三）房地产规模经济的作用

1. 产生资金运作上的规模效应

房地产开发需要投入巨额资金，对于大型项目来说，小型房地产企业由于资金不足，将望尘莫及。企业发展规模经济后，可以将分散的资金聚集起来，这样就有利于大型的项目的开发。同时大型企业规模宏大，更容易获得信贷资金的支持。

2. 形成企业内部的管理规模经济

房地产企业一般具有投资分析、开发经营、工程监理、财务、销售等多项职能。企业规模越小，人才资源浪费越大，而形成规模的房地产企业可以更有效的组织各类人才。形成完善的经营管理体系，使人力成本下降，从而大大提高企业的运行效率。

3. 提高市场占有率，实现品牌经营

近几年房地产的销售业绩表明，许多销售排名占先的项目所属的房地产企业是规模大、势力雄厚的大公司，同时大型企业更容易形成品牌效应，可在竞争中处于最有利的一个位置。

4. 减少经营风险

房地产企业形成规模经济后，由于其项目多，投资分散，可以减少分散风险。同时企业越大，对市场的把握能力和影响力就越大，有利于降低市场风险。另外，大型企业还可以对其他行业进行投资，实现多元化经营. 从而更有效的降低经营风险。

（四）房地产规模扩张的实现途径

1. 充分利用证券市场

房地产项目开发最大的问题便是资金的匮乏、过长的资金回收期以及跨地域经营的困难和巨大的风险。但现在政府支持部分有发展潜力的支柱企业通过上市融资等方法获得资金，通过上市迅速作大规模，实现企业内部扩张，形成发展的良性循环。

2. 并购

在实现规模经营的过程中并购一直是不可或缺的有效手段。在实际执行过程中分为两种：横向并购和纵向并购。前者是指并购技术经济类型相同的企业从而实现规模的扩张和生产效益的提高，就是通常所说的 1＋1＞2 的效果；纵向并购目的是进行房地产开发经营的一体化运作，实现房地产开发上下游的对接，从而降低交易费用、降低中间成本，提高经营效益。这里的一体化运作又分为前向一体化（包括物业管理、销售等）和后向一体化（包括施工、设计、监理等）。

关于并购的案例每年都会发生很多，例如 2015 年 6 月份美团网并购了大众点评网，此后美团网的市场份额进一步增大，客群基数显著提高；同年深圳世联行地产顾问有限公司并购山东世联怡高物业顾问有限公司，进一步扩大了企业影响力和市场份额。房地产行业内的企业兼并也有发生，对于任何一个房地产商而言，如果做好了完全的准备，企业并购是一项实现规模经济的很好的举措。

3. 结成战略联盟

战略联盟是管理学上一种新的组织模式，是一种网络式的联合体，具有反应迅速、机动灵活的优点。例如，房地产企业可以与承包商、供应商结成联盟，发挥各自的优势，共同争取市场份额。而具有管理优势的企业可以与土地储备相对富足而管理相对较弱的企业进行合作，以实现各自的目标。

企业通过战略联盟实现规模经济的案例也有很多，例如2012年中国康师傅集团与美国百事可乐公司在华建立战略联盟，两家公司分别通过分家全资企业以及控股权互换，各自实现了规模经济效益，这是一种互补性的战略合作行为。房地产企业间也可以借鉴战略联盟的形式实现市场规模的扩大，实现经济效益。

总之，房地产企业在面对着行业利润下降，越来越激烈的市场竞争和新的一轮行业整合的到来之际，为求得生存和发展，走规模经济之路已成为必然。

三、房地产规模经济与运营管理

随着行业发展以及社会进步，房地产业实现规模经济的举措势在必行；同时房地产企业的运作以及各项目的开发受市场环境、政策状况以及资金链情况的影响较大，因此企业对其自身的运营管理体系具有相当高的要求。

在房地产规模经济条件下，良好的房地产企业运营管理体系需要综合考虑市场背景、发展战略、管理能力、财务实力、组织能力、风险控制力、运营能力等因素，结合在可行的情况下促使企业规模经济利润的实现。

第四节　房地产企业运营管理系统的开放性

一、概念

（一）开放系统

1938年，巴纳德出版了《总经理的职责》一书，指出组织是一个协作系统，是一个人们有意识地加以协调的活动系统，并提出协作系统有三个要素：协作的意愿、共同的目标和信息沟通。

开放系统学说的主要代表人物，美国社会学家帕森斯指出开放系统应具备两个特征：一是组织内部各个系统间的统一协调性和相互依赖性；二是组织必然具有高度的适应性，以应付系统环境中许多无法预料和控制的突发事件和情况[37]。

因此，本书中所讲的开放系统是指与组织外部环境密切联系并且相互影响的系统，它通过对组织的环境以及环境刺激因素探究发现组织与外部环境之间的联系及作用。这里所讲的外部环境是指与政治、经济、社会环境以及行业背景等因素构成的环境。

（二）房地产运营管理开放系统的必要性

房地产行业的发展受外部市场环境和政策变动影响较大，尤其在国家经济新常态背景下，经济增长方式更加灵活，结构变动更加分明。因此房地产企业不能只注重于公司的运营管理，还要保证系统是开放系统，力争让企业朝着良性的正确的道路发展。

房地产运营管理系统的建立基于企业自身与外部环境之间的联系，外界环境能够影响企业的发展，企业的发展也能够影响外部环境的变化，因此会形成一个动态平衡系统。系统以房地产企业的运营管理系统为核心，综合把握战略、组织、流程三大因素，外部社会环境与经济环境信息、资源的输入对其产生影响，同时企业的发展能够影响外部的产业产品供需状况，以此保证是运营管理系统是一个开放系统，保持足够的生命力。

二、开放系统的作用

开放系统的建立对企业的发展具有积极有效的作用，主要表现在以下几个方面。

第一，房地产开放系统的设立有利于企业持续稳定的发展。这是因为开放系统首先涉及技术功能，能够保证企业的基本运作与维持；其次它以企业运营管理系统为依托，能够保证企业内部事务的协调，同时它又是企业和其外部环境之间的中介；再次，它是一个社会化的系统，能够保证能够企业适应社会环境。

第二，良好的开放系统观点，有利于企业运营管理系统改革。开放系统观点的核心在于企业与其环境相互依存的关系上，因此强调企业需要对运营系统进行适时的修订和调整。

第三，良好的开放系统有利于房地产企业组织文化的形成，从而优化组织内部环境。企业运营管理系统的维持与外在环境的互动，能够共同创造、继承和不断更新的组织内部的假设、信念、价值观、规范、道德准则等意识形态的有机统一。

三、房地产运作流程优化

在房地产企业建立开放系统的条件下，企业的运作管理流程并不是一成不变的，它根据企业的战略发展规划、外部环境变化进行适时适度的调整和优化。本部分选择对房地产企业的核心业务流程进行调整优化策略研究，充分考虑流程的目标、流程的优度、流程的关键点、流程的效率效能指标，如图 10-8 所示。

流程的目标决定了流程的优化角度，流程的关注对象是流程的关键点，流程的方法细化是流程优化的策略，流程效率效能指标是流程优化策略的评价基础。

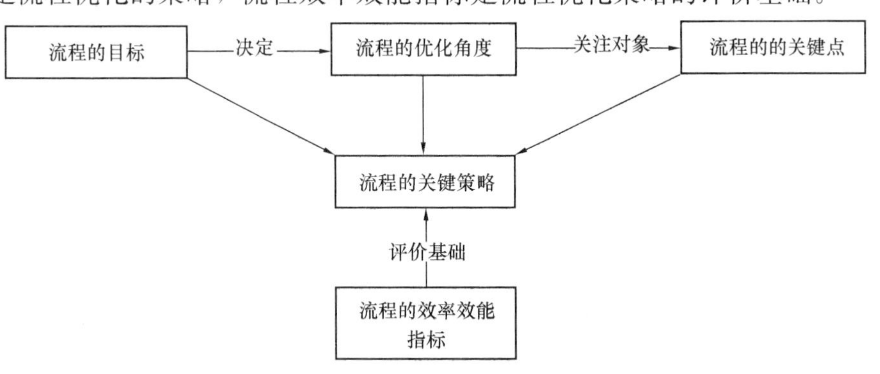

图 10-8　房地产企业核心业务流程调整策略

四、房地产开发运营系统设想

房地产开放系统的建立需要充分考虑外部环境因素的影响，房地产企业自身对外部环境、利益相关者、同行业竞争者、消费客群的开放平衡系统，如图 10-9 所示。

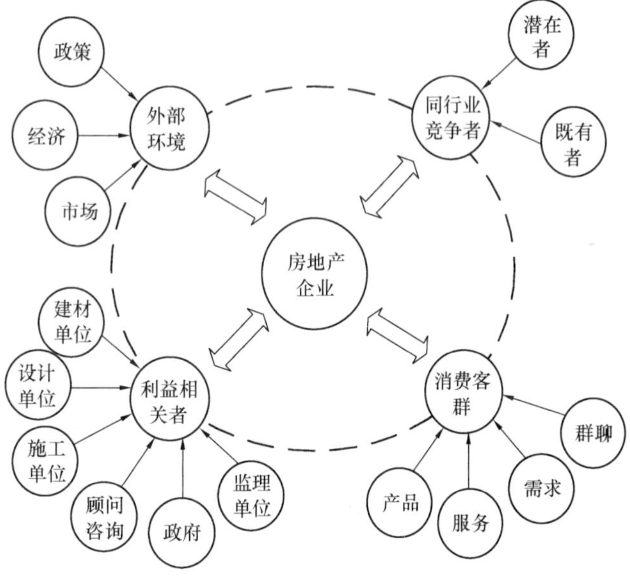

图 10-9　房地产企业开放系统

在该开放系统中，房地产企业与外部环境、同行业竞争者、利益相关者和消费客群之间相互影响、相互作用。其中外部环境主要是考虑国家政策变化、经济调整、市场变动情况带给房地产行业的综合影响；同行业竞争者是把握潜在竞争者和既有竞争者对企业产出的影响；部分利益相关者如建材、设计、施工、咨询、政府、监理等单位会对企业的发展与项目的开发产生限制性或促进性的影响；消费客群主要注重客户的需求、服务、产品以及业主社区群建设。

第十一章　基于PPP的养老地产运营模式

我国作为目前老年人口最多的国家，已经进入人口老龄化的快速发展阶段，根据《2015中国家庭发展报告》显示，截至2014年年底，我国60岁以上老年人口已达到2.12亿，占我国总人口的15.5%；2050年我国老年人口数量将达到峰值，总量超过4亿，届时每三人中就有一个老年人。“四二一”家庭结构变迁和缩微化导致传统的家庭养老压力加大，大力发展居家养老、社区服务养老[38]，推动养老服务社会化势在必行。

面对严峻的老龄化问题，《中国老龄化事业“十二五”发展规划》中提出构建“以居家为基础、社区为依托、机构为支撑”的社会养老服务体系，政府也在近年来不断发文，积极吸纳社会力量多形式、多渠道参与养老服务业，投资兴办多种形式养老服务机构[39]。养老地产将越来越备受关注，其开发运营模式也在不断探索之中。

第一节　概　　述

一、养老地产的概念

养老地产，又称盈利型养老社区，是基于为老化和适老化而拓展出的新兴服务产业，它以养老住宅为基础，集休闲、餐饮、娱乐、保健与养生为一体，附加医院、护理中心、文体中心等配套服务设施，依靠销售、出租等专业化运作模式，来实现自身盈利和长远发展。养老地产是居家养老、社区服务养老的有效载体，是解决人口老龄化问题，推动中国人口可持续发展的实现形式。

二、养老地产的特点

（一）与住宅地产相比产业链更长

从价值链角度看，养老地产属于复合地产，核心利益主体复杂，包括开发商、政府、消费者、运营商、投资商等，利益协调难度更大。从产业链角度看，养老地产产业链更长，可以分为核心产业，如养老设施、老年护理、老年医疗；配套产业，如专业设备、老年食品、老年服饰、营养保健、老年娱乐、老年旅游、老年求知等；衍生产业，如老年理财、老年融资、老年保险、老年咨询等。因此，相对住宅地产，养老地产开发对开发商的要求更高，需要开发商具备整合各项资源的能力、筹集资金的能力，尤其要具备后期运营管理的能力。

（二）与传统养老院相比规模更大

养老地产是集服务、商业、住宅三重属性为一体的复合型地产，在市场化养老模式下，开发商在面对市场化的养老需求时，需要考虑到这三重属性。首先，服务属性。养老地产的受众群体为老年人，服务内容需要涵盖从护理、医疗、康复、健康管理、文体活动、餐饮服务到日常起居呵护，同时管理要求也更高，需要精心打造以服务为核心的专业管理团队。再次，商业属性。养老地产租售方式比普通商铺更为复杂，运营难度大。最后，住宅属性。养老地产除了产品设计要考虑适老化外，还需要配备大量的辅助设备，开发难度大。因此，相比传统养老院，养老地产在规模上更大，开发运营难度更高。

养老地产可分为盈利性和非盈利性，后者主要由政府来承担，前者主要由社会资金来主导。开发商在市场化运作过程中应该考虑政府公共福利以及民生、就业、医疗、养老等问题，形成一个多赢局面。

（三）与养生地产相比受众更窄

养生地产的受众群体除了老年人以外，还有不少中年置业人群；而养老地产的受众群体都是老年人。养老地产的核心是养老配套服务，其开发商不仅是地产开发商，更是养老服务提供商。

（四）与一般房地产项目相比成本费用更高

不同于普通社区，养老地产涉及领域广泛，包括餐饮、文体、地产、医疗等多方面，并非是养老和地产的简单相加，作为为老年群体量身定制的社区，养老地产需要新建大量和老年人有关的建筑及配套设施，而且其社区配套、服务质量、硬件设施上的要求明显高于其他商品住宅。慢速电梯、无障碍通道等特殊设施的建设也增加了养老地产项目的投资成本。此外，还需要聘用大量的专业护理人员，服务方面的支出成本也较大。总的来看，养老地产行业成本很高。

三、PPP 融资模式

（一）PPP 融资模式的概念

PPP 模式（Public—Private—Partnership 的字母缩写）是指政府与私人组织之间，为了合作建设城市基础设施项目或是为了提供某种公共物品和服务，以特许权协议为基础，彼此之间形成一种伙伴式的合作关系，并通过签署合同来明确双方的权利和义务，以确保合作的顺利完成，最终使合作各方达到比预期单独行动更为有利的结果[40]。

（二）PPP 项目的操作流程

根据《财政部 PPP 模式操作指南》的要求，PPP 项目的操作主要包括项目识别、项目准备、项目采购、项目执行和项目移交五个阶段，如图 11-1 所示[41]。

图 11-1　PPP 项目操作流程图

PPP 项目操作过程中的每个阶段又可分为若干个步骤，具体操作步骤如图 11-2 所示。

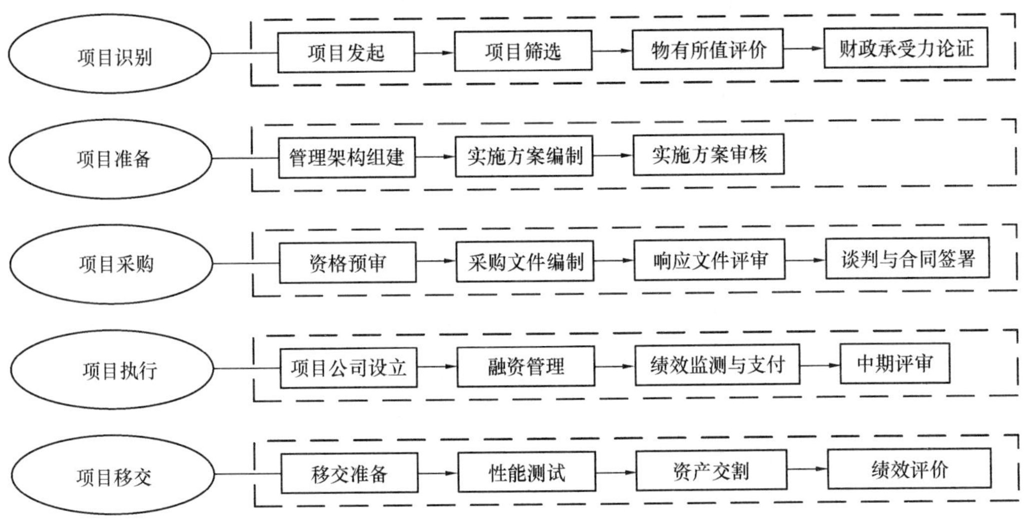

图 11-2　PPP 项目具体操作步骤图

（三）PPP 项目主要参与方

PPP 项目的参与方通常包括政府、社会资本方、融资方、承包商和分包商、原料供应商、专业运营商、保险公司以及专业机构等。

1. 政府

根据 PPP 项目运作方式和社会资本参与程度的不同，政府在 PPP 项目中所承担的具体职责也不同。

在 PPP 项目中，政府需要同时扮演公共事物的管理者和公共产品或服务的购买者两种角色。作为公共事务的管理者，政府需要承担 PPP 项目的规划、采购、管理、监督等行政管理职能，并且有向公众提供优质且价格合理的公共产品和服务的义务；作为公共产品或服务的购买者，政府需要按照 PPP 项目合同的约定行使权利、履行义务。

2. 社会资本方

在 PPP 实践中，社会资本会专门针对某个项目成立项目公司，作为 PPP 项目合同及项目其他相关合同的签约主体，负责项目的具体实施。

项目公司可以由社会资本（可以是一家企业，也可以是多家企业组成的联合体）出资设立，也可以由政府和社会资本共同出资设立。

3. 融资方

PPP 项目的融资方通常有商业银行、出口信贷机构、多边金融机构（如世界银行、亚洲开发银行等）以及非银行金融机构（如信托公司）等。

4. 承包商和分包商

承包商主要负责项目的建设，通常与项目公司签订固定价格、固定工期的工程总承包合同。一般而言，承包商要承担工期延误、工程质量不合格和成本超支等风险。

对于规模较大的项目，承包商可能会与分包商签订分包合同，把部分工作分包给专业分包商。根据具体项目的不同情况，分包商从事的具体工作可能包括设计、部分非主体工程的施工，提供技术服务以及供应工程所需的货物、材料、设备等。承包商负责管理和协调分包商的工作。

5. 原料供应商

在一些 PPP 项目中，原料的及时、充足、稳定供应对于项目的平稳运营至关重要，因此原料供应商也是这类项目的重要参与方之一。

6. 专业运营商

不同的 PPP 项目其运作方式也不同，根据其不同的运作方式特点，项目公司有时会将项目部分的运营和维护事务交给专业运营商负责。但根据项目性质、风险分配以及运营商资质能力等的不同，专业运营商在不同项目中所承担的工作范围和风险也会不同。

7. 产品或服务购买方

如果 PPP 项目中包含运营内容，那么在项目建成后，项目公司需要通过运营收入回收成本并获取利润。为了降低市场风险，在项目谈判阶段，项目公司以及融资方通常会要求确定项目产品或服务的购买方，并由购买方与项目公司签订长期购销合同以保证项目未来的稳定收益。

8. 保险公司

PPP 项目通常具有资金规模大、生命周期长的特点，在建设和运营期间会面临着诸多难以预料的风险。因此，项目公司为了分散和转移风险，会向保险公司投保。同时，由于项目风险一旦发生就有可能造成严重的经济损失，因此 PPP 项目对保险公司的资信有较高要求。

9. 其他参与方

PPP 项目的开展还必须充分借助投资、法律、技术、财务、保险代理等方面的专业技术力量，因此 PPP 项目的参与方通常还可能包括上述领域的专业机构。

第二节 基于 PPP 的养老地产融资模式

一、相关政策解读

（一）鼓励和引导民间资本进入基础产业和基础设施领域的政策

2010 年 5 月 7 日，国家发展改革委颁布的《国务院关于鼓励和引导民间投资健康发展的若干意见》中指出，鼓励民间资本参与政策性住房建设，鼓励民间资本参与发展社会福利事业，投资建设专业化的服务设施，兴办养老服务和残疾人康复、托养服务等各类社会福利机构。

（二）鼓励社会资本加大社会事业投资力度的政策

2014 年 11 月 16 日，国家发展改革委颁布的《国务院关于创新重点领域投融资机制鼓励社会投资的指导意见》中指出，鼓励社会资本加大社会事业投资力度，通过独资、合资、合作、联营、租赁等途径，采取特许经营、公建民营、民办公助等方式，参与教育、医疗、养老、体育健身、文化设施建设。养老机构用电、用水、用气、用热、按照居民生活类价格执行。除公立医疗、养老机构提供的基本服务按照政府规定的价格政策执行外，其他医疗、养老服务实行经营者自主定价。

（三）鼓励养老项目优先考虑 PPP 模式的政策

2014 年 12 月 2 日，根据国家发展改革委颁布的《国家发展改革委关于开展政府和社会资本合作的指导意见》，健康养老等公共服务项目、市政工程以及新型城镇化试点项目，应优先考虑采用 PPP 模式建设。

2015 年 2 月 3 日，民政部颁发的《关于鼓励民间资本参与养老服务业发展的实施意见》中指出，支持采取股份制、股份合作制、PPP（公私合营，包括 BOT、PFI、BT 在内）等模式建设发展养老机构；鼓励社会力量举办规模化、连锁化的养老机构，鼓励养老机构跨区联合、资源共享，发展异地互动养老，推动形成一批具有较强竞争力的养老机构。

二、PPP 引入养老地产的可行性

PPP 强调公共部门和私营机构为提供公共服务组建项目公司或约定长期合作，在项目中各自投入资源并合理分担风险，实现各相关方共赢。企业通过获得政府授予的特许经营权，提供基础设施、公共事业的建设与服务，通过运营回收投资并获得合理收益。养老地产本身具有公益性，同时具有投资回收期长、现金流相对稳定或增长的特点，满足了 PPP 应用的基本条件。

PPP 融资模式与养老地产结合，一方面政府可以通过鼓励政策，引导企业加大养老服务的供给，满足不同层次的养老需求；另一方面，企业可以减轻初期投资和运营期税费带来的财务压力，专注于提升养老服务和管理的专业化水平。

三、基于 PPP 的养老地产融资模式

由第七章可知，广义 PPP 分为外包、特许经营和私有化三类。考虑到养老地产项目在特许经营类运作模式下的适用性，本书主要对 BOT 和 PFI-REITS 模式下的养老地产项目运作作出阐述。

（一）BOT 模式下养老社区项目运作流程分析

BOT（Build-Opera-Transfer）是指由政府部门通过特许协议授权项目发起方组建

项目公司，由项目公司负责投资融资、建设项目，在特许协议规定的期限内运营项目及其相关产品与服务，进而回收投资并赚取利润，在特许期满后将项目无偿交于政府接管[42]。

结合养老社区与BOT模式的内涵，养老社区项目的BOT模式可以定义为：大型房地产开发企业或保险公司、基金管理公司等单独或联合发起养老社区项目，之后由政府对养老社区项目进行立项、土地运作，并与项目发起方组建的项目公司签订特许权协议，协议中双方约定在一定的期限内，项目公司负责项目的投资、融资、建设、运营和维护，进而回收投资并赚取利润，同时政府部门拥有对养老社区项目的监督权与调控权。在特许期期满后养老社区项目的经营权自动移交于政府。养老社区BOT项目运作流程如图11-3所示。

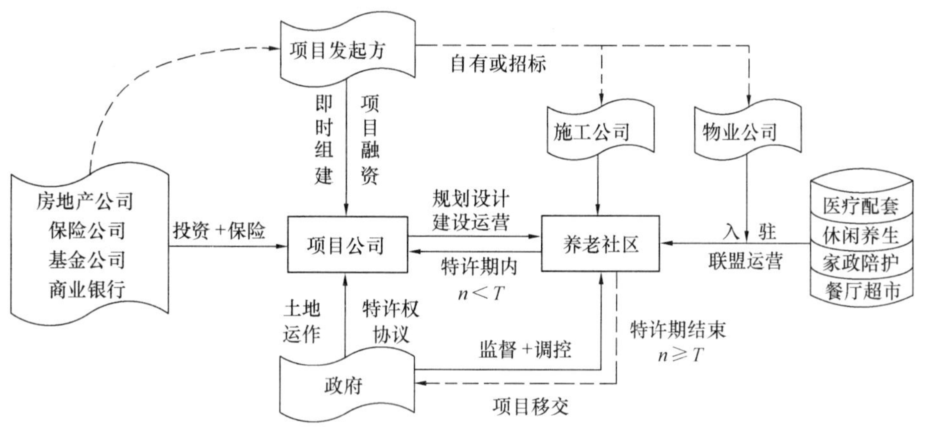

图11-3 养老社区BOT项目运作流程

以房地产企业和保险公司为首的项目发起方在政府提供土地运作、政策支持的协助下，在特许期T内，充分利用自身优势抓住养老社区项目的开发融合性和社会福利性，将旗下施工和物业参与到项目建设运营中，保险、基金公司或商业银行在参与投资的同时对养老社区最重要的医疗环节提供保险优惠，加以医疗配套与休闲养生等服务，进而形养老社区运营联盟。在此过程中，合理的特许期将使得联盟成员在既实现自身盈利的同时又能提供配套优惠，从而能够吸引更多中老年客群入住。

BOT模式主要应用于基础设施项目，包括电厂、机场、港口、收费公路、隧道、电信、供水和污水处理设施等，以及自然资源开发项目，这些项目都是一些投资大、建设周期长和可以运营获利的项目。

（二）PFI-REITS模式下养老社区项目运作流程分析

PFI（Private Finance Initiative）是对BOT项目融资的优化，指政府部门根据社会对基础设施的需求，提出需要建设的项目，通过招投标，由获得特许权的私营部门进行公共基础设施项目的建设与运营，并在特许期结束时将所经营的项目完好地、无债务地归还政府，而私营部门则从政府部门或接受服务方收取费用以回收成本的项目融资方式[43]。PFI 项目一般建设周期长、投资大、参与主体多、因而投资者承担的风险也大。

房地产投资信托基金（Real Estate Investment Trusts，简称 REITS）采取公司或信托的组织形式，通过发行收益凭证的方式将分散在投资者手中的资金集中起来，经由专门的投资机构进行房地产项目的投资和经营管理以获得收益，按照约定的比例分配给投资者。房地产投资信托基金可以有效地保障投资者的安全性，使受益人利益得到最大限度的保障。

养老地产处在起步阶段，面临着投资大、资金回收期长、后期运营复杂等问题，可以将 PFI 与 REITS 相结合，构建养老地产 PFI-REITS 融资模式。PFI-REITS 融资模式操作流程如图 11-4 所示。

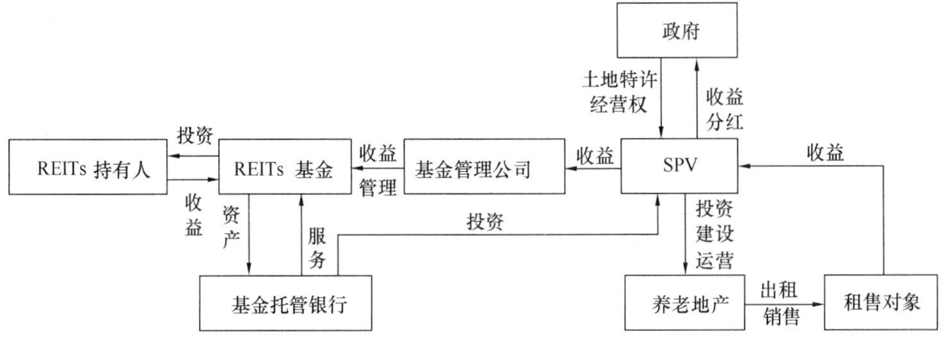

图 11-4　养老地产 PFI-REITS 融资模式运作流程

养老地产 PFI-REITS 融资模式的运作程序：首先，成立基金管理公司，基金管理公司召集民间资本、投资机构进行资金筹集，发行 REITS（投资主体）基金并签发收益凭证；同时，政府与特殊项目公司 SPV 签订协议。SPV（Special Purpose Vehicle，特殊目的实体）以土地特许经营权形式与政府达成协议，开发建设养老地产，SPV 在特许经营期内向政府缴纳收益，期满后将经营权移交给政府。其次，基金管理公司筹集到一定资金后，基金托管银行通过投资分析、财务评价、风险评估等工作选择合适的特殊项目公司 SPV 进行养老地产项目投资；SPV 建成养老地产后，在特许经营期内，对养老地产的销售、出租收益进行管理，并按照协议向政府、基金管理公司分配收益，基金管理公司再向基金托管银行缴纳约定比例的资产服务及保管费，同时按期支付 REITS 持有者相应收益。再次，当特许期满后，政府收回养老地产项目，进行后续运营。

第三节　我国养老地产运营模式

目前，我国对于养老地产运营模式的研究还处于初步探索阶段。当前我国养老地产的运营模式主要有以下三种：

一、全持有模式

（一）全持有模式的概念

全持有不出售模式也叫会员制模式，它是指客户通过缴纳一定费用加入会籍，然后每月再交付一定服务费，最后把入会费用返还给客户的一种运营模式。全持有不出售型养老地产一般为依赖医疗保健设施开发的养老社区，开发方负责运营管理，根据入住老人的健康状况及需要的设施和护理服务收取不同租金。它的长期性收入来源包括租赁项目的出租收益和配套设施的经营收益。这种运营模式不像一般的房地产通过出售房屋产权获取收益，而是通过为老年人提供“一站式”养老服务获得稳定的收入，从而体现了养老地产的核心意义。这种运营模式的缺点在于前期开发过程中需要投入大量资金，同时后期经营过程中也有大量资金需求，因此这种运营模式只适合于有雄厚资金实力的开发商。

（二）全持有不出售模式代表性项目——北京燕达国际健康城

北京燕达国际健康城以“高品质医疗健康与养生养老”为开发和经营理念，依托医疗产业链建成大型医疗养护社区，医疗服务专业化水平较高，能够满足具有特殊需要的服务群体[44]。它的目标客户有自理型、半自理型、非自理型老人，各年龄段的残疾人，病后需康复治疗者，慢性病需长期康复治疗者（含老年性痴呆症），亚健康人群，短期疗养者。根据入住老人不同的身体状态，在养护楼每一层均配置了相应的生活辅助设备。

二、全部销售模式

（一）全部销售模式的概念

在全部销售运营模式下，开发商出售养老地产的房屋产权。它通过住宅出售模式平衡资金，通过配套服务进行项目运营[6]。其主要特点在于更加强调居住功能，所提供的产品格外关注老年人的居住需求，有专门服务于老年人的环境设施和配套公共设施。

（二）全部销售模式代表性项目——北京东方太阳城项目

东方太阳城项目针对老年人配备了社区医院、大型康体中心、老年大学等专门公共设施，同时针对老年人不同的居住需求进行专门的户型设计，如地面平坦、无高差、通道不设门槛，户内外门的宽度均为1m，方便轮椅通过，开关、门铃和门窗把手等位置适当降低，便于老人使用等。

三、租售结合模式

（一）租售结合模式的概念

租售结合模式的收入来源包括一次性收入和长期性收入，一次性收入来源是指独立住宅的销售收益；长期性收入来源，包括租赁项目的出租收益和配套设施的经营收益。这种模式是持有和销售模式的折中，是针对前期资本投入回收和后期服务盈利问题而产生的一种两者兼顾的运营模式。

（二）租售结合模式代表性项目——北京太阳城项目

北京太阳城项目的产品包括居家式、租住式、安养式、度假式四种养老居住形式。北京太阳城提供全套专门的老年物业服务，并且没有购买或入住条件的限制，允许各种年龄结构的家庭入住，从而面向的客户群比较广泛。它与东方太阳城的不同之处在于开发商只拿出一部分住宅面积进行销售，另一部分则用来建设老年公寓满足老年人的租用、度假等需求。其中，具体租售比例需要开发商根据自身情况决定。

参 考 文 献

[1] 刘洪玉. 房地产开发[M]. 北京：首都经济贸易大学出版社，2006.

[2] 全国注册咨询工程师(投资)资格考试参考教材编写委员会. 项目决策分析与评价(2012 年版)[M]. 北京：中国计划出版社. 2011.

[3] 邱晓华，管清友. 中国经济新变局[M]. 北京：中信出版社，2015.

[4] 孙洪艳. DT 房地产开发公司战略规划研究[D]. 天津：天津大学.

[5] 朱晓庆. 基于生命周期理论的企业经营战略选择及实证分析[D]. 西南交通大学. 2007.

[6] 林峰云. 房地产开发企业组织结构模式设计探讨[J]. 经营管理，2013.

[7] 王辉. 房地产项目投资决策的流程管理研究[D]. 天津大学，2007.

[8] 陈立云，罗均丽. 跟我们学习建设流程体系[M]. 北京：中华工商联合出版社，2014.

[9] 柳立生. 房地产开发与经营[M]. 武汉：武汉理工大学出版社. 2011.

[10] 吴翔华. 房地产市场营销[M]. 江苏：东南大学出版社. 2005.

[11] 谭术魁. 房地产开发与经营[M]. 上海：复旦大学出版社. 2006.

[12] 王毅成，林根祥. 市场预测与决策[M]. 武汉：武汉理工大学出版社. 2004.

[13] 何晓群，刘文卿. 应用回归分析(第二版)[M].. 北京：中国人民大学出版社，2007.

[14] 俞明轩. 房地产投资分析[M]. 北京：首都经济贸易大学出版社，2004.

[15] 郑晓云. 房地产开发与经营[M]. 北京：科学出版社. 2010.

[16] 兰峰. 房地产开发与经营[M]. 北京：中国建筑工业出版社，2008.

[17] 代春泉，徐青. 房地产开发[M]. 北京：清华大学出版社，2011.

[18] 柴强，刘洪玉. 房地产开发[M]. 北京：首都经济贸易大学出版社，1993.

[19] 周小平，熊志刚. 房地产开发与经营[M]. 北京：清华大学出版社，2010.

[20] 吴鼎贤. 房地产开发实务[M]. 北京：知识产权出版社，2005.

[21] 吕萍. 房地产开发与经营[M]. 北京：中国人民大学出版，2011.

[22] 胥和生，沈惠帼. 房地产策划[M]. 上海：东华大学出版社，2006.

[23] 谢经荣，殷红，王玉玫. 房地产金融[M]. 北京：中国人民大学出版社，2002.

[24] 尤胜平，方奕. 房地产金融与投资概论[M]. 北京：高等教育出版社，2006.

[25] 全国造价工程师执业资格考试培训教材编审委员会. 建设工程计价. 北京：中国计划出版社. 2014.

[26] 吕萍. 房地产开发与经营[M]. 北京：中国人民大学出版社，2011.

[27] 王伟，张锦波. 房地产投资. [M]. 成都：西南财经大学出版社，2004.

[28] 汤鸿，纪昌品. 房地产策划技术原理分析[M]. 南京：东南大学出版社，2008.

[29] 兰峰. 房地产项目策划[M]. 西安：西安交通大学出版社，2009.

[30] 潘蜀健，陈琳. 房地产市场营销[M]. 北京：中国建筑工业出版社，2007.

[31] 陈志敏，张明，司丹. 中国的 PPP 实践：发展、模式、困难与出路[J]. 国际经济评论. 2015(4)：68-84.

[32] 金诺律师事务所. 政府和社会资本合作(PPP)全流程指引[M]. 北京：法律出版社，2015.

[33] 陈琳，潘蜀健. 房地产项目投资[M]. 北京：中国建筑工业出版社，2004.

[34] 雷培莉，姚飞. 市场调查与预测[M]. 北京：经济管理出版社. 2008.

[35] 马仁杰，王荣科，左雪梅. 管理学原理[M]. 北京：人民邮电出版社. 2013

[36] [美]迈克尔·波特. 竞争优势[M]. 陈小悦译，北京：华夏出版社. 2005.

[37] [美]罗伯特·S. 卡普兰，戴维·p. 诺顿. 组织协同——运用平衡计分卡创造企业合力[M]. 博意门咨询公司译，北京：商务印书馆出版，2010，8.

[38] 姜睿，苏舟. 中国养老地产运营模式与策略研究[J]. 现代经济探讨，2012，(10)：38-42.

[39] 民政部. 社会养老服务体系建设“十二五”规划(2011-2015年)[EB/OL]. [2011-12-27].

[40] 王守清，柯永建. 特许经营项目融资（BOT，PFI和PPP)[M]. 清华大学出版社，2008.

[41] 盛和太，王守清. 特许经营项目(PPP/BOT)：资本结构选择[M]. 清华大学出版社，2015.

[42] 杨畅. BOT项目融资在老年公寓建设中的应用研究[J]. 上海财经大学，2005.

[43] 李兰军. 养老地产PFI-REITS模式与基于熵值法的融资风险分析[J]. 安阳职业技术学院，2005.

[44] 丁皓. 我国养老地产运营模式及建议[J]. 中国经贸导刊，2014，(2)：10-12.